Das Wesen der Wirtschaft

Rudolf Eder

Das Wesen
der Wirtschaft

Einführung in die
allgemeine Wirtschaftstheorie

PETER LANG

Frankfurt am Main · Berlin · Bern · Bruxelles · New York · Oxford · Wien

Bibliografische Information der Deutschen Nationalbibliothek
Die Deutsche Nationalbibliothek verzeichnet diese Publikation
in der Deutschen Nationalbibliografie; detaillierte bibliografische
Daten sind im Internet über http://dnb.d-nb.de abrufbar.

Umschlaggestaltung und Lichtbildwerk:
Olaf Glöckler, Atelier Platen, Friedberg

Gedruckt mit Unterstützung des Bundesministeriums
für Wissenschaft und Forschung in Wien.

ISBN 978-3-631-61308-5
© Peter Lang GmbH
Internationaler Verlag der Wissenschaften
Frankfurt am Main 2011
Alle Rechte vorbehalten.

Inhaltsverzeichnis

13

Vorwort

Wer das Wirtschaften besser verstehen will, muss sich mit Wirtschaftstheorie beschäftigen.

Daran ändert auch die Tatsache nichts, dass die meisten Haushalte und viele Unternehmen von Personen erfolgreich geführt werden, die sich nie mit Wirtschaftstheorie beschäftigt haben.

Seit dem Altertum versuchen kluge Köpfe zu erklären, wie der Wohlstand der Menschen gesteigert werden kann. Es wurden mehr und mehr Fragen gestellt und Antworten gegeben. Viele Antworten mussten korrigiert werden. Nach und nach ist so eine Wissenschaft entstanden, die zweifelsohne wesentlich zur Steigerung des Wohlstandes von „Wissenden", aber auch der ganzen Welt beigetragen hat und die zweifelsohne notwendig ist, um den erreichten Wohlstand zu erhalten.

Daran ändert auch die Tatsache nichts, dass die letzte Weltwirtschaftskrise gerade von jenem Land ausgegangen ist, welches die meisten Nobelpreisträger der Wirtschaftswissenschaften stellt. Es kommt letztendlich nicht auf den Wissensstand, sondern auf die Umsetzung und die Verteilung des Wissens an.

Es ist eine Tatsache, dass die Mehrheit der Bevölkerung nicht über genügend Wissen verfügt, um die wirtschaftliche Entwicklung und die wirtschaftspolitischen Maßnahmen der Regierung beurteilen zu können. Viele Wähler erkennen oft überhaupt nicht, welche Partei ihre Interessen vertritt. Viele Wähler verhalten sich wie unmündige Bürger und haben nicht den Mut oder sind zu träge, die Machthaber folgerichtig zu bestrafen. Diese Asymmetrie ermöglicht in einer freien Marktwirtschaft zügellosen Gewinnmaximierern, sich ohne Wertschöpfungsbeitrag auf Kosten anderer zu bereichern. Der asymmetrische Wissensstand trägt an sich schon zu einer fortgesetzten Umverteilung von Einkommen von unten nach oben bei.

In der Wirtschaftspolitik wird das vorhandene Wissen oft nicht in ausreichendem Maße eingesetzt, weil die Amtsträger über das Wissen entweder nicht verfügen oder es zum eigenen Vorteil oder zum Vorteile ihrer Interessensgruppe einsetzen.

Mit diesen Bemerkungen soll nicht versucht werden, die Ursachen der Krise zu erklären, sondern klarzustellen, dass durch einen höheren Wissensstand eine Krise nicht verhindert werden kann, wenn das Wissen nicht entsprechend umgesetzt und verteilt wird.

In dieser Einführung werden die Grundlagen einer allgemeinen Wirtschaftstheorie behandelt. Der Grundgedanke dieses Buches ist, die Möglichkeiten und Grenzen der Wirtschaftstheorie, das Wesen der Wirtschaft zu erklären, aufzuzeigen.

Ich habe dieses Buch für Studierende, Wirtschaftstreibende, Politiker und besonders alle jene geschrieben, die von Aufklärung nicht nur träumen sondern sie betreiben wollen. Der aufgeklärte Bürger, Politiker, Wirtschaftstreibende und Wähler soll Wirtschaftsfragen nicht durch willkürliche Behauptungen beantworten, sondern wissenschaftlich fundierte Antworten suchen.

Ich habe versucht, wissenschaftliche Erkenntnisse möglichst einfach darzustellen und dabei dennoch den Ansprüchen an ein Lehrbuch für Studierende der Wirtschaftswissenschaften im ersten Studienabschnitt zu entsprechen.

Schließlich möchte ich noch bemerken, dass die Wirtschaftstheorie nicht nur dem Leser dienen soll, seine wirtschaftlichen Ziele besser zu realisieren und eine Besserstellung zu erreichen, sondern dass sie Wege zeigt, den Wohlstand aller zu steigern.

1 Einleitung

„De omnibus dubitandum" – An allem ist zu zweifeln.

Mit diesem Spruch von Descartes soll das Studium der Wirtschaftstheorie begonnen werden.

Die Einleitung wird dazu beitragen, dass der Leser selbständig seine Zweifel zu überwinden lernt und ebenso erkennt, dass die Wirtschaftstheorie nicht alles erklären kann.

1.1 Erkenntnisgewinnung auf dem Gebiete der Wirtschaft

Denken ist eine Verstandestätigkeit. Charakteristika des Denkens sind:

Die Loslösung von jedem anschaulichen Stoff der Empfindungen und die Bildung von Begriffen, die nicht mehr an sinnliche Wahrnehmungen gebunden sind.

Die Fähigkeit zu denken ist dem Menschen angeboren. Allerdings ist sie nicht voll entwickelt. Sie kann verbessert werden.

Denken dient dem Leben, indem es zu neuen Erkenntnissen führt. Die Ergebnisse des Denkens sind aber nicht zwangsläufig richtig. Die Psychologie beschäftigt sich grundsätzlich nur mit dem Zustandekommen von Gedanken und Urteilen. Die Aufgabe der *Logik* besteht hingegen darin, Regeln zu entwickeln, die eine Aussage darüber zulassen, ob ein Urteil sachlich (objektiv) wahr oder falsch ist. Die Logik liefert uns Formen und Gesetze richtigen Denkens.

Das wirtschaftliche Denken bildet die Grundlage des rationalen Wirtschaftens. Zum Denken benötigt man eine Sprache mit klaren und eindeutigen Begriffen. Deshalb hat jede Wissenschaft eine eigene *Fachsprache* entwickelt. Auch für das ökonomische Denken sind viele Begriffe notwendig, die die Umgangssprache nicht kennt oder im Alltag ungenau verwendet werden. Der Wert einer Fachsprache liegt darin, eine effizientere Denkweise zu ermöglichen.

Im folgenden Abschnitt werden wissenschaftliche Methoden der Erkenntnisgewinnung behandelt. Die Beschäftigung mit den Methoden der Erkenntnisgewinnung ist deshalb von großer Wichtigkeit, weil dadurch eine Effizienzsteigerung erreicht werden kann und gleichzeitig die Grenzen der Erkenntnisgewinnung aufgezeigt werden. Die Erkenntnisgewinnung wird nachvollziehbar.

1.2 Wissenschaftliche Methoden der Erkenntnisgewinnung in der Wirtschaftswissenschaft

Der Mensch beschränkt sich längst nicht mehr darauf, das unmittelbar Wahrnehmbare in der Wirtschaft zu erfassen. Er will die Zusammenhänge erkennen und erklären können. Dieses Streben nach umfassender objektiver Erkenntnis führte zur Wissenschaftlichkeit. Für das wissenschaftliche Denken bildeten sich fachspezifische Methoden heraus, die darauf ausgerichtet sind, folgende drei Stufen möglichst erfolgreich zu bewältigen:

- Beobachtung und Bestandsaufnahme des Wirklichen durch Identifizierung und Bestimmung der wichtigsten Gegenstände eines Wissensgebietes,
- die Erklärung von Erscheinungen und Zusammenhängen und
- die Erstellung einer Gesamtordnung der wissenschaftlichen Erkenntnisse.

Es gibt keine Gesamtordnung, wenn die zu ordnenden Inhalte fehlen und es gibt keine Erklärung, solange die zu erklärenden Erscheinungen nicht eindeutig identifiziert wurden. Jede Wissenschaft kann daher nur von klar bestimmten Gegenständen ausgehen, Beziehungen erklären und nach und nach ein System aufbauen. Dabei werden Gegenstände immer klarer bestimmt, neue Erscheinungen untersucht und das System vervollständigt.

Jede Darstellung eines Wissensgebietes stellt eine teilweise immer auch willkürliche Bestandsaufnahme der Wirklichkeit, eine teilweise immer auch willkürliche Auswahl auch von Erklärungen von Zusammenhängen und eine nie endgültige Systematik des als gesichert geltenden Wissens dar.

Auch für den Leser eines Lehrbuches ist es sinnvoll, die Entstehung gesicherten Wissens nachvollziehen zu können. Daher werden die drei Stufen wissenschaftlichen Arbeitens kurz dargestellt.

1.2.1 Bestandsaufnahme und Methoden des Bezeichnens

Eine grundlegende Aufgabe der Wissenschaft besteht darin, alle Gegenstände eines Wissensgebietes zu identifizieren (festzustellen, dass es sie gibt), zu bestimmen (Gegenstandsbestimmung), zum Bestand hinzuzunehmen (Bestandsaufnahme) und in eine Ordnung zu bringen. Diese Untersuchungsverfahren werden auch *Heuristik* genannt.

Im Alltag werden häufig Ausdrücke verwendet, die nicht einfach deutbar sind.

Wie kann über solche Gegenstände ein Streitgespräch geführt werden, wenn die Streitparteien unterschiedliche oder falsche Vorstellungen von einem Gegenstand haben?

18

Jede vernünftige Person wird – auf diese Möglichkeit aufmerksam gemacht – zugeben, dass ein Streitgespräch sinnlos ist, wenn zwei Personen streiten, eigentlich aber gar nicht wissen oder sich nicht darüber einig sind, worüber sie streiten. Es kann daher als erste Aufgabe der Wissenschaft angesehen werden, nur Begriffe zu verwenden, die eindeutig und klar sind.

Es ist aber oft gar nicht einfach, Wahrnehmbares eindeutig zu bestimmen. Wir verwenden *Begriffe* für Akte – des – etwas – Meinens und weisen ihnen einen Begriffsträger, ein Wort oder ein Symbol zu. Wie kann aber sichergestellt werden, dass schließlich alle, die ein Wort verwenden, damit auch dasselbe meinen? Der Begriff muss also so genau beschrieben und bestimmt werden, dass alle, die diesen Begriff verwenden, über den Begriffsträger das gleiche Phänomen erkennen. So entsteht eine neue Fachsprache, auf die man sich einigen muss. Nur jene können sich eindeutig verständigen, die die gleiche Sprache sprechen.

Mit Begriffen können konkrete und abstrakte Gegenstände gemeint werden. Beide Begriffe sind einer Ordnungsreihe zuzuordnen.

Die Wissenschaft ist bei der Wieder- und Weitergabe von Beobachtungen auf die Sprache angewiesen. Nur in einer klaren Fachsprache kann eine wissenschaftliche Diskussion geführt werden.

Ein Problem kann sich dabei durch die *Definitionsfreiheit* ergeben. Sie erlaubt grundsätzlich jedem Wissenschaftler, einen Begriff neu zu definieren. So werden zu wichtigen Begriffen oft verschiedene Definitionen gegeben, die einerseits zu Missverständnissen führen können, andererseits aber eine Weiterentwicklung der Wissenschaft erst ermöglichen.

Es ist wichtig, sich immer wieder klar zu machen, was ein Begriff ist und wie er gebildet wird. Ein Begriff meint eine Gruppe – besser: Klasse – von Gegenständen, die auf Grund von unveränderlichen gemeinsamen Eigenschaften der entsprechenden Klasse zugeordnet werden.

Die eindeutige *Bestimmung eines Begriffes* erfolgt durch Zuordnung eines noch unbekannten zu einem schon bekannten Ausdruck oder die Einordnung in ein Klassensystem. Die klassische Definition enthält die Angabe der nächst höheren Gattung und eines artbildenden Unterschiedes. Der Inhalt eines Begriffes wird durch seine wesentlichen oder charakteristischen Merkmale bestimmt. Diese heißen auch aufbauende, konstitutive oder konstituierende Merkmale.

Der Geltungsbereich oder Umfang eines Begriffes umfasst alle Gegenstände, die der Definition genügen, also alle Gegenstände, denen der Begriff zukommt.

Wenn eine alte Maschine durch eine neue ersetzt wird, spricht man von einer Investition. Wenn eine neue Fabrik errichtet wird, handelt es sich auch um eine Investition. Der Begriff Investition umfasst nämlich Ersatz- und Nettoinvestitionen.

Der Umfang von Begriffen kann durch Determination oder Spezialisierung eingeengt (Nettoinvestitionen enthalten keine Ersatzinvestitionen und umgekehrt) und durch Abstraktion oder Generalisierung (Bruttoinvestitionen umfassen alle Investitionen) erweitert werden. Dabei werden Merkmale entweder hinzugefügt oder in ihrer Bestimmtheit aufgehoben. Werden Merkmale hinzugefügt, spricht man von Unterordnung, werden solche weggelassen, von Überordnung. Es entsteht eine logische Leiter.

Um die vielen Gegenstände und Begriffe in eine verständliche Ordnung zu bringen, wird noch zwischen Gattungen (nach oben) und Arten (nach unten) unterschieden. Eisenerze verschiedener Qualitäten und chemischer Zusammensetzung werden als Arten von Eisenerzen bezeichnet. Sie gehören zur Gattung Rohstoffe, diese zu den Produktionsgütern, die wiederum in Produktionsfaktoren zusammengefasst werden und als solche zur Kategorie Dinge gehören, die ihrerseits ein Etwas darstellen.

Alle Gegenstände, die gemeint sein können, können den drei *natürlichen Kategorien* Ding (einschließlich Lebewesen), Eigenschaft und Beziehung auf höchster Ebene zugewiesen werden. Schließlich werden diese obersten Kategorien unter dem allerweitesten Begriff Etwas zusammengefasst.

Für die Ordnung von Begriffen ist die klare Unterscheidung nebengeordneter Begriffe von nicht zur gleichen logischen Ordnungsreihe gehörenden Begriffen wichtig. Milch und Eisenerz können nebengeordnete Begriffe sein, da sie zu den Rohstoffen gezählt werden. Inflation stellt in dieser Ordnungsreihe einen disparaten Begriff dar. So nennt man Begriffe, die zu einer anderen Ordnungsreihe gehören.

Eine erschöpfende Einteilung eines Begriffs auf allen Stufen seiner Ordnungsreihe nennt man *Klassifikation*. Dabei dienen grundsätzlich einzelne Merkmale eines Begriffes als Einteilungsgrund.

Bei Bestandsaufnahmen ist die Einteilung von der Zerlegung zu unterscheiden. Einteilen kann man Begriffe, die auf der gleichen Ordnungsstufe stehen. Ein Ganzes kann in seine zeitlichen, räumlichen oder funktionellen Bestandteile zerlegt werden.

1.2.2 Wissenschaftliche Begründungsverfahren: Ätiologie (aitia = Ursache) oder Lehre von den Ursachen

Nach der Identifizierung und Bestandsaufnahme des Wahrgenommenen hat die Wissenschaft die Aufgabe, identifizierte Erscheinungen zu erklären.

Die Wissenschaftslehre behandelt viele Methoden, von denen hier die wichtigsten dargestellt werden.

1.2.2.1 Deduktion: Folgern aus Denkordnungen

Bei der *Deduktion* geht man von allgemeinen Sätzen (einer *Denkordnung*) aus und folgert daraus das Besondere. Diese Methode heißt apriorisch oder a priori, weil sie von jeder Erfahrung über die Naturwirklichkeit unabhängig ist und sich nur auf die Geordnetheit des Denkens selbst stützt. Die Deduktion ergibt sichere Schlüsse. Die wichtigsten Anwendungsgebiete sind Logik, Axiomatik, Mathematik, Gesetzgebung, Rechtsprechung, Politik. Aber auch die Wirtschaftswissenschaft verwendet diese Methode des Folgerns. Für die inhaltliche Richtigkeit kann die Deduktion nicht bürgen; das können nur die Sätze und Behauptungen, von denen Aussagen abgeleitet werden.

1.2.2.2 Induktion: Folgern aus Realordnungen

Wenn es in der Wirklichkeit eine Ordnung gibt, dann ist die *Induktion* die Methode, diese zu entdecken. Sie wird von den Naturwissenschaften besonders erfolgreich angewendet. Aber auch andere Realwissenschaften verwenden sie, denn sie bietet eine Antwort auf die Frage: Wie kommt man zu allgemeinen Sätzen, die die Wirklichkeit erklären? Wenn Deduktion der Schluss vom Allgemeinen zum Besonderen ist, so ist Induktion der Schluss vom Besonderen zum Allgemeinen. Es wird zwischen vollkommener und unvollkommener Induktion unterschieden.

1.2.3 Die Bildung von Modellen

Eine Volkswirtschaft kann Millionen von Menschen umfassen, die täglich eine Vielzahl von wirtschaftlichen Entscheidungen treffen, kaufen, verkaufen, produzieren, konsumieren und zusammenarbeiten. Die Realität ist undurchschaubar, unübersichtlich und unvorstellbar. Um die komplexe Wirklichkeit überschaubar zu machen, wird ein stark vereinfachtes Abbild der Realität geschaffen. Aus Millionen von Menschen werden einige typische Entscheidungsträger gebildet. Es wird angenommen, dass nur einige Güter produziert und konsumiert werden, dass an der Produktion nur einige Produktionsfaktoren beteiligt sind, während in der Realität Millionen von Arbeitskräften, Rohstoffen, Maschinen, Straßen, Schiffen, Häusern, Fabriken und viele andere Dinge zusammenwirken. Das Ergebnis einer vereinfachten *Abbildung der Wirklichkeit* wird *Modell* genannt. Ein ökonomisches Modell ist somit ein System von Definitionen und Annahmen, mit denen ein Forschungsgegenstand überschaubar gemacht wird. Die Annahmen werden dabei so ausgewählt, dass sie am besten dem Zweck der Analyse oder Erklärung dienen.

Modelle können beschrieben werden, mathematisch durch Gleichungen oder Diagramme und durch Bilder dargestellt werden. Ein verbal dargestelltes Modell wurde früher Idealtypus oder Realtypus genannt. Seine Aufgabe bestand darin, von störenden und die Untersuchung nur komplizierenden Einzelheiten zu abstrahieren. Modelle haben sich bei Gedankenexperimenten und in didaktischen Verwendungen sehr bewährt.

1.2.4 Die Bildung von Theorien

Zur Bildung von Theorien sind folgende Schritte notwendig:

- *Beobachtung*: Sammlung von Tatsachen durch Beobachtung,
- *Begriffsbildung*: Definition und Festlegung von Sachverhalten,
- *Hypothesenbildung*: Formulierung von Aussagen über die Beziehung zwischen Ursachen und Wirkungen (wenn – dann) in der Form von *Behauptungen* (*Hypothesen*),
- *Prüfung der Hypothesen*: Es muss geprüft werden, ob die Hypothesen logisch widerspruchsfrei sind und ob sie mit Tatsachen kollidieren oder in Konflikt geraten (Falsifizierungsversuch),
- *Verbessern der Hypothesen*: Verbesserungsfähige Hypothesen sind zu verbessern, falsifizierte Hypothesen sind durch überlegene alternative Hypothesen zu ersetzen.
- Übernahme bewährter Hypothesen in das Lehrgebäude.

1. Schaubild: Die Bildung von Theorien

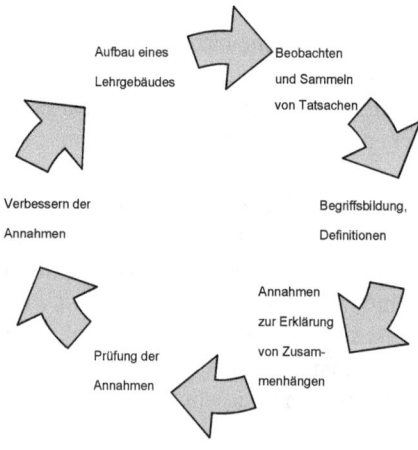

Bei der Formulierung von Wenn-dann-Aussagen werden die Verfahren der Induktion, der Deduktion oder Syllogismen und immer die *Ceteris – paribus – Annahme* angewendet. In der klassischen Logik wurde der *Syllogismus* eingeführt. Darunter versteht man den aus zwei *Urteilen* (*Prämissen*) bestehenden Schluss (conclusio) vom Allgemeinen auf das Besondere.

Wenn in einer Aussage neben den in der Hypothese berücksichtigten Ursachen noch andere Ursachen wirksam werden können, ist es notwendig, solche Ursachen auszuschließen, damit die Hypothese einen Konsistenztest bestehen kann. Das erfolgt durch die *Ceteris – paribus – Annahme*, die besagt, dass andere mögliche Ursachen unverändert bleiben oder die Hypothese nur für jenen Fall gültig ist, in dem sich sonstige Einflussfaktoren nicht verändern bzw. nicht wirksam werden.

1.2.5 Verfahrensregeln

Verfahrensregeln oder die Art und Weise, nach der vorgegangen wird, um bestimmte Ziele zu erreichen oder bestimmte Probleme zu lösen, nennt man allgemein *Methode*. Bei allen wissenschaftlichen Methoden müssen die Verfahrensschritte intersubjektiv nachvollziehbar und die Ergebnisse intersubjektiv überprüfbar sein.

1.2.6 Die Erstellung einer Gesamtordnung: Systematik

Zuletzt hat die Wissenschaft die Aufgabe, die Ergebnisse zu einem Ganzen zusammenzufügen und ein *System* zu errichten. Ein solches Lehrgebäude umfasst eine geordnete Bestandsaufnahme aller identifizierten Erscheinungen, eindeutige Bestimmung der Begriffe, Einordnung in eine Ordnungsleiter und Erklärung möglichst vieler identifizierter Beziehungen.

Zu den Erklärungen von Beziehungen gehören Hypothesen, Gesetze, Modelle und Theorien.

Hypothesen sind Aussagen, Behauptungen oder Vermutungen, die einen Zusammenhang zwischen mindestens zwei Begriffen formulieren. Im Gegensatz zu Definitionen sind Hypothesen, Gesetze und Theorien allgemeine Aussagen über Relationen zwischen empirischen oder logischen Sachverhalten und keine sprachlichen Konventionen. Zwischen Hypothesen, Gesetzen und Theorien kann nicht aufgrund eines eindeutigen Kriteriums eine klare Unterscheidung getroffen werden. Gesetze sind strukturell identisch mit Hypothesen. Von einem *Gesetz* spricht man jedoch vor allem dann, wenn sich die entsprechende Hypothe-

se bereits häufig an der Realität bewährt hat. Der Begriff *Theorie* wird zumeist bei einem System von Aussagen, das mehrere Hypothesen oder Gesetze umfasst, verwendet. Hypothesen sind *Wenn-dann-Aussagen.*
Eine Volkswirtschaft ist in der Realität unübersichtlich und undurchdringlich. Um dieses komplexe Gebilde überschaubar und transparent zu machen, versucht die Wirtschaftswissenschaft, ein stark vereinfachtes Abbild der Realität zu schaffen. Es werden Modelle gebildet, die sich auf die Gesamtheit oder Teilbereiche beziehen können. Ein solches Modell kann durch die Methode der abnehmenden Abstraktion wieder an die Wirklichkeit angenähert werden.

1.3 Schlüsselbegriffe zur Wiederholung

Stellen Sie selbständig Überlegungen zu den folgenden Schlüsselbegriffen an und versuchen Sie, klare Definitionen zu formulieren.

- Deduktion
- Gesetz
- Hypothese
- Induktion
- Methode
- Theorie
- Wissenschaft

1.4 Wiederholungsfragen

Welche Aufgaben, Zwecke und Ziele hat die Wirtschaftswissenschaft?
Welche methodologischen Grundsätze müssen erfüllt werden, damit Erkenntnisse über die Wirtschaft als wissenschaftlich angesehen werden können?
Welche Begründungsverfahren verwenden wir in der Wirtschaftswissenschaft?
Beschreiben und diskutieren Sie die Erkenntnisgewinnung in der Wirtschaftswissenschaft.
Wie werden Theorien in der Wirtschaftswissenschaft gebildet?
Was verstehen wir unter ökonomischen Modellen?
Worin liegt ihre Bedeutung?

2 Grundlagen

In jeder wissenschaftlichen Untersuchung kann nur ein kleiner Ausschnitt aus der Realität betrachtet werden. Es ist daher notwendig, sich über diesen Ausschnitt klar zu werden, bevor mit der Untersuchung begonnen wird. Durch eine entsprechende Fragestellung kann der zu betrachtende Ausschnitt den Anforderungen einer systematischen Ordnung angepasst werden. Da in der vorliegenden Darstellung versucht wird, ein klar gegliedertes Lehrgebäude aufzubauen, müssen zu Beginn Fragen behandelt werden, die einen entsprechenden Aufbau der weiteren Untersuchung ermöglichen. Die Behandlung folgender *Fragen* soll als Grundlage dienen:

- Wer wirtschaftet?
- Welche Ziele werden verfolgt?
- Womit können Ziele realisiert werden?
- Wieso wirtschaftet der Mensch?
- Welche Möglichkeiten haben Menschen, den Wohlstand zu steigern?

2.1 Wirtschaftssubjekte oder Wirtschaftseinheiten

Jeder Mensch muss danach trachten, eine Reihe von Bedürfnissen irgendwie zu befriedigen, um leben zu könne. Viele wollen nicht nur Grundbedürfnisse, die zum Überleben gehören, sondern zusätzlich eine steigende Zahl von Wünschen, die das Leben bereichern, angenehmer und schöner machen, realisieren. Von der Natur aus ist jeder selbst für sein Überleben verantwortlich. Dieser Verantwortung kamen unsere Vorfahren nach, indem sie als Sammler und Jäger und nach und nach durch andere Tätigkeiten täglich für das Notwendigste sorgten. Grundsätzlich tat dies jeder für sich und seine Familie. Nach und nach wurde ein Miteinander entwickelt, welches über die Familie hinausging. Die Menschen erkannten, dass sie durch Zusammenarbeit in einer Gemeinschaft mehr erreichen konnten als allein. Sie unternahmen es, gemeinsam Ziele zu verwirklichen. Sie entwickelten eine große Vielfalt von Zusammenschlüssen und es entstanden neben vielen anderen Organisationsformen Unternehmungen und der Staat.

Wir können beobachten, dass heute auf der ganzen Erde für die Befriedigung von Bedürfnissen der Menschen von Einzelpersonen und Zusammenschlüssen von Personen (Organisationen) gesorgt wird.

Um herauszufinden, wie diese Aufgabe gelöst wird, werden Typen von Entscheidungsträgern oder Akteuren gebildet. Wir nennen sie *Wirtschaftssubjekte* oder *Wirtschaftseinheiten*.

Diese Wörter werden in der Umgangssprache kaum verwendet. Sie sind Begriffsträger der Fachsprache, die durch die wissenschaftliche Behandlung der Wirtschaft entstanden ist und den Anforderungen der Wissenschaft besser entspricht als die Umgangssprache. Ihre Funktion besteht darin, Missverständnisse weitgehend auszuschalten und eine sachliche Diskussion von Problemen zu erleichtern.

2.1.1 Konstitutive (aufbauende) Merkmale von Wirtschaftseinheiten

Die derzeit lebenden Menschen unterscheiden sich durch viele Merkmale und sind sehr verschieden organisiert. Sie und ihre Zusammenschlüsse haben aber auch gemeinsame Merkmale, die sich zur Typenbildung besonders eignen. Es sind die konstitutiven Merkmale einer Wirtschaftseinheit. Diese Merkmale erlauben uns, eine Gattung zu bilden, die sowohl Individuen als auch Gruppen von Individuen als verschiedene Arten auf gleicher logischer Stufe umfasst. Diese Merkmale sind:

– Eigene Ziele,
– Eigene Mittel und
– Entscheidungsfreiheit

2.1.1.1 Eigene Ziele:

Jeder Mensch hat eigene *Ziele* oder *Bedürfnisse*, die sich nur auf ihn als Individuum beziehen. Stellt die Wirtschaftseinheit eine Gruppe von Menschen dar (Familie, Unternehmung etc.), dann handelt es sich nicht um die Summe der individuellen Ziele, sondern um Ziele, die für diese Wirtschaftseinheit, diese Gruppe, die ganze Familie gelten. So kann das Ziel der Mitarbeiter eines Unternehmens darin bestehen, einen möglichst hohen Lohn zu bekommen und möglichst wenig arbeiten zu müssen. Das Ziel der Unternehmung kann hingegen darin bestehen, den Gewinn zu maximieren und den Mitarbeitern nur jenen Lohn zu zahlen, der eine langfristige Gewinnmaximierung ermöglicht und die Arbeitszeit so festzulegen, dass sie zum besten Ergebnis für das Unternehmen führt. Ein Mitglied einer Familie kann den Wunsch (Ziel) haben, ein schnelles Auto zu bekommen. Das Ziel der ganzen Familie kann hingegen darin bestehen, eine neue Wohnung zu kaufen und ein Auto für die ganze Familie zu erwerben.

2.1.1.2 Eigene Güter (Mittel):

Jede Wirtschaftseinheit verfügt über eigene *Mittel*. Auch hier ist zu unterscheiden, ob Mittel der Wirtschaftseinheit oder einzelnen Mitgliedern der Wirtschaftseinheit gehören. Es gibt Familien, die Vermögen besitzen, das allen Mitgliedern zur Benutzung zur Verfügung steht: gemeinsame Wohnung. Daneben verfügen einzelne Mitglieder über Vermögen, das nur ihnen gehört. Auch das Einkommen der Familie kann sich unterschiedlich zusammensetzen. Es gibt Familien, deren Einkommen sich aus Teilen der Einkommen einzelner Mitglieder zusammensetzt und solche Familien, die über alle Einkommen aller Mitglieder verfügen können. Das Vermögen von Unternehmen ist je nach Gesellschaftsform unterschiedlich geregelt.

2.1.1.3 Entscheidungsfreiheit:

Jede Wirtschaftseinheit bildet ein eigenes, selbständiges *Entscheidungszentrum*, welches die verfügbaren Mittel den Zielen selbständig zuordnen kann; sie ist *Entscheidungsträger* und wird daher auch *Entscheidungseinheit* genannt.

2.1.2 Arten von Wirtschaftseinheiten

Die konstituierenden Merkmale wurden so ausgewählt, dass nicht nur der Mensch als Individuum sondern auch Gruppen von Menschen als selbständige Akteure behandelt werden können.

2.1.2.1 Die elementare Wirtschaftseinheit: EWE

Der Mensch als selbständiges Individuum stellt die elementare Einheit dar, die fähig ist zu entscheiden und auch Organisationseinheiten zu schaffen. Es hat sich gezeigt, dass zusammengesetzte Wirtschaftseinheiten besser geeignet sind, gewisse Ziele zu realisieren und besonders komplexe Aufgaben zu bewältigen. Die elementare Wirtschaftseinheit bleibt dennoch die wichtigste Art, denn sie lebt die Triebe und Antriebe aus und steht im Zentrum der Wirtschaft. Eigentlich sind die größeren Einheiten nur Instrumente, welche besonders getriebenen Individuen ermöglichen, eigene Triebe zum eigenen und zum Vorteil vieler auszuleben. Es kann ein aus dem Selbsterhaltungstrieb und dem Arterhaltungstrieb abgeleiteter sozialer Trieb sein, der Individuen zu Führungspersönlichkeiten macht, die andere Menschen in Unternehmungen zur Zusammenarbeit bringen. Es kann aber auch ein beliebiger anderer Trieb oder Beweggrund (Motiv) sein, der zur Unternehmensgründung und Schaffung anderer Zusammenschlüsse führt. Jedenfalls sind die Untersuchung der Zielsetzung und Handlungsmöglichkeiten der elementaren Wirtschaftseinheit grundlegend.

2.1.2.2 Zusammengesetzte Wirtschaftseinheiten

Durch Zusammenschlüsse von Menschen werden weitere Wirtschaftseinheiten gebildet, die als solche wirtschaftliche Entscheidungen treffen.
Die wichtigsten zusammengesetzten Wirtschaftseinheiten sind:

- Haushalt,
- Familien,
- Lebensgemeinschaften,
- Vereine,
- Religionsgemeinschaften,
- Unternehmen,
- Staat,
- Bund,
- Länder,
- Gemeinden,
- Krankenkassen,
- Pensionsversicherungen,
- Rentenversicherungen,
- Internationale Organisationen.

Familien, Lebensgemeinschaften, Vereine, und Religionsgemeinschaften werden auch als private Haushalte bezeichnet, was bei Vereinen und Religionsgemeinschaften nicht immer zutreffen mag. Bund, Länder und Gemeinden sind als Gebietskörperschaften öffentliche Haushalte. Krankenkassen, Pensionsversicherungen und Rentenversicherungen können auch öffentliche Haushalte sein. Internationale Organisationen gewinnen immer mehr an Bedeutung.
In diesem Buch werden nur folgende Wirtschaftseinheiten gesondert behandelt:

- die elementare Wirtschaftseinheit (EWE),
- das Unternehmen (U) und
- der Staat (St).

2.2 Ziele und Bedürfnisse

2.2.1 Allgemeine Begriffe und Zusammenhänge

Die Psychologie beschäftigt sich mit der Frage: Warum handelt der Mensch? Die Wirtschaftswissenschaft versucht, jenes Handeln zu erklären, das wir als Wirtschaften bezeichnen. Da das *Wirtschaften* nur eine Art des Handelns darstellt, dürfte es hilfreich sein, sich zuerst mit der psychologischen Fragestellung zu beschäftigen.

Das Individuum nimmt zu den Dingen, Sachverhalten und Lebewesen seiner Umwelt grundsätzlich ablehnend oder zustimmend, unlust- oder lustbetont Stellung. Der Mensch wird angetrieben, auf die Umwelt in bestimmter Art und Weise einzuwirken. Die Handlungen werden nach Ablaufursachen, Erlebnisart, Ablaufform und Steuerung unterschieden. Zu den Ursachen werden Reiz, Bedarf und Trieb gezählt. Die Erlebnisarten der Ursachen können Bedürfnisse, Drang, Antrieb und Motive sein. Nach der Ablaufform gibt es Reflex, Homöostase, Instinkthandlungen, Triebhandlungen und Willenshandlungen. Reflexe laufen völlig unbewusst ab. Homöostase, Instinkthandlungen und Triebhandlungen können unbewusst und bewusst gesteuert werde. Zu *Willenshandlungen* kommt es, wenn Wahlmöglichkeiten und Zielvorstellungen gegeben sind.

Antriebe, die das Verhalten des Individuums in Richtung, Form und Intensität bestimmen nennt man Motive. *Motive* sind die Beweggründe für Willenshandlungen.

Die Psychologie versteht unter Bedarf Störungen des organischen Gleichgewichtszustandes. Der Mensch erlebt diesen Zustand als Bedürfnis. *Bedürfnisse* werden als Mangel für Selbsterhaltung und Selbstentfaltung erlebt und treiben den Menschen zum Handeln an. Man nennt ein Bedürfnis auch Triebziel. Für die Analyse menschlichen Handelns wird der Triebbegriff möglichst vermieden und dafür von Motiven oder Antrieben des Handelns gesprochen. Die Triebe sind aber da. Sie werden meist in Selbsterhaltungstrieb und Arterhaltungstrieb unterteilt.

Der Selbsterhaltungstrieb ist darauf gerichtet, Hunger, Durst, Hitze, Kälte, Schmerzen und sonstige Lebensgefährdungen zu vermeiden und kann somit in die entsprechenden Teiltriebe unterteilt werden. Der biologische Sinn dieser Triebe liegt in der Erhaltung des Individuums. Eine besondere Ausformung dieser Triebe stellen der *Geltungstrieb* und der *Machttrieb* dar. Dieser Gruppe sind auch Habgier, Gefallsucht, Neid, Betätigungs-, Schaffens- und Wissenstrieb zuzuordnen.

Der Geschlechtstrieb findet seinen biologischen Sinn in der Arterhaltung. Dazu gehören noch der Mutter- und Pflegetrieb. Die Triebbefriedigung bringt Lust, welche als Triebverstärkung wirkt.

Die menschlichen Beziehungen und das soziale Ordnungsstreben erfahren ihre Antriebsstärke durch diese Triebe.

Strebungen und Interessen werden als eigene Motivformen angesehen, die nicht auf dranghafte Triebimpulse zurückzuführen sind. Strebungen sind Egoismus, Machtstreben und Geltungsstreben. Interesse für Politik, Wissenschaft und Kunst werden durch Erziehung und Bildung geweckt.

2.2.2 Stellung von Zielen und Bedürfnissen in der Wirtschaftswissenschaft

Bedürfnisse und *Ziele* treiben den Menschen zum Handeln. In der Wirtschaftswissenschaft werden die beiden Begriffsträger häufig so verwendet, als hätten sie die gleiche Bedeutung. Der Begriff *Ziel* schließt zwar Bedürfnisse ein, umfasst aber auch andere Motivformen. Er ist der weitere Begriff und als solcher besser geeignet, auch Wünsche und sonstige Begehrlichkeiten zu berücksichtigen.

Ziele werden in der Wirtschaftswissenschaft oft als gegebene Daten angesehen. Durch diese Auffassung wird das Phänomen als Untersuchungsgegenstand der Wirtschaftswissenschaft ausgegrenzt, was abzulehnen ist, da Ziele und Bedürfnisse immer stärker durch Werbung und Propaganda beeinflusst, gesteuert oder gar manipuliert werden können und auch tatsächlich werden. Die Beschäftigung mit ihnen ist für das Verständnis der wirtschaftlichen Entwicklung und des Handelns von Wirtschaftseinheiten unbedingt notwendig.

Ziele bestimmen das rationale Handeln der Wirtschaftseinheiten. Aber nicht alle Handlungen sind rational und zielgerichtet.

2.2.3 Die Entwicklung von Zielen

Aus der Evolutionstheorie erfahren wir, dass die ersten Organismen keine Ziele gehabt haben können. Sie sind durch das Zusammenwirken von Elementen ihrer Umwelt geschaffen und erhalten worden; sie sind aus der Umwelt hervorgegangen.

Die Differenzierung dieser Organismen ist in ständiger Wechselwirkung mit der Umwelt erfolgt. Erst nach und nach ist die Existenzsicherung von der unmittelbaren Umwelt auf das zu erhaltende Einzelwesen selbst übergegangen. Organismen haben „gelernt" aktiv zu sein, sich im Raum zu bewegen und durch vererbbares instinktives Verhalten gegenüber der Umwelt ihre Existenz zu sichern und so gut wie möglich zu überleben.

Auch die Vorgänger des Menschen haben noch unbewusst instinktiv gehandelt um zu überleben und sich fortzupflanzen. Erst mit der Entwicklung des logischabstrakten Denkens konnte der Mensch Ziele setzen, die über die Grundbedürfnisse hinausgingen, und seine Handlungen an diesen Zielen orientieren. Das mag vor 250.000 Jahren gewesen sein, ist aber für den Homo sapiens sapiens (40.000– 10.000 Jahre vor unserer Zeitrechnung) nachweisbar. Jedenfalls hat sich das *Zielbewusstsein* der Menschen erst sehr spät, ungleich und langsam entwickelt.

Viele Menschen sind Einflüssen von Mitmenschen so sehr unterworfen (Werbung, Propaganda, Macht), dass sie geradezu unfähig oder unwillig sind, sich selbständig Ziele zu stecken. Aber auch diese Menschen versuchen, ihre Bedürfnisse möglichst weitgehend zu realisieren. Eine vollständige Loslösung von den Instinkten ist bis heute nicht erfolgt. Im Laufe der Zeit wurden jedoch die Ziele stark differenziert.

Es kann angenommen werden, dass in einer ersten Phase die Ziele für alle Menschen gleich wichtig waren. Später ergaben sich aber immer größere Unterschiede. Bei Menschen, die in kältere Regionen vordrangen oder der Eiszeit ausgesetzt waren, kam zu den bisherigen Zielen der Existenzsicherung noch das Ziel, sich vor Kälte zu schützen. Die Entdeckung und Beherrschung des Feuers, das Tragen von Kleidern und der Bau von Unterkünften halfen, dieses Ziel zu realisieren. Während es zu Beginn der Entwicklung möglich gewesen wäre, die natürliche Widerstandskraft gegen die Unbilden der Natur zu behalten, wurde im Laufe der Zeit der Schutz gegen Kälte eine Notwendigkeit und eine Umkehr immer schwieriger, aber auch immer weniger dringend, da die Realisierung des neuen Zieles sich ohnehin als möglich herausstellte.

Schon eine kurze Betrachtung der Entwicklung der Ziele der Menschen zeigt, dass nach der Realisierung zusätzlicher Ziele immer wieder neue Ziele aufgetaucht sind. Viele Ziele aus frühen Zeiten sind bis heute überliefert worden, sodass wir heute einer nie zuvor da gewesenen Vielfalt von bekannten und angestrebten Zielen gegenüberstehen.

Ein Teil der Ziele hängt vom Lebensalter der Wirtschaftssubjekte, ein anderer vom Geschlecht, der Bildung und anderen Merkmalen ab. Viele Ziele werden den Menschen von der Umgebung, der Gesellschaft aufgedrängt. Auch Sitten, Gebräuche, Mode, Werbung, Angebot von neuen Gütern und die Verwendungsmöglichkeiten solcher Güter beeinflussen das Individuum in seiner Zielsetzung.

2.2.4 Arten von Zielen

Zur Erklärung verschiedener Zusammenhänge ist es notwendig, Ziele in Arten zu unterteilen.

2.2.4.1 Unterscheidung nach der Dringlichkeit von Zielen

Unsere Zielwelt lässt sich nach vielen Kriterien unterteilen. Nach ihrer Dringlichkeit unterscheidet man:

2.2.4.1.1 Grundziele:

Diese Ziele sind auf die Existenzsicherung gerichtet. Hinter diesen Zielen oder Bedürfnissen im engeren Sinne steht der Selbsterhaltungstrieb, der in die Teiltriebe Trinktrieb, Nahrungstrieb, Fluchttrieb, Schlaftrieb und die Gruppe von Trieben, die auf die Abwendung von Schmerzen und alle sonstigen Lebensgefährdungen gerichtet sind, zerlegt werden kann.

2.2.4.1.2 Gehobene Ziele:

Diese Ziele werden von der Kultur geprägt. Sie sind nicht lebensnotwendig, erhöhen aber das Wohlbefinden. Zu diesen können soziale Triebe, Genusstriebe, Kulturtriebe und alle Interessen und Strebungen gezählt werden.

2.2.4.1.3 Luxusziele:

Diese Bezeichnung gilt für Ziele, die nur sehr reiche Leute verwirklichen können. Jede Abgrenzung zu den gehobenen Zielen ist problematisch. Ein Auto war vor 100 Jahren ein Luxusziel und gehört heute in die Gruppe der gehobenen Ziele.

Die Einteilung zeigt überhaupt die Problematik einer Beurteilung von Zielen. Die Naturwissenschaften können zwar objektiv feststellen, innerhalb welcher Grenzen die Nahrungsaufnahme, gemessen in Kalorien oder anderen Maßeinheiten, die Temperatur, der Kohlendioxydgehalt der Luft und andere Lebensbedingungen schwanken dürfen, um das Leben nicht zu gefährden, sie können aber nicht angeben, wie das Individuum subjektiv die Bedingungen empfindet und beurteilt. Sogar die Zuordnung eines Zieles zur Gruppe der Existenzbedürfnisse oder zu einer anderen Gruppe ist, wenn damit die Dringlichkeit oder Wichtigkeit ausgedrückt werden soll, nur durch das Subjekt, die elementare Wirtschaftseinheit selbst möglich. Man denke an Menschen, die die Nahrungsaufnahme verweigern, um andere Interessen durchzusetzen.

Unter Berücksichtigung dieser Grenzen und Einschränkungen kann sich die Einteilung dennoch als nützlich erweisen.

Eine objektive Einordnung von Zielen in diese Gliederung ist somit nicht immer möglich. Die Ordnung der Ziele ist subjektiv: jedes Individuum schätzt die Ziele nach eigenen Vorstellungen, Motiven, Wertmaßstäben und Erfordernissen.

In einer marktwirtschaftlichen Demokratie wird jeder Mensch durch freie Konsumwahl bestimmen, wofür er sein Geld verwendet. Wenn allen Menschen freie Konsumwahl zugesichert wird, kommt es zur *Konsumentensouveränität*. Da bei vielen Menschen die Dringlichkeit von Zielen durch die soziale Umwelt beeinflusst wird, werden Ziele häufig dem sozialen Status angepasst und durch den Standard der Lebenshaltung und Verbrauchsgewohnheiten jener gesellschaftlichen Gruppe mitbestimmt, zu der sich das Individuum bekennt und der es angehören möchte. Durch Bildung, Bewusstseins- und Verhaltensmobilität der Bürger kann dem gegengesteuert werden und die Konsumgewohnheiten den Vorstellungen der Individuen angenähert werden.

2.2.4.2 Individuelle und kollektive Ziele

Individuelle Ziele werden durch das Einzelwesen verfolgt. Dagegen werden *kollektive Ziele* durch kollektive Instanzen (Staat, Verbände u. a.) gesteckt und realisiert. Bei letzteren wird die Dringlichkeit vom Staat und seinen Machthabern beurteilt. Echte kollektive Ziele sind nur solche, die vom Individuum nicht oder nur schwer und mangelhaft erreicht werden können. Dazu gehört beispielsweise die innere und äußere Sicherheit.

Wenn der Staat aber Ziele für den Bürger wahrnimmt, die der Bürger selbst besser beurteilen kann als der Staat, dann spricht man von *Bevormundung*; es wird ihm die Verantwortung entzogen, obwohl er selbst fähig und bereit wäre, sie zu tragen. Dazu gehört beispielsweise die *Zwangsbeglückung* durch vom Staat ausgewählte Kunst.

2.2.4.3 Wiederkehrende und einmalige Ziele

Es gibt Ziele, die regelmäßig wiederkehren, periodisch auftreten und solche, die einmalig sind, zufällig auftreten (Blinddarmoperation) oder nur zufällig wiederkehren.

2.2.4.4 Ökonomische und außerökonomische Ziele

In der Umgangssprache wird oft zwischen materiellen und geistigen oder ideellen Zielen unterschieden. Eine solche Unterscheidung ist möglich und berechtigt. Es darf aber nicht übersehen werden, dass auch ideelle Ziele (z.B.: 5 Stunden Meditation täglich) mit den materiellen Zielen in einer Wechselbeziehung stehen. Nicht jeder kann sich ideelle Ziele leisten, ohne seine Existenz zu gefährden.

Fast alle Ziele sind wandelbar, und die Einstellung des Wirtschaftssubjektes zu ihnen kann sich ändern. Eine bestimmte Zielsetzung kann als Irrtum empfunden oder erkannt und entsprechend korrigiert werden. Gerade die Unterscheidung zwischen ökonomischen und außerökonomischen Zielen ist problematisch.

2.3 Wirtschaftsobjekte: Güter

2.3.1 Definition

Mittel, die mittelbare oder unmittelbare zur Befriedigung von Bedürfnissen geeignet sind, werden Güter genannt. Nach Carl Menger wird ein Ding zum Gut, wenn folgende vier Voraussetzungen erfüllt werden:

- Erkenntnis oder Voraussicht eines Bedürfnisses
- Eignung eines Dinges zur Befriedigung eines Bedürfnisses
- Erkenntnis dieser Eignung
- Verfügbarkeit des Dinges

2.3.2 Arten

Die Wirtschaftsobjekte können nach vielen Merkmalen unterschieden werden. Die sich daraus ergebenden Güterarten stellen wichtige Begriffe der Wirtschaftstheorie dar.

2.3.2.1 Güter erster Ordnung und Güter höherer Ordnung

Nach ihrer *Konsumnähe* oder vertikalen Gliederung werden Güter in solche erster und höherer Ordnung unterteilt.

Sind sie unmittelbar zur Bedürfnisbefriedigung geeignet, nennt sie Menger Güter erster Ordnung oder *Konsumgüter*.

Güter können aber auch nur mittelbar der Bedürfnisbefriedigung dienen. Wenn Getreide zu Mehl, dieses zu Brot verarbeitet wird, nennt Menger Getreide und Mehl Güter höherer Ordnung, Brot hingegen Gut erster Ordnung oder Konsumgut. Allgemein werden Güter höherer Ordnung auch *Produktionsgüter* genannt.

Die Einteilung der Güter nach ihrer Konsumnähe zeigt eine interessante Beziehung zwischen Gütern auf: Die meisten Güter erster Ordnung gehen aus Gütern höherer Ordnung hervor. Anders ausgedrückt: Güter höherer Ordnung werden in solche niedrigerer Ordnung umgewandelt, dem Konsum näher gebracht. Beeinflusst der Mensch diese Umwandlung zielgerichtet, dann spricht man von *Produktion*.

34

Eine solche Umwandlung – Konsumnäherung oder Produktion – kann sehr vielgestaltig sein: Ziegenmilch kann auf der Alm für die Sennerin ein Gut erster Ordnung sein, wenn sie sie direkt konsumiert. Die gleiche Milch kann als Gut zweiter Ordnung angesehen werden, wenn sie von der Sennerin einem Wanderer verkauft wird. Wird die Milch ins Tal transportiert und dort erst einem Gast serviert und verkauft, muss sie noch eine weitere Umwandlung erfahren, nämlich die räumliche Konsumnäherung. Die gleiche Milch muss aber einer noch höheren Ordnungsstufe zugeordnet werden, wenn sie in Ziegenkäse verarbeitet werden soll, der zudem nicht sofort nach Fertigstellung verkauft werden kann, sondern bis zu jenem Zeitpunkt gelagert werden muss, in dem das Bedürfnis einer elementaren Wirtschaftseinheit wirksam wird. Die zeitliche Konsumnäherung (Lagerung) und die räumliche Konsumnäherung (Transport) sind ebenso wie die Umwandlung von Milch in Käse oder das Melken der Ziege als Produktion anzusehen.

Es ist klarzustellen, dass im Sinne von Carl Menger Güter höherer Ordnung, die für den Konsum bestimmt sind, dennoch als Produktionsgüter anzusehen sind. In diesem Sinne ist Milch als Produktionsgut anzusehen, wenn sie durch Produktion dem Konsum noch näher gebracht werden muss.

2.3.2.2 Komplementäre, substitutive und unverbundene Güter

Wenn Güter nur gemeinsam zur Befriedigung eines Bedürfnisses geeignet sind, nennt man sie *komplementäre Güter*. Ein Gut ist zu einem anderen komplementär und stellt ein Komplement dar, wenn es dieses ergänzt. Kraftstoff stellt beispielsweise ein Komplement zum Fahrzeug dar.

Sind verschiedene Güter zur Befriedigung des gleichen Bedürfnisses geeignet, nennt man sie *substitutive Güter* oder *Substitute*, weil ein Gut durch ein anderes ersetzt werden kann. Beispielsweise ist Margarine ein Substitut für Butter. Dabei ist es unerheblich, ob sie unterschiedlich gut geeignet sind, die Befriedigung herbeizuführen.

Güter, deren Verwendung voneinander unabhängig ist, werden *unverbundene Güter* genannt.

2.3.2.3 Private, öffentliche, meritorische und demeritorische Güter

a) Private Güter

Wenn die Nutzung eines Gutes durch ein Wirtschaftssubjekt die Nutzung durch ein anderes Wirtschaftssubjekt ausschließt, nennt man das Gut ein privates Gut. Solche Güter dienen ausschließlich zur Befriedigung von Bedürfnissen einer Wirtschaftseinheit. An privaten Gütern erwirbt eine Wirtschaftseinheit das alleinige *Nutzungsrecht*. In der Regel werden solche Güter auf dem Markt gegen Bezahlung des dafür vorgesehenen Preises erworben. Personen, die den Nutzen eines Gutes erlangen, ohne dafür den Preis zu zahlen, nennt man *Trittbrettfahrer* (Free rider).

Private Güter haben folgende Merkmale:

1. Es gilt das *Ausschlussprinzip*, welches besagt, dass die Nutzung des Gutes durch eine Wirtschaftseinheit andere Wirtschaftseinheiten von der Nutzung ausschließt.
2. Es gibt praktisch keine externen Effekte. Damit ist gemeint, dass mit dem Konsum eines Gutes durch eine Wirtschaftseinheit keine Auswirkungen auf andere Wirtschaftseinheiten verbunden sind.

Externe Effekte können positiv oder negativ beurteilt werden und werden finanziell nicht abgegolten. Externe Effekte werden auch *Drittwirkungen* genannt.

b) Öffentliche Güter
Sie haben die Eigenschaft, dass die Nutzung des Gutes durch eine Wirtschaftseinheit andere Wirtschaftseinheiten von der Nutzung nicht ausschließt. Sie haben drei besondere Merkmale:

1. Sie haben externe Effekte.
2. Das Ausschlussprinzip ist nicht anwendbar.
3. Es herrscht keine Rivalität beim Konsum dieses Gutes.

Innere und äußere Sicherheit, die Bekämpfung von Seuchen und der Bau eines Dammes, der allen Schutz gewährt, stellen öffentliche Güter dar.

c) Begrenzt öffentliche Güter
Kommt es zu einer Rivalität um die Nutzung eines öffentlichen Gutes, dann spricht man von einem begrenzt öffentlichen Gut. Einen Sonderfall stellt das *Klubgut* dar, bei welchem sowohl Rivalität wie Anwendbarkeit des Ausschlusssprinzipes vorliegen.
    Sowohl private wie öffentliche Güter dienen der Befriedigung individueller Bedürfnisse.

d) Meritorische Güter
Die meritorischen Güter nehmen eine Sonderstellung ein. Für sie gelten folgende Merkmale:

1. Es besteht ein individuelles Bedürfnis.

36

2. Es besteht gleichzeitig ein kollektives Bedürfnis.
3. Das Ausschlussprinzip ist nur für Teilnutzen anwendbar.
4. Es bestehen interne Effekte (eine Impfung schützt den geimpften selbst).
5. Es bestehen gleichzeitig externe Effekte (Durch die Impfung wird verhindert, dass andere angesteckt werden).
6. Die Präferenz des Staates für solche Güter ist stärker als die Präferenz der Konsumenten dieser Güter.
7. Der Staat greift in die *Konsumentensouveränität* ein, indem er die Konsumenten zu ihrem Glück zwingt.

Meritorische Güter sind beispielsweise: Impfschutz, Sozialversicherung und Bildung. Mit zunehmendem Wohlstand steigt die Kritik an den Eingriffen in die Konsumentensouveränität. Den Anlass zur Kritik bietet die Tatsache, dass die Bereitstellung von Gütern durch den Staat meist kostspieliger ist als die private Versorgung. Eine klare Abgrenzung der verschiedenen Begriffe ist aber nicht immer möglich. Öffentliche und meritorische Güter befriedigen auch kollektive Bedürfnisse.

e) Demeritorische Güter
Sie haben gleichzeitig

– positive interne Effekte und
– negative externe Effekte.
  Beispiele dafür sind: Alkohol, Rauschgift, Tabak.

2.3.2.4 Superiore und inferiore Güter

Wenn eine Wirtschaftseinheit mit steigendem Einkommen von einem Gut weniger konsumiert, handelt es sich um ein *inferiores Gut*. Bei steigendem Einkommen sinkt die Nachfrage nach inferioren Gütern und die Menschen kaufen *superiore* oder *normale Güter*.

2.3.2.5 Homogene und heterogene Güter

Diese Unterscheidung ist für den Vergleich von Gütern besonders in der Preistheorie wichtig. Homogene Güter zeigen keinen Qualitätsunterschied, sind gleich verpackt und haben die gleiche Aufmachung. Sie werden auch vertretbare oder *fungible Güter* genannt. Beispiele dafür sind bei landwirtschaftlichen Produkten besondere Getreidesorten, Kaffeesorten, Kakaosorten, Sojabohnen, auf Metallmärkten Metalle eines bestimmten Reinheitsgrades und an der Börse Devisen und Wertpapiere.

Wenn ein Gut sich von anderen Gütern mit dem Gleichen Verwendungszweck durch räumliche, zeitliche, persönliche oder sachliche Unterschiede abhebt, handelt es sich um *heterogene oder inhomogene Güter*. Die Güter sind nicht mehr gleich, sondern heterogen, aber substituierbar. Zwischen Anbietern heterogener Güter herrscht unvollkommene Konkurrenz oder monopolistische Konkurrenz, auch wenn die Zahl der Anbieter groß ist.

2.3.2.6 Freie und knappe Güter

Ist ein Gut im Überfluss vorhanden, nennt man es *freies Gut*. Die Bevölkerungsvermehrung hat gemeinsam mit der wirtschaftlichen Entwicklung zur Verknappung bisher freier Güter geführt. Beispiele dafür sind Grund und Boden, Trinkwasser und Frischluft. Eigentlich sind alle Güter knapp oder werden knapp und müssen daher wirtschaftlich eingesetzt werden.

2.3.2.7. Umweltbelastung und Abfall

Im Produktionsprozess entstehen oft auch unerwünschte Nebenprodukte, die eine Umweltbelastung darstellen. Man nennt sie Schadstoffe oder Abfälle. Alle diese negativen Güter haben einen negativen Preis. Sie verursachen Kosten.

2.3.2.8. Sachgüter und Dienstleistungen

Sachgüter können verschiedene Eigenschaften haben. Sie können verbraucht oder gebraucht werden. Sie können verderblich, kurzlebig, dauerhaft, erneuerbar, nicht erneuerbar, nachwachsend, notwendig, lagerfähig, Sättigungsgüter oder Nichtsättigungsgüter sein.

Dienstleistungen haben alle Eigenschaften, die etwas zum Gut machen. Sie sind aber nicht lagerfähig. Sie sind nie vorhanden, sondern müssen in jedem Fall produziert werden. Wegen ihrer Nichtlagerfähigkeit fallen Produktion und Verbrauch zeitlich zusammen. Wichtige Dienstleistungsbereiche sind: Fremdenverkehr, Handel, Bank- und Versicherungswesen, Bildungswesen, Unterhaltung und die Staatsleistungen.

Eine nicht so eindeutige Sonderform von Dienstleistungen stellt die Nutzung von Maschinen, Gebäuden und Grundstücken dar.

2.3.2.9. *Materielle und immaterielle Güter*

Für verschiedene Betrachtungen werden die immateriellen Güter von den materiellen Gütern getrennt. Zu den *immateriellen Gütern* gehören Rechte, Wissen und Patente.

2.3.2.10 *Güterkategorien*

Viele Güter können in Güterkategorien zusammengefasst werden. Beispiele sind: Molkereiprodukte, Backwaren, Teigwaren, Fahrzeuge und Lebensmittel. Die Einführung solcher Güterkategorien ist für die Analyse wichtig. Güterkategorien entsprechen Bedürfniskategorien und sind entweder notwendig und überhaupt nicht substituierbar oder zumindest weniger leicht substituierbar als ihre konstitutiven Einzelgüter. Lebensmittel können durch nichts ersetzt werden.

2.3.2.11 *Geld*

2.3.2.11.1 *Zum Begriff, Funktionen und Arten*

Geld ist eine soziale Erfindung. Ohne Geld wäre unsere heutige Wirtschaft unvorstellbar. Durch die Anwendung des Geldes werden die Kosten des Tausches erheblich reduziert. Ohne Geld wäre Arbeitsteilung auf allen Ebenen undenkbar. Eine Geldwirtschaft setzt sich jedoch nur durch, wenn bestimmte Güter gegen Geld im Vertrauen daraufhin gegeben werden können, dass Geld sich ohne Verlust gegen beliebige Güter zurücktauschen lässt. Das Vertrauen in das allgemeine Tauschgut Geld kann sich als Illusion erweisen, sofern nicht die Tauschpartner allein, sondern ein Dritter, zum Beispiel der Staat, bestimmt, was als Tauschgut zu dienen hat.

Die Bestimmung des Begriffes Geld und seine Einordnung in ein Begriffssystem sind schwierig. Geld ist ein Gut, das zur Befriedigung vieler Bedürfnisse geeignet ist. Es gibt außerdem viele Formen und noch mehr Eigenschaften des Geldes.

Die Geldtheorie betrachtet Geld als:

- allgemeines Tauschmittel
- Recheneinheit
- Wertaufbewahrungsmittel und
- Zahlungsmittel.

Das sind die wichtigsten Funktionen des Geldes.
Geld ist der Überbegriff für viele Arten:

1) *Zentralbankgeld* umfasst Guthaben bei der Zentralbank, Bargeld in Form von Banknoten und Scheidemünzen.
2) Buch-, Giral- oder Forderungsgeld sind *Sichtguthaben* bei Geschäftsbanken.
3) *Quasigeld* besteht aus geldnahen Forderungen, die innerhalb kurzer Zeit gekündigt werden können.
4) *Geldsurrogate* oder Geldersatzmittel können Zahlungsmittel sein, die nicht gesetzliche Zahlungsmittel sind.

In Statistiken werden noch verschiedene *Geldarten* nach Ihrem Liquiditätsgrad unterteilt:

M_0 besteht aus den Sichtguthaben der Banken bei der Zentralbank und dem in Umlauf befindlichen Bargeld (Münzen und Banknoten).

M_1 umfasst den Bargeldumlauf (ohne Kassenbeständen der Banken) und Sichtguthaben bei Banken.

M_2 ergibt sich als Summe aus M_1, und Termineinlagen bis zu vier Jahren

M_3 umfasst M_2 und Spareinlagen.

Diese Unterscheidung ist für Untersuchungen der Geldpolitik wesentlich.

2.3.2.11.2 Nutzen und gesellschaftliche Bedeutung des Geldes

In einer entwickelten, arbeitsteiligen Wirtschaft mit tausenden von Gütern sind ein allgemeines Tauschmittel, eine Rechnungseinheit und ein Wertaufbewahrungsmittel, welches eine zeitliche Trennung der beiden Tauschhälften ohne Wertveränderung ermöglicht notwendig. Je besser Geld diese Funktionen erfüllt, umso größer ist sein Nutzen für das Individuum und die Gesellschaft.

Die *gesellschaftliche Bedeutung des Geldes* geht jedoch weit über diese Funktionen hinaus. Geld ist ein wichtiges Instrument der Wirtschaftspolitik und ein Herrschaftsinstrument.

Geld ist auch Objekt neuer Tätigkeitsfelder, die nicht der Wertschöpfung sondern nur der Vermögensumverteilung dienen.

2.4 Die Knappheit von Gütern und das Wirtschaften

Es kann allgemein beobachtet werden, dass elementare Wirtschaftseinheiten nur einen Teil ihrer Ziele erreichen können, da die verfügbaren Güter dazu nicht ausreichen. Aus dieser Nichtübereinstimmung zwischen Zielen und Mitteln ergibt sich der Zwang zu einer ganz typischen Handlungsweise. Man nennt sie in der Wirtschaftswissenschaft das *Wirtschaften*.

Es sei nochmals zusammengefasst: Kann eine Wirtschaftseinheit mit den verfügbaren Mitteln nicht alle Ziele realisieren, dann ist ein Knappheitsverhältnis gegeben, und die Wirtschaftseinheit wird bestrebt sein, die in begrenzten Mengen verfügbaren Güter den Zielen so zuzuweisen, dass durch eine andere Disposition keine Verbesserung erreicht werden kann. Das Wirtschaftssubjekt wirtschaftet. Der Zusammenhang wird im Schaubild 2 dargestellt.

Manchmal wird wirtschaftliches Verhalten und rationales Handeln als „materialistisch" abgelehnt. Es ist aber Tatsache, dass die Entwicklung der Menschheit und die Entfaltung des modernen Wohlfahrtsstaates von einer Güterfülle abhängig sind, die nur durch ausgeprägtes Wirtschaften ermöglicht werden kann.

Der Zwang zum Wirtschaften ergibt sich auch schon daraus, dass die Güter, die der Mensch täglich begehrt, nicht in genussreifer Form gegeben sind. Der Mensch muss Arbeit aufwenden, um Rohstoffe in konsumreife Güter zu verwandeln. Aber auch der größte Teil der Rohstoffe ist knapp.

Außerdem bringt der technische Fortschritt mit sich, dass ständig neue Güter auf den Markt kommen, die auch begehrt werden, sodass das Missverhältnis zwischen Zielsetzung einerseits und der Verfügbarkeit von Mitteln zu ihrer Befriedigung andererseits immer wieder verstärkt wird.

2. Schaubild: Grundzusammenhänge

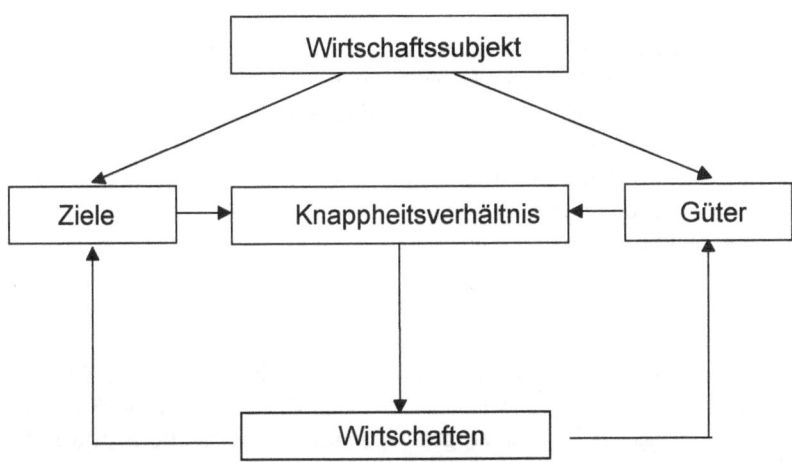

Das Wirtschaften kann als Norm des Disponierens über verfügbare Güter zum Zwecke höchstmöglicher Zielerreichung angesehen werden. Es ist Verfügen über Güter zur Wohlstandssteigerung.

2.5 Grundformen des Wirtschaftens

Das Wirtschaften kann in Grundformen zerlegt werden. Wenn eine Wirtschaftseinheit mit einer gegebenen Ausstattung, ihrem Vermögen, möglichst viele Ziele möglichst weitgehend realisieren möchte, dann stehen ihr grundsätzlich neun Handlungsweisen zur Verfügung:

1. die Produktion,
2. das Handeln nach dem Prinzip der Wirtschaftlichkeit,
3. der technisch-wirtschaftliche Fortschritt,
4. die Produktionsumstellung,
5. die Umwegproduktion,
6. der Tausch,
7. die Arbeitsteilung verbunden mit Tausch,
8. die Kooperation oder Zusammenarbeit.
9. die Koordination der wirtschaftlichen Tätigkeiten, Ziele und Interessen der Wirtschaftseinheiten.

Diese Grundformen des Wirtschaftens hat der Mensch teilweise nach der unbewusst angewandten Methode „Versuch und Irrtum" entwickelt und anzuwenden gelernt. Sie haben es ermöglicht, den Wohlstand auf das heutige Niveau zu steigern.

Die Wirtschaftsgeschichte und das tägliche Leben lehren uns aber auch, dass Menschen immer wieder versucht haben, durch Eroberung, Kolonialisierung, Raub, Diebstahl, Betrug und sonstige Handlungen, sich auf Kosten anderer zu bereichern und die eigene Wohlfahrt zu steigern. Zum Unterschied von diesen Handlungen ermöglichen die Grundformen des Wirtschaftens jedoch eine *Wohlstandssteigerung* durch Vergrößerung des verfügbaren Gütervolumens und günstigere Verwendung von Ressourcen, ohne andere zu übervorteilen, zu unterdrücken oder zu berauben.

Unbestritten bleibt aber auch, dass Menschen weiterhin das Prinzip, sich auf Kosten anderer Vorteile zu verschaffen, anzuwenden versuchen.

Das *Übervorteilungsprinzip*, das darin besteht, sich durch List, Schlauheit oder Geschicklichkeit gegenüber anderen einen Vorteil zu verschaffen, indem man deren Unwissenheit ausnutzt, gehört nicht zu den Grundformen des Wirtschaftens. Es verstößt eindeutig gegen die Wirtschaftsethik, ist unmoralisch, kann aber nur in Ausnahmefällen gerichtlich geahndet werden, da der Gesetzgeber solche Handlungen nicht oder noch nicht untersagt. Dieses Prinzip wird in vielen Lebensbereichen in abgewandelter Form vom so genannten „smarten Erfolgsmenschen" ausgeübt und wirkt sich immer negativ auf das Wirtschaftsleben und die Gesellschaft insgesamt aus.

Aristoteles verdanken wir den Begriff der *Chrematistik*. Eigentlich versteht man darunter die Geldwirtschaft, in der die Anhäufung von Geld Ziel des Wirtschaftens ist. Aristoteles hat zwischen *Bereicherungskunst*, der *Chrematistik* und der Haushaltungskunst (von oikonomia) unterschieden. Erstere dient dem Wucher, die *Haushaltungskunst* dient der Befriedigung der Bedürfnisse eines Haushaltes.

Da die Bereicherungskunst keinen Beitrag zur allgemeinen Wohlstandsteigerung liefert, ist es problematisch, sie zu den Grundformen des Wirtschaftens zu zählen. Allerdings können die Wirkungen nicht unbeachtet bleiben.

Die Grundformen wirtschaftlichen Handelns selbst können durch Erfindungen in allen Bereichen (Wissensfortschritt, technischer Fortschritt, wirtschaftlicher Fortschritt) verbessert und wirksamer gestaltet werden.

Das Handeln nach dem Prinzip der Wirtschaftlichkeit, der technisch-wirtschaftliche Fortschritt, die Produktion, die Produktionsumstellung und das Einschlagen von Produktionsumwegen, sind grundsätzlich jedem Individuum auch isoliert in der Subsistenzwirtschaft möglich. Tausch, Arbeitsteilung, Kooperation und Koordination sind nur im Verbande einer Gesellschaft möglich. Sie sind die Grundformen des gesellschaftlichen Wirtschaftens.

Die Vorteile (und Möglichkeiten), die durch Tausch, Arbeitsteilung und Kooperation erreicht werden können, steigen mit der Zahl der Mitglieder der Gesellschaft und ihrer räumlichen Ausdehnung. Die menschliche Vergesellschaftung hatte in der Globalisierung die höchste Stufe erreicht. Ob es so etwas wie eine optimale Ausdehnung gibt, muss erst untersucht werden.

2.5.1 Die Produktion

Vor sehr, sehr langer Zeit war jede menschliche Tätigkeit auf unmittelbare Befriedigung von Bedürfnissen gerichtet. Sie war der Inhalt des Lebens und ohne sie wäre die Erhaltung des Lebens nicht möglich gewesen. Man könnte dabei von instinktiver Produktion sprechen. Mit zunehmendem Wissen um Kausalitäten wurden diese Tätigkeiten immer stärker differenziert.

Durch Produktion werden beispielsweise ungenießbare Produkte der Natur in genießbare Nahrungsmittel, unbrauchbare Rohstoffe in brauchbare, nützliche Gegenstände und ungezähmte Natur in nützliche Energie umgewandelt. Erfolgreiche Produktion wird zur *Wertschöpfung*.

Die Produktion kann durch Befolgung des Wirtschaftlichkeitsprinzips wirksamer und durch das Learning by doing (durch technischen Fortschritt) verbessert werden.

2.5.2 Handeln nach dem Prinzip der Wirtschaftlichkeit

Das Prinzip der Wirtschaftlichkeit wird auch Ökonomisches Prinzip oder Rationalprinzip oder universelle technische Maxime des Optimums (nach Max Weber) genannt. Es besagt als
Maximalprinzip, dass mit gegebenen Mitteln ein möglichst großer Erfolg erzielt werden soll, als
Minimalprinzip (*Sparprinzip*), dass ein bestimmtes Ergebnis oder Ziel mit möglichst niedrigem Einsatz an Mitteln erreicht werden soll.
Dieses Prinzip durchdringt geradezu jede Form des Handelns.

2.5.3 Der technisch-wirtschaftliche Fortschritt

Es sind vier Komponenten zu unterscheiden:

2.5.3.1 Die gütermehrende Komponente im Konsumbereich:

Durch diese Komponente werden zu den vorhandenen Konsumgütern neue hinzugefügt. Beispiele sind: Erfindung und Einführung des Fernsehens, des Kugelschreibers, der Elektrizität und von Haushaltsgeräten. Die Bedeutung dieser Komponente ist enorm.

2.5.3.2 Die optimierende Komponente im Konsumbereich:

Die Qualität vorhandener Konsumgüter wird verbessert und führt somit zu einer intensiveren oder besseren Befriedigung von Bedürfnissen. Auch diese Komponente hat das Wohlfahrtsniveau der Menschen stark gesteigert.

2.5.3.3 Die gütermehrende Komponente im Produktionsbereich:

Zu den bekannten und vorhandenen Produktionsgütern, Werkzeugen, Geräten, Vorrichtungen und Verfahren werden neue hinzugefügt. Diese Komponente ist für viele Menschen überhaupt nicht bemerkbar und dennoch grundlegend für die Wohlstandssteigerung. Sie ermöglicht neue Produktionsumwege, die noch behandelt werden.

2.5.3.4 Die optimierende Komponente im Produktionsbereich:

Sie heißt auch produktivitätssteigernde Komponente und besteht darin, dass Produktionsverfahren so verbessert werden, dass bei gleichem Einsatz von Produktionsgütern ein besseres Ergebnis erzielt wird. Oft steht diese Komponente in einem Naheverhältnis zur Gütermehrenden Komponente im Produktionsbereich und kann schwer von dieser abgegrenzt werden. Die Tatsache, dass die Ernte von Getreide pro Landarbeiter mehr als verhundertfacht wurde, lässt die Bedeutung dieser Komponente erahnen.

Insgesamt wäre ohne technischen Fortschritt der heutige Lebensstandard unvorstellbar.

2.5.4 Die Produktionsumstellung

Unter *Produktionsumstellung* versteht man die Umstellung der Produktion von einem Gut auf ein anderes. Beispielsweise kann ein Landwirtschaftsbetrieb seine Produktion von Milch reduzieren und mehr Kälber oder Schweine züchten oder sich auf sonstige Produkte verlegen. Vielfach wird Produktionsumstellung vom Markt geradezu erzwungen. Durch rechtzeitige Anpassung an sich ändernde Markt- und Produktionsverhältnisse kann das Ergebnis wesentlich verbessert werden.

2.5.5 Die Umwegproduktion

Die direkte Umwandlung von Gaben der Natur in Konsumgüter ist nur sehr beschränkt möglich. Die überwiegende Produktion stellt eine Umwegproduktion dar. Beispielsweise wurde Licht bis vor nicht allzu langer Zeit nur durch Feuer zustande gebracht. Um elektrisches Licht zu erhalten, ist ein sehr langer Produktionsumweg notwendig. Einige wichtige Stationen sind: Erfindung der Elektrizität, Erfindung des Glases, Erfindung des Glühfadens, Erfindung und Bau von Generatoren und Turbinen, Bau von Staumauern, Anlagen, Hochspannungsleitungen und die Erzeugung von Glühbirnen. Obwohl die Umwege so lang sind, ist das Endprodukt viel besser und billiger als der Kienspan, der in vergangener Zeit zur Beleuchtung gedient hatte.

2.5.6 Der Tausch

Wenn eine Wirtschaftseinheit mehr Fisch hat, als sie selbst konsumieren möchte, aber kein Brot und eine andere Wirtschaftseinheit mehr Brot, als sie selbst konsumieren möchte, aber keinen Fisch, dann ist es naheliegend, dass diese Wirtschaftseinheiten zum Vorteil beider Brot gegen Fisch tauschen.

2.5.7 Die Arbeitsteilung verbunden mit Tausch

Die Menschen haben schon vor langer Zeit herausgefunden, dass es möglich ist, bei der Produktion bessere Ergebnisse qualitativer und quantitativer Art zu erzielen, wenn sich die Arbeitskräfte auf die Herstellung einer Gütergruppe oder eines Gutes oder überhaupt nur auf die Verrichtung eines Arbeitsganges spezialisieren.

Schon Plato und Aristoteles haben die Bedeutung der Arbeitsteilung für die Qualität der hergestellten Güter erkannt und damit die politische Aufgabe verbunden, das Zusammenwirken der wirtschaftlich produktiv tätigen Menschen innerhalb des Gemeinwesens sinnvoll zu ordnen. Die produktivitätssteigernde Wirkung der Arbeitsteilung haben sie jedoch nicht erkannt oder nicht gelten lassen.

Arbeitsteilung erfordert zwangsläufig Kooperation mit anderen Wirtschaftseinheiten, Koordination und Tausch. Es kommt zum *gesellschaftlichen Wirtschaften*. Dieser Entwicklung verdankt die Menschheit eine gewaltige Steigerung des Lebensstandards.

2.5.8 Die Kooperation oder Zusammenarbeit (Synergie)

Der Vorteil des Zusammenwirkens besteht darin, dass eine Gruppe von mehreren Wirtschaftseinheiten durch Zusammenarbeit meist verbunden mit Arbeitsteilung ein besseres Ergebnis erzielen kann als isoliert arbeitende Wirtschaftseinheiten der gleichen Zahl. Viele Ziele können überhaupt nur durch organisierte Zusammenarbeit realisiert werden. Zusammenarbeit führt zur Unternehmung und rechtfertigt die Bildung von Unternehmungen im weiteren Sinne.

2.5.9 Abstimmung oder Koordination der wirtschaftlichen Handlungen, Ziele und Interessen der Wirtschaftseinheiten

Die Ergebnisse wirtschaftlicher Handlungen, die mindestens zwei Wirtschaftseinheiten einbeziehen, können durch Abstimmung der Ziele und Interessen verbessert werden.

46

Durch Koordination werden folgende Aufgaben unmittelbar gelöst:

1. Allokation der Produktionsfaktoren (Kapital, insbesondere Rohstoffe, Arbeitskräfte und Boden)
2. Abstimmung von Angebot und Nachfrage von Gütern erster und höherer Ordnung.

Die Koordination wird später ausführlicher behandelt werden.

2.6 Zusammenfassung: Wirtschaften

Alle Menschen haben Bedürfnisse und Wünsche, zu deren Befriedigung sie Güter benötigen. Allen Menschen steht eine Erstausstattung zur Verfügung. Diese besteht aus Gütern erster und höherer Ordnung. Nur wenige Menschen verfügen über genügend viele Güter erster Ordnung, um alle ihre Bedürfnisse und Wünsche erfüllen zu können. Alle anderen sind zur Beschaffung der begehrten Güter gezwungen. Grundsätzlich kann zwischen rechtmäßiger und rechtswidriger Beschaffung unterschieden werden. Zur rechtswidrigen Beschaffung zählen Diebstahl, Raub, Betrug, aber auch Beschaffung durch Krieg und sonstige militante Aktionen. Eigentlich sind nur die Grundformen des Wirtschaftens rechtmäßig. Nur sie ermöglichen eine allgemeine Wohlstandsteigerung.

2.7 Schlüsselbegriffe zur Wiederholung

Versuchen Sie, die Begriffe zu definieren und in den entsprechenden Zusammenhang zu bringen.

- Arbeitsteilung
- Arbeitsteilung mit Tausch
- Ausschlussprinzip
- Bedürfnisse
- Bedürfnisse, individuelle
- Bedürfnisse, kollektive
- Effekte, externe
- Effekte, interne
- Entscheidungseinheit
- Entscheidungszentrum
- EWE

- Existenzsicherung
- Fortschritt, technischer
- Grundziele
- Güter erster Ordnung
- Güter höherer Ordnung
- Güter, demeritorische
- Güter, immaterielle
- Güter, knappe
- Güter, komplementäre
- Güter, materielle
- Güter, meritorische

- Güter, öffentliche
- Güter, private
- Güter, wirtschaftliche
- Gütermehrende Komponente des technischen Fortschritts
- Knappheitssituation
- Komponenten des technischen Fortschritts
- Konsumentensouveränität
- Konsumgüter
- Konsumnähe
- Konsumnäherungsprozeß
- Kooperation
- Luxusziele
- Maximalprinzip
- Minimalprinzip
- Ökonomisches Prinzip
- Optimierende Komponente des technischen Fortschritts
- Prinzip d. Wirtschaftlichkeit
- Produktivitätssteigernde Komponente des technischen Fortschritts
- Rationalprinzip
- Produktion
- Produktionsgüter
- Produktionsprozess
- Produktionsumstellung
- Produktionsumweg
- Produktivitätssteigernde Komponente des technischen Fortschritts
- Rationalprinzip
- Rivalität des Konsums
- Sparprinzip
- Tausch
- Technischer Fortschritt
- Transformation
- Übervorteilungsprinzip
- Umwegproduktion
- Universelle technische Maxime des Optimum
- Wirtschaften
- Wirtschaftlichkeitsprinzip
- Wirtschaftseinheit
- Wirtschaftseinheit, elementare
- Wirtschaftseinheit, originäre
- Wirtschaftsethik
- Wirtschaftsobjekt
- Wirtschaftssubjekt
- Ziele
- Ziele, außerökonomische
- Ziele, gehobene
- Ziele, individuelle
- Ziele, kollektive
- Ziele, ökonomische
- Zielhierarchie
- Zielkonkurrenz

2.8 Wiederholungsfragen

- Welche konstitutiven Merkmale hat eine Wirtschaftseinheit?
- Welche Typen von Wirtschaftseinheiten gibt es?
- Wie können Güter eingeteilt werden?
- Wie kommt es zum Wirtschaften?
- Was macht Wirtschaften notwendig?
- Was sind Ziele?

- Welche Ziele können unterschieden werden?
- Durch welche Handlungen kann das verfügbare Gütervolumen erhöht werden?

3 Das Wirtschaften der elementaren Wirtschaftseinheit

In diesem Abschnitt soll der einzelne Mensch als Untersuchungsgegenstand betrachtet werden. Es handelt sich um keinen egoistischen Homo oeconomicus und auch nicht um seinen intellektuellen Nachfahren „REMM" (Resourceful, Evaluative, Maximimizing Man). Es handelt sich um einen Menschen mit Eigenschaften, die jeder Mensch haben kann, aber nicht haben muss.

Die Untersuchung wird auf folgende Fragen begrenzt:

1. Was soll unter elementarer Wirtschaftseinheit verstanden werden und warum wird sie als Untersuchungsgegenstand herangezogen und nicht der Haushalt?
2. Wie kann die elementare Wirtschaftseinheit Einkommen erwerben?
3. Wie kann die elementare Wirtschaftseinheit Einkommen verwenden?
4. Wie ordnet die elementare Wirtschaftseinheit die große Zahl von Gütern und wie wählt sie begehrte Güter aus?
5. Welche Güter werden zu welchem Preis nachgefragt?

3.1 Die elementare Wirtschaftseinheit – EWE

3.1.1 Definition, Abgrenzung und Problemstellung

Im Zentrum der Wirtschaft steht der Mensch, der die konstitutiven Merkmale einer Wirtschaftseinheit – eigene Ziele, eigene Güter, Entscheidungsfreiheit – aufweist.

Jedes Mitglied eines Haushaltes oder einer Familie entfaltet eigene wirtschaftliche Tätigkeiten, die aus der Sicht des Einzelwesens und der Gemeinschaft betrachtet werden können.

Jedes Individuum entwickelt zuerst eine eigene Zielwelt und später auch eigene Fähigkeiten zur Produktion und zum Erwerb von Gütern. Nur ein Teil der Ziele richtet sich auf den gemeinsamen Haushalt, und nur ein Teil der verfügbaren Güter wird zur Befriedigung gemeinsamer Ziele verwendet.

Die bedeutendsten wirtschaftlichen Entscheidungen eines Individuums sind individuelle Entscheidungen, an denen die Familie bzw. die anderen Haushaltsmitglieder zwar großes Interesse haben können, deren Folgen aber schließlich das Individuum in erster Linie zu tragen hat. Man denke nur beispielsweise an die Berufswahl.

3. Schaubild: EWE und konstituierende Merkmale

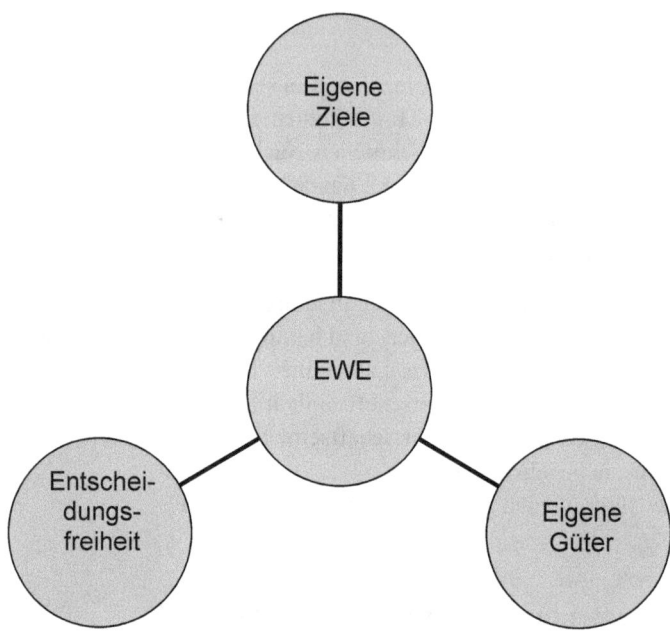

Daher wird der Untersuchung die EWE und nicht der Haushalt zugrunde gelegt. Es wird auch nicht der Konsument als Wirtschaftseinheit verwendet, da damit die produktive Seite der EWE nicht berücksichtigt würde.

Die Problemstellung der elementaren Wirtschaftseinheit ergibt sich aus der Diskrepanz zwischen Zielen und Mitteln. Wenn die verfügbaren Güter erster Ordnung nicht ausreichen alle Ziele zu realisieren, dann wird die EWE frei entscheiden, welche Handlungen sie setzen wird.

Die Wirtschaftstheorie versucht, die Zusammenhänge transparenter darzustellen und Möglichkeiten aufzuzeigen, die Knappheit der Güter zu verringern.

3.1.2 Das Vermögen der EWE

3.1.2.1 Das Vermögen im weiteren Sinne

Zur Realisierung ihrer Ziele benötigt die elementare Wirtschaftseinheit Güter erster und höherer Ordnung, die als Vermögen im weiteren Sinne bezeichnet werden.

Alle Güter, die der EWE am Beginn wirtschaftlichen Handelns zur Verfügung stehen, nennt man so Erstausstattung oder Anfangsvermögen i. w. S. .

Das Vermögen i. w. S. stellt dar, was die elementare Wirtschaftseinheit vermag. Es bildet somit die Ausgangsbasis für das Wirtschaften der EWE.

3.1.2.1.1 Das Vermögen i. e. S.

In der Vermögensrechnung einer EWE werden folgende Kategorien als Vermögen im engeren Sinne zusammengefasst:

1. Unbewegliches Sachvermögen: Grundstücke, Häuser und sonstige Bauwerke,
2. Bewegliches Sachvermögen: Einrichtungsgegenstände, Kraftfahrzeuge, Maschinen, Gebrauchsgüter und Verbrauchsgütervorräte,
3. Wertpapiere,
4. Bankguthaben und Bargeld.

Vielfach stehen diesen Vermögensteilen Schulden gegenüber. Zieht man vom Wert des *Bruttovermögens* (Aktiva) die Schulden (Passiva) ab, so erhält man das *Nettovermögen* oder Reinvermögen der elementaren Wirtschaftseinheit.

Viele elementare Wirtschaftseinheiten verfügen über kein Vermögen i. e. S.. Sie sind aber von der Natur mit Fähigkeiten ausgestattet.

3.1.2.1.2 Die persönlichen Fähigkeiten

Die persönlichen Fähigkeiten scheinen in der Vermögensrechnung nicht auf, stehen der elementaren Wirtschaftseinheit aber zur Verfügung. Sie können als Güter erster oder höherer Ordnung angesehen werden. Ein Teil der Fähigkeiten ist angeboren, der andere Teil wird im Laufe der Zeit durch Lernen erworben.

Fähigkeiten können verbessert und weiterentwickelt werden. Das Verbessern der Fähigkeiten ist mit Kosten verbunden, weshalb auch von Investitionen gesprochen werden kann. Wenn der Lernprozess Geld und Zeit erfordert, kann er auch als Produktionsumweg angesehen werden.

Fähigkeiten sind mit der EWE eng verbunden, nicht übertragbar und gehen mit ihr auch wieder unter. Sie sind somit auf die Lebenszeit der EWE begrenzt.

3.1.2.2 Die Lebensdauer und verfügbare Zeit

Es kann zwischen tatsächlich erreichtem Lebensalter und der statistischen Lebenserwartung unterschieden werden. Die durchschnittliche Lebensdauer lag 1968 für Männer bei 68 Jahren, für Frauen bei 73. Inzwischen ist sie auch für Männer auf über 70 gestiegen und liegt bei Frauen schon bei 76 Jahren.

In der Wirtschaftswissenschaft werden verschiedene *Zeitbegriffe* verwendet und unterschieden:

3.1.2.2.1 Gebundene und ungebundene Zeit

Die Bindung bedeutet Verpflichtung und hängt mit der Arbeitsverpflichtung und Erwerbstätigkeit zusammen. Zur *gebundenen Zeit* zählt die Arbeitszeit, die Wegzeit zur Arbeit und von der Arbeit, die zur Körperpflege notwendige Zeit, die Vorbereitungszeit für die Arbeit und sogar die Mittagsfreizeit. Es können auch acht Stunden Schlaf als gebundene Zeit angesehen werden. Für verschiedene Autoren zählt auch die Zeit, die für die häuslichen Pflichten aufgewendet werden müssen zur gebundenen Zeit und nicht zur Freizeit.

Ungebundene Zeit ist die Zeit außerhalb der Arbeitsverpflichtung und außerhalb jener Rollentätigkeiten, die aus sozialen Mußerwartungen resultieren.

3.1.2.2.2 Arbeitszeit und Freizeit

Der Arbeitszeit wird häufig die Freizeit gegenübergestellt. Die *Arbeitszeit* ist Teil der gebundenen Zeit. *Freizeit* ist ungebundene Zeit. Die Freizeit wird durch Arbeitszeitverkürzung gewonnen. Vielfach wird auch die Auffassung vertreten, dass Freizeit die gesamte Zeit umfasst, die nicht unmittelbar bei der Arbeit verbracht wird. Der Zusammenhang wird später genauer untersucht.

3.1.2.2.3 Freizeit und Muße

Die Unterscheidung zwischen Freizeit und Muße (innere Ruhe) ist auch nicht eindeutig. Mit dem mittelhochdeutschen „muoze" wurde freie Zeit oder Untätigkeit gemeint. Griechisch wird Muße scholé genannt. Aus diesem Wort wurde die Schule abgeleitet, die eine Stätte der Menschenbildung ist. Damit wird der Begriff Muße als Grundbegriff abendländischer Denktradition erklärt. Inhaltlich ist Muße das Fundament der Kultur. Sie bezieht sich auf Bedürfnisse, die keine Existenzbedürfnisse sind, aber aus sinnvoller menschlicher Existenz hergeleitet werden.

Freizeit ist ungebundene Zeit. In die Freizeit fallen alle herkömmlichen Feiertagsgewohnheiten, Feste und Sonntagsruhe, aber auch industriegesteuerte Freizeittätigkeiten wie Basteln und massenkommunikationsmittelgesteuerte Veranstaltungen: Massenveranstaltungen jeder Art.

Es gibt Anleitungen zur sinnvollen *Freizeitgestaltung* von verschiedenen Organisationen und dem Staat, um Gefahren der Freizeitgestaltung zu vermeiden. Hier besteht wieder die Gefahr der Manipulation des Individuums durch den Staat: *Bevormundung*.

Grundsätzlich kann Freizeit auch als rein formaler Begriff gesehen werden, der auf keinerlei inhaltliche Bestimmung hinweist.

3.1.2.2.4 Die unteilbare Zeit

Die Zeit ist zweifach begrenzt: Erstens durch die Lebenserwartung des Menschen und zweitens dadurch, dass Zeit für die Realisierung eines jeden Zieles notwendig ist und sich nicht alle Ziele gleichzeitig realisieren lassen.

Der Prozess der Realisierung von Zielen kann in zwei Abschnitte zerlegt werden. Im ersten Abschnitt werden die Voraussetzungen zur Realisierung von Zielen geschaffen. Man nennt diesen Abschnitt Produktionszeit oder *Wertschöpfungszeit*. Im zweiten Abschnitt wird das Bedürfnis befriedigt. Man nennt diesen Abschnitt Zeit für Konsum, Bedürfnisbefriedigung, Gütergebrauch, Güterverbrauch, Verbrauch, *Wertverzehr* oder auch Wertvernichtung.

Auf einer niedrigen Entwicklungsstufe sind die Zusammenhänge einfach. Die Natur liefert Güter, die gesammelt, erjagt, umgewandelt, transportiert, gelagert und dann verbraucht werden, um dadurch die bescheidensten Ziele zu realisieren. Die Ziele sind dabei fast ausschließlich der Existenzsicherung zuzuordnen. Die Produktion dient auf dieser Entwicklungsstufe der Eigenversorgung der elementaren Wirtschaftseinheit und der Familie. Tausch, Arbeitsteilung und Zusammenarbeit sind innerhalb eines Familienverbandes möglich und die Regel. Die so charakterisierte Wirtschaft heißt *Subsistenzwirtschaft*. Unter *Subsistenz* ist das Bestehen durch sich selbst und ohne Abhängigkeit zu verstehen. Die Aufgabe der elementaren Wirtschaftseinheit besteht in einer Subsistenzwirtschaft darin, die Gaben der Natur möglichst vorteilhaft zu nützen. Zu jedem Schritt der Zielnäherung ist Zeit notwendig, die somit für andere Zwecke nicht mehr zur Verfügung steht.

Die Natur kann zwar sehr großzügig sein, sie verlangt aber immer eine gewisse Anstrengung und Zeit von den Menschen, die ihre Gaben konsumieren wollen.

3.1.3 Problemstellung in der modernen Geldwirtschaft

In einer Geldwirtschaft sind gesellschaftlich-wirtschaftliche Zusammenhänge meist so komplex, dass sie von den Wirtschaftseinheiten nicht mehr durchschaut werden.

Der Mensch wird in eine Welt mit einer nie zuvor da gewesenen Gütervielfalt hineingeboren. Von seiner frühesten Kindheit an werden in ihm Wünsche geweckt, die weit über die Existenzbedürfnisse hinausgehen. Viele Kinder wachsen im Überfluss auf. Güter sind einfach da. Die Zusammenhänge sind nicht mehr so klar erkennbar wie in der Subsistenzwirtschaft, weil der erste Abschnitt der Realisierung von Zielen von anderen Wirtschaftseinheiten – den Eltern des Kindes, der Großfamilie, dem Unternehmen, dem Staat – übernommen wird. Die Einbindung der EWE in den Wirtschaftsprozess ist nicht mehr selbstverständlich. Der weitaus größte Teil der begehrten Güter kann nicht mehr von der EWE erzeugt werden. Ihre Produktion wird von Unternehmen übernommen, an sie delegiert.

Die Gesamtheit der Aktivitäten, die von Unternehmen und dem Staat ausgeführt werden, bildet die *formelle Wirtschaft*. Der Rest wird *informelle Wirtschaft* genannt. Zu letzterer gehört jede Art von Produktion im Haushalt, die Subsistenzwirtschaft, Nachbarschaftshilfe und *Schwarzarbeit*. Da für Nachbarschaftshilfe und Schwarzarbeit keine Steuern gezahlt werden, wird auch von *Schattenwirtschaft* gesprochen. Der Anteil der Schattenwirtschaft am Bruttonationalprodukt wird auf 10 bis 20 % geschätzt. Der Anteil der informellen Wirtschaft liegt bei 30 % und mehr.

Durch Arbeitsteilung und Arbeitszerlegung wird die Produktion (Wertschöpfung) in immer mehr Unterabschnitte zerlegt, die jeweils von verschiedenen Unternehmen übernommen werden und parallel ausgeführt werden können, wodurch die Produktionszeit – als Kalenderzeit – auf die Zeit verkürzt wird, die für den am längsten dauernden Unterabschnitt erforderlich ist.

Es gibt generell zwei Gründe und Kriterien für die *Delegation der Wertschöpfung* an Unternehmen:

1. Die Produktion durch das Individuum wäre zwar möglich, ist in den Unternehmen jedoch vorteilhafter oder
2. die elementare Wirtschaftseinheit ist überhaupt nicht fähig, ein bestimmtes Gut herzustellen.

Würde eine elementare Wirtschaftseinheit versuchen, die Realisierung aller ihrer Ziele von Anfang an selbst und allein zu übernehmen, müsste sie sich mit der Befriedigung sehr bescheidener und sehr weniger Bedürfnisse begnügen. Es wäre ein unvorstellbarer Rückschritt in die Urzeit.

So ist die elementare Wirtschaftseinheit gezwungen, sich in die Arbeitsteilung einzufügen und an irgendeinem Teilabschnitt der Produktion in irgendeiner Rolle mitzuwirken und eine Leistung zu erbringen, die einen Anspruch auf einen Anteil am Nationalprodukt gewährt.

In einer funktionierenden Geldwirtschaft werden alle handelbaren Güter angeboten und können gegen Geld erworben werden. Geld ist das allgemeine Tauschmittel für gehandelte Güter.

Für die *Beschaffung von Geld* gibt es – bei gegebener Erstausstattung – verschiedene Möglichkeiten:

1. Verwertung von Vermögen: Verkauf oder zeitlich begrenzte Überlassung von Vermögen (Grundstücke werden verpachtet, Geld gegen Zins verliehen oder zu spekulativen Zwecken verwendet),
2. selbständige unternehmerische Tätigkeit (Produktion),
3. unselbständige Tätigkeit,
4. Transferzahlungen (die EWE erhält beispielsweise eine Rente vom Staat).

Nicht jeder EWE stehen alle vier Möglichkeiten der *Geldbeschaffung* zur Verfügung. Die Entscheidung für eine der Möglichkeiten hängt von vielen Faktoren und sogar dem Schicksal eines Individuums ab. Diese Fragen werden hier aber noch nicht behandelt.

3.1.4 Der Lebenszyklus der EWE

Keine elementare Wirtschaftseinheit wirkt ein ganzes Leben lang wertschöpferisch, sehr wohl aber benötigt sie während des ganzen Lebens Güter, um überleben zu können.

Wertschöpfung und Wertverzehr der elementaren Wirtschaftseinheit sind also nicht über das ganze Leben gleichmäßig verteilt. Die gesellschaftliche Wirtschaft bietet der elementaren Wirtschaftseinheit jedoch die Möglichkeit des *intertemporalen Tausches*, wodurch ein Ausgleich möglich ist.

Auf einer niedrigen Entwicklungsstufe findet der intertemporale Tausch der elementaren Wirtschaftseinheiten zwischen Mitgliedern der Familie statt. In einer hoch entwickelten Wirtschaft findet der Ausgleich zwischen den Generationen der Gesellschaft statt. Sozialpolitik und Familienpolitik haben die Aufgabe, diesen intertemporalen Tausch zwischen den Generationen zu steuern und den natürlichen *Generationenvertrag* zu sichern.

Das Entgelt, das eine elementare Wirtschaftseinheit für ihre Beteiligung an der Wertschöpfung in Form von Geld erhält, wird *Einkommen* genannt. Es ist nichts anderes als eine Anweisung auf einen Teil der geschaffenen Werte, des Produktionsergebnisses. Das Einkommen bestimmt, welchen Teil der produzierten Güter die elementare Wirtschaftseinheit für sich beanspruchen kann. Einkommen, die dafür erzielt werden, dass eine elementare Wirtschaftseinheit ihre Fähigkeiten (Arbeitskraft als Arbeiter, Angestellter, Unternehmer usw.) in den Produktionsprozess einbringt, heißen *Leistungseinkommen*. Davon zu unterscheiden sind Einkommen, die für die zeitlich begrenzte Überlassung von Vermögen erzielt werden. Sie heißen *Vermögenseinkommen*.

Zwischen den beiden Einkommensarten besteht ein grundlegender Unterschied: Das Leistungseinkommen ist an die elementare Wirtschaftseinheit gebunden, das Vermögenseinkommen an das Vermögen und die Rechtsordnung. Das Vermögen ist grundsätzlich übertragbar und vererbbar. Fähigkeiten sind mit der Person verbunden und gehen mit der Person unter. Sie können nur durch Lehren und Lernen übertragen werden.

Grundsätzlich hat jeder Mensch, hat jede elementare Wirtschaftseinheit die Chance, Fähigkeiten zu entwickeln und für sich und andere zu verwenden.

Anders verhält es sich mit dem Vermögen der einzelnen elementaren Wirtschaftseinheiten. Dabei ist besonders zwischen nicht vermehrbarem und vermehrbarem Vermögen zu unterscheiden. Zu ersterem gehört die Natur, Grund und Boden. Vermehrbar sind Erzeugnisse des Menschen.

Mit zunehmender Bevölkerungsdichte haben elementare Wirtschaftseinheiten Land in Besitz genommen. Der Prozess der *Landnahme* ist sehr unterschiedlich abgelaufen und bis heute nicht abgeschlossen. Das Resultat ist jedoch, dass es viele Menschen gibt, die über keinerlei Eigentum an der Natur verfügen und somit eigentlich keine *Existenzgrundlage* haben. Sie sind darauf angewiesen, dass die Eigentümer an der Natur ihnen Gaben der Natur überlassen oder verkaufen.

Zwischen Vermögen, Wertschöpfung und Wertverzehr besteht ein fundamentaler Zusammenhang: Durch Wertschöpfung wird Vermögen geschaffen, durch Wertverzehr wird es vernichtet.

Die Darstellung des Wirkens der elementaren Wirtschaftseinheit in der Zeit ergibt den wirtschaftlichen Lebenszyklus der elementaren Wirtschaftseinheit. Im wirtschaftlichen Lebenszyklus werden die wichtigsten Größen in Abhängigkeit vom Lebensalter berücksichtigt:

1. der Wertverzehr je Zeiteinheit und kumuliert,
2. die Wertschöpfung je Zeiteinheit und kumuliert,
3. Wertverzehr – und Wertschöpfungsüberschuss je Zeiteinheit und kumuliert.

Der Lebenszyklus kann noch für die Darstellung vieler anderer Indikatoren, auf die elementare Wirtschaftseinheit bezogener wirtschaftlicher Größen und interpersoneller Zusammenhänge verwendet werden, was aber erst später gezeigt werden soll.

Während der Lebenszyklus des Menschen den Zeitraum von der Geburt bis zum Tode mit den Stufen der körperlichen und seelisch-geistigen Entwicklung des Individuums darstellt, zeigt der Lebenszyklus der elementaren Wirtschaftseinheit die Entwicklung ökonomisch relevanter Faktoren. Als Maß und Recheneinheit wird das Geld verwendet. Es können somit nur jene Komponenten der Zielrealisierung (Bedürfnisbefriedigung) und Wertschöpfung berücksichtigt werden, die in Geld gemessen werden können.

In den folgenden Schaubildern wird der typische Lebenszyklus einer EWE dargestellt.

Im *4. Schaubild* wird auf der Abszisse das Alter der elementaren Wirtschaftseinheit aufgetragen. Der Konsum (Wertverzehr) wird periodisiert, indem er der Zeiteinheit zugeordnet wird, in der er getätigt wird. Sodann wird er in Geldeinheiten gemessen, die aufgewendet werden müssten, um die zur Bedürfnisbefriedigung notwendigen Güter zu beschaffen. Dieser Betrag wird auf dem negativen Ast der Ordinate aufgetragen. Durch das negative Vorzeichen soll zum Ausdruck gebracht werden, dass zur Befriedigung von Bedürfnissen Güter eingesetzt, genutzt, verzehrt oder verbraucht werden. Wenn solche Güter nicht von der elementaren Wirtschaftseinheit selbst hergestellt werden, müssen sie von der Gesellschaft zur Verfügung gestellt werden. Dafür ist eine Gegenleistung notwendig, die in der Geldwirtschaft in der Zahlung des Kaufpreises besteht. Einen solchen Vorgang nennt man auch *Auszahlung.*

Die Entwicklung der „Auszahlungen" oder des Konsums kann individuell sehr verschieden sein. Als typischer Verlauf wird angenommen, dass die Auszahlungen während der Kindheit relativ niedrig sind, in der Jugend ansteigen, in der Reife ein Maximum erreichen und das hohe Niveau beibehalten, bis sie im höheren Alter wieder sinken, bei Pflegebedarf aber wieder steigen und mit dem Tod enden.

Die Entwicklung des individuellen Beitrages (Wertschöpfung) zur Befriedigung von Bedürfnissen ist noch unterschiedlicher als die Entwicklung des Konsums.

Typisch für den Verlauf des eigenen Beitrages zur Wertschöpfung ist, dass die Produktion erst nach einigen Jahren beginnt, ansteigt, ein höheres Niveau hält, sinkt, bei Krankheit unterbrochen wird und spätestens mit dem Tod aufhört.

Zur graphischen Darstellung wird auch die Wertschöpfung periodisiert, in Geld bewertet und auf dem positiven Ast der Ordinate aufgetragen. Wertschöpfung kann mit Einzahlungen verglichen werden, die das Vermögen vergrößern. Wie die Bewertung von Produktion (Wertschöpfung) und Konsum (Wertverzehr) erfolgt, wird erst später gezeigt werden.

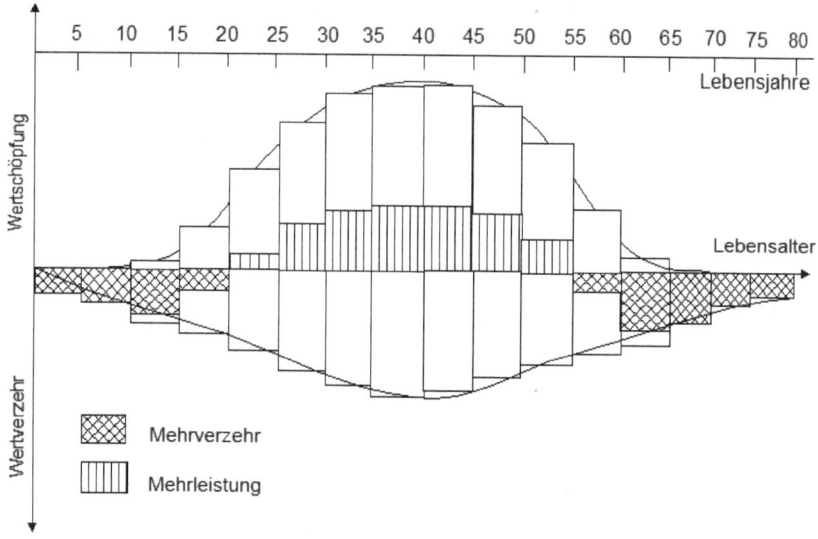

Wenn der Konsum aller Perioden zusammengezählt wird, erhält man den Lebenskonsum. Analog wird die Lebensproduktion ermittelt. Beide Begriffe werden kaum verwendet. Vielmehr wird ein anderer Begriff gebraucht, der dem Begriff der Lebensproduktion sehr ähnlich ist: das Lebenseinkommen. Hierbei muss zwischen Leistungseinkommen und arbeitslosem Einkommen, Renten, usw. unterschieden werden.

Wenn man für jede Periode den Saldo zwischen Wertverzehr und Wertschöpfung (Leistung) bildet, erhält man eine Kurve, die zeigt, ob der Wertschöpfungsbeitrag einer elementaren Wirtschaftseinheit in einer Periode größer oder kleiner als der Wertverzehr ist. Eine typische *Konsum – Leistungs – Überschuss – Kurve* hat in einer ersten Phase negative, dann positive und schließlich wieder negative Werte.

Das bedeutet, dass die elementare Wirtschaftseinheit in einer ersten Phase von den Mitmenschen abhängt, dann unabhängig wird und andere unterstützen kann, um schließlich wieder abhängig zu werden. Die Abhängigkeit des Konsumüberschusses (Mehrverzehr) und des Leistungsüberschusses vom Lebensalter wird im *Schaubild* 5 schraffiert dargestellt.

Wenn die Saldi kumuliert werden, indem man in jeder Periode die Summe aller bis dahin entstandenen Saldi bildet, erhält man den *kumulierten Konsum – Leistungs- Überschussstrom*. Auch diese Kurve hat einen typischen Verlauf und wird im *Schaubild 5* dargestellt. Sie kann in fünf Phasen unterteilt werden:

60

5. *Schaubild: Lebenszyklus: Kumulierte Mehrleistung und Mehrbelastung oder Konsum – Leistungs – Profil*

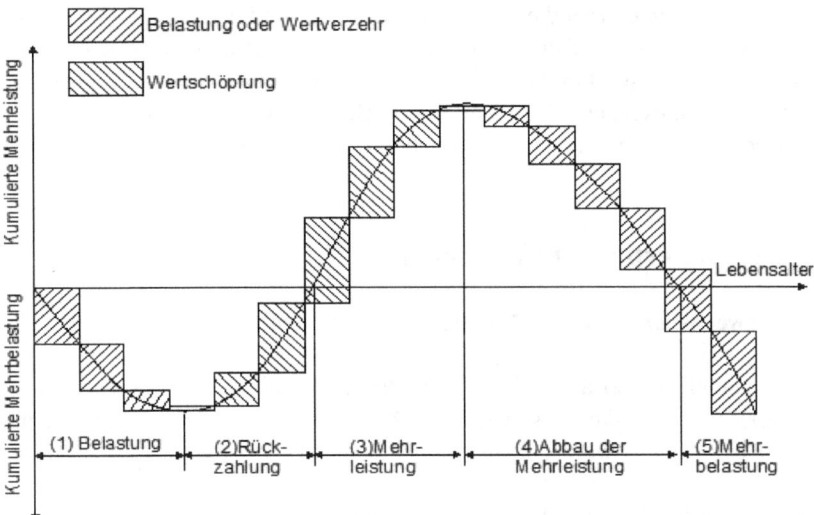

1. *Belastungs- oder Auszahlungsphase*: In der ersten Phase wird die Gesellschaft belastet, der Saldistrom ist negativ, die elementare Wirtschaftseinheit konsumiert mehr als sie selbst zur Wertschöpfung beiträgt, produziert, leistet.
2. *Rückzahlungsphase:* In dieser Phase wird an die Gesellschaft der Betrag zurückgezahlt, den die Gesellschaft während der Auszahlungsphase für die elementare Wirtschaftseinheit geleistet hat und mit welchem die Gesellschaft belastet wurde.
3. *Mehrleistungsphase*: Wenn nach der Rückzahlungsphase die elementare Wirtschaftseinheit noch immer einen positiven Saldistrom aufweist, d.h. mehr produziert als konsumiert, dann er
bringt sie der Gesellschaft eine Mehrleistung und ihr Beitrag zum Nationalprodukt ist höher als die Entnahme.
4. *Auszehrungsphase* oder Phase des Abbaus der kumulierten Mehrleistungen: Wird der Saldistrom negativ, dann wird die Mehrleistung wieder aufgebraucht.
5. *Mehrbelastungsphase*: Sind die kumulierten Mehrleistungen aufgebraucht, dann wird der kumulierte Konsum- Leistungs- Saldistrom (K – K – L – Saldistrom) wieder negativ. Es beginnt eine neuerliche Belastung der Gesellschaft, die bis zum Lebensende der elementaren Wirtschaftseinheit steigt und von dieser nicht mehr abgebaut werden kann.

Der Verlauf von Konsum und Leistung im Lebenszyklus ist charakteristisch für eine elementare Wirtschaftseinheit. Wir nennen daher diese Darstellung auch *Konsum – Leistungs- Profil* einer elementaren Wirtschaftseinheit (*K – L – Profil*). Der typische Verlauf des Konsum – Leistungs – Profils einer elementaren Wirtschaftseinheit wird im *Schaubild 5* dargestellt und gleicht einer Sinuslinie.

Das Wirtschaften der EWE kann in zwei Bereiche unterteilt werden:
Erwerb von Einkommen oder Wertschöpfung und Konsum

3.2 Der Erwerb von Einkommen

3.2.1 Erwerbspersonen und Nichterwerbspersonen

Erwerbspersonen sind alle elementaren Wirtschaftseinheiten, die eine auf Erwerb gerichtete Tätigkeit ausüben. Erwerbspersonen können Erwerbstätige und Erwerbslose sein. Erwerbstätige sind Personen die ihren Lebensunterhalt aus dem Ertrag ihrer Tätigkeit bestreiten. Erwerbslose sind Personen die ihren Lebensunterhalt durch Arbeitslosengeld oder Notstandshilfe decken. Nichterwerbspersonen üben keine auf Erwerb gerichtete Tätigkeit aus.

Das Verhältnis „Erwerbspersonen zu Gesamtbevölkerung" heißt Erwerbsquote.

Erwerbstätige können Selbständige, mithelfende Familienangehörige und Unselbständige sein.

Selbständige sind freiberuflich Tätige oder Personen die einen Betrieb (Unternehmen) als Eigentümer oder Pächter leiten.

3.2.2 Einkommensarten

1. *Arbeitseinkommen*: Die meisten Einkommen werden durch unselbständige Arbeit in Unternehmungen als Löhne und Gehälter erzielt.
2. *Besitzeinkommen*: Aus Vermögenswerten können Miet- und Pachteinnahmen bei Grundstücken, Zinsen aus Sparguthaben, Dividenden aus Aktien oder Investmentzertifikaten erworben werden.
3. *Gewinneinkommen*: Gewinne entstehen durch Unternehmertätigkeiten.
4. *Transfereinkommen*: Dazu zählen Renten, Pensionen, Altershilfen, verschiedene Versicherungsleistungen, Arbeitslosenversicherung, Arbeitslosenhilfe, Sozialhilfe, Krankengeld usw.

3.3 Einkommensverwendung

Die EWE kann das erzielte Einkommen (y) für Wertverzehr (c = Konsum) oder zur Vermögensbildung (s = Sparen) verwenden. Daraus folgt: y = c + s

3.3.1 Konsum

Nach den Verwendungszwecken wird der private Konsum in folgende Verbrauchsgruppen unterteilt:

- N = Nahrungsmittel, Getränke, Tabak sinkt
- K = Kleidung, Schuhe steigt
- W = Wohnungsmiete, Pacht etc. steigt
- E = Elektrizität, Gas, Brennstoffe, Heizung, Beleuchtung sinkt
- H = Möbel, Teppiche, Hausrat, Haushaltsführung steigt
- V = Verkehr, Nachrichten steigt
- G = Gesundheit, Körperpflege steigt
- B = Bildung, Unterhaltung, Theater, Kino usw. steigt
- A = Ausgaben für persönliche Ausstattung, Uhren, Schmuck, Reisen steigt

Die Ausgaben für N und E nehmen relativ ab, die Ausgaben für die übrigen Gütergruppen steigen.

3.3.2 Vermögensbildung

Der nicht verbrauchte Teil des Einkommens wird zur Vermögensbildung verwendet. Es werden unterschieden:

- Halten von Bargeld
- Sparguthaben
- Bausparen
- Lebensversicherung
- Wertpapiere
- Grundstückserwerb und Hausbau oder Wohnungsbau

3.4 Die Ordnung der Güter

Ein Grundproblem der elementaren Wirtschaftseinheit besteht darin, Güter Zielen zuzuordnen und aufgrund der Wichtigkeit von Zielen die Wichtigkeit von Gütern zu beurteilen. Dieses Problem erstreckt sich über alle Ziele und alle Güter im weitesten Sinne. Die Analyse wird vielfach auf bestimmte Gütergruppen eingeschränkt und mit Hilfe verschiedener Konzepte durchgeführt.

3.4.1 Die Ordnung der Güter nach ihrem Nutzen

3.4.1.1 Erfahrener und erwarteter Nutzen

Zwischen Zielen und Gütern besteht ein ursächlicher Zusammenhang, der für die Wirtschaft von großer Bedeutung ist: Die Güter werden von der elementaren Wirtschaftseinheit aufgrund ihrer Eignung zur Befriedigung bestimmter Bedürfnisse bewertet.

Eine solche Bewertung ist subjektiv und kann dem (ex-post) erfahrenen Nutzen oder auch dem erwarteten Nutzen entsprechen.

Entscheidungen werden aufgrund des erwarteten Nutzens getroffen. Dieser wird von vielen Faktoren beeinflusst. Für relativ (auf die elementare Wirtschaftseinheit bezogen) neue Güter gibt es nur eine Nutzenerwartung. Erst nach der ersten Bedürfnisbefriedigung kann die erfahrene Befriedigung registriert, subjektiv bewertet und mit den Erwartungen verglichen werden.

Stimmt der erwartete Nutzen mit dem erfahrenen Nutzen überein, dann wird die Wirtschaftseinheit unter sonst gleichen Bedingungen die ursprüngliche Bewertung beibehalten, sonst entsprechend korrigieren. Es besteht somit die Möglichkeit, dass sich der Nutzen eines Gutes verändert.

Die elementare Wirtschaftseinheit ordnet den Gütern, die entsprechend ihrer Zielsetzungen in ihren Begehrenskreis fallen, Nutzenerwartungen zu. Verschiedene Güter können für eine Wirtschaftseinheit unterschiedlich nützlich sein. Das bedeutet, dass Nutzen irgendwie gemessen wird, auch wenn diese Messung sehr ungenau ist und sich nur als Empfindung interpretieren lässt.

Es wird zwischen kardinalem und ordinalem Nutzenkonzept unterschieden.

Das kardinale Nutzenkonzept nimmt Nutzeneinheiten an, die dazu dienen, Gütern Nutzenquantitäten zuzuordnen. Es besteht aber keine Möglichkeit, objektive interpersonelle Nutzenvergleiche vorzunehmen.

Das ordinale Nutzenkonzept nimmt an, dass die elementare Wirtschaftseinheit Nutzenvergleiche intrapersonell anstellen und eine Rangordnung der Güter hinsichtlich ihres Nutzens aufstellen kann.

Es ist klar, dass die kardinale Nutzenmessung ebenfalls erlaubt, solche Rangordnungen aufzustellen.

3.4.1.2 Die allgemeine Nutzenfunktion

Die kardinale Nutzenmessung ermöglicht die Zuordnung von Nutzenquantitäten zu einzelnen Gütern und Gütermengen und damit die Aufstellung von Nutzenfunktionen. Eine Nutzenfunktion gibt die Abhängigkeit des Gesamtnutzens von der Menge der Nutzen stiftenden Güter an. Unter der Annahme, dass der Nutzen nur von den Mengen der begehrten Güter abhängt, lässt sich folgende allgemeine Nutzenfunktion für die elementare Wirtschaftseinheit aufstellen:

$$U = f(x_1, x_2, \ldots x_n)$$

In dieser Gleichung steht U für Nutzen (Utility) und x für die Menge des Gutes n; n ist der Index für Güter, die in den Begehrenskreis der elementaren Wirtschaftseinheit fallen.

3.4.1.3 Das Gesetz vom abnehmenden Grenznutzen

Der Nutzen u, der bei der Befriedigung eines Bedürfnisses gestiftet wird, hängt von der Intensität des Bedürfnisses und der eingesetzten Menge des zur Befriedigung dienenden Gutes ab. Bei gegebener Intensität des Bedürfnisses gilt

$$u = f(x)$$

Dieser Zusammenhang wird im *Schaubild 6* graphisch dargestellt.

Es kann beobachtet werden, dass der von einem Gut i gestiftete Nutzen mit jeder zusätzlichen Mengeneinheit des Gutes um eine ständig abnehmende Größe bis zu einem Maximum steigt. Von diesem Punkt an können zusätzliche Mengeneinheiten des Gutes ohne Einfluss auf das Nutzenniveau sein oder dieses durch ihre negative Wirkung senken. Den Nutzen einer zusätzlichen Mengeneinheit eines Gutes nennt man Grenznutzen (GN oder u′) des Gutes i. Die Summe der Grenznutzen ergibt den Gesamtnutzen u des Gutes i.

Dieses von Hermann Heinrich Gossen wohl erstmalig um 1854 formulierte Gesetz vom abnehmenden Grenznutzen wird nach diesem auch als erstes Gossen'sches Gesetz bezeichnet. Das Gesetz kann auf seine grundsätzliche Gültigkeit hinsichtlich bestimmter Güter jederzeit durch *Introspektion* getestet werden. Jeder durstige Biertrinker wird feststellen, dass der erste Schluck der beste ist und am höchsten geschätzt wird, offensichtlich also den größten (Grenz-) Nutzen stiftet, dass viele Schlucke noch gut sein können, dass aber das Verlangen nach zusätzlichen Mengen abnimmt, aufhört und sich in Ablehnung umwandelt.

6. Schaubild: Gesetz vom abnehmenden Grenznutzen

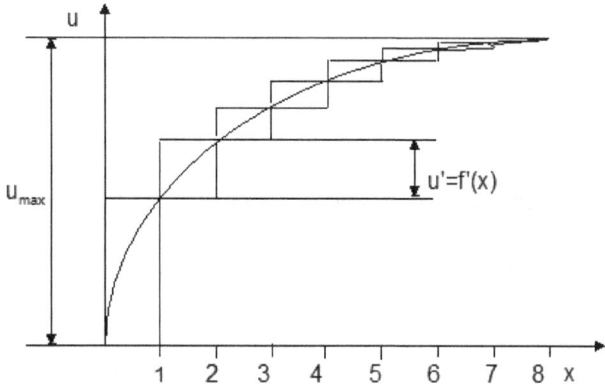

Bei solchen Überlegungen wird aber klar, dass jeweils die Zeit und auch die Besonderheit eines Bedürfnisses eine Rolle spielen können.

Der Durst tritt – bei sonst gleichen Bedingungen – regelmäßig auf. Aufgrund der Erfahrung und anderer Kriterien kann die Wirtschaftseinheit Nutzenerwartungen auf eine kurze oder längere Periode beziehen.

Im *Schaubild 6* wird gezeigt, wie der zusätzliche Nutzen jeder weiteren Einheit den Gesamtnutzen bis zum Maximum erhöht. Nach dem Nutzenmaximum bleibt der Grenznutzen entweder null oder wird negativ.

Der treppenförmige Verlauf ergibt sich, wenn die Mengeneinheit des Gutes x einen endlichen Wert hat. Lässt man x unendlich klein werden, wird aus der Treppe eine Kurve. Mathematisch stellt der Grenznutzen dann die erste Ableitung oder die Neigung der Nutzenfunktion dar. Aus der allgemeinen Nutzenfunktion kann der Grenznutzen u′ eines bestimmten Gutes durch partielle Ableitung nach der Menge des Gutes gewonnen werden:

$$u_i' = \frac{\partial u}{\partial x_i}$$

Das erste Gesetz vom abnehmenden Grenznutzen erklärt das Verhalten der elementaren Wirtschaftseinheit bei fortschreitendem Konsum eines Gutes ganz allgemein. Verfügt die Wirtschaftseinheit über eine entsprechende Menge eines Gutes, so wird sie wohl so lange zusätzliche Mengeneinheiten konsumieren, bis das gewünschte Ziel erreicht wird und Sättigung eintritt. Diese Menge nennt man Sättigungsmenge.

66

3.4.2 Das Gesetz vom Ausgleich der gewogenen Grenznutzen oder das Verbrauchergleichgewicht

Es wird angenommen, dass alle Güter, die in den Begehrenskreis einer Wirtschaftseinheit fallen, zu einem bekannten Preis für Geld erworben werden können und dass die Wirtschaftseinheit über Geld verfüge.

Das Gesetz vom Ausgleich der gewogenen Grenznutzen besagt, dass eine Wirtschaftseinheit einen verfügbaren Geldbetrag so auf alle in ihren Begehrenskreis fallenden Güter aufteilt, dass der Grenznutzen des Geldes in allen Verwendungen gleich groß ist:

$$\frac{u'_1}{P_1} = \frac{u'_2}{P_2} = \dots = \frac{u'_n}{P_n}$$

Diese Gleichung wird auch *Verbrauchergleichgewicht* genannt, da die Wirtschaftseinheit durch Umdisponieren ihre Lage nicht mehr verbessern, die Bedürfnisbefriedigung nicht mehr erhöhen kann.

3.4.3 Die Ordnung der Güter nach der Präferenz der elementaren Wirtschaftseinheit

Viele bedeutende Nationalökonomen haben zur Erklärung von Konsumentscheidungen den Nutzenbegriff verwendet. Zu nennen wären neben Gossen, Jevons, Walras, die Vertreter der österreichischen Grenznutzenschule und Marshall. Für andere schien es notwendig zu sein, die Nutzenfunktion und alle davon abgeleiteten Begriffe durch ein Konzept zu ersetzen, welches ohne kardinale Nutzenmessung auskommt. Es wurde die Theorie der Präferenzordnung oder der Präferenzskala entwickelt. Einen wesentlichen Beitrag zu dieser Theorie der ökonomischen Wahl oder Wahlhandlungstheorie – wie man sie später auch nannte – hat Pareto geleistet. Die Theorie geht von einer Ordnung der Güter nach zwei Kriterien aus:

- Präferenz und
- Indifferenz.

Güter können einzeln oder als Güterbündel betrachtet werden. Ein *Güterbündel* stellt einen *Vektor* dar:

$$V=(x_1, x_2, \dots, x_i, \dots x_n)$$

Darin gibt x wieder die jeweilige Menge des Gutes i an, die im Güterbündel V enthalten ist. Hat nun ein Wirtschaftssubjekt die Wahl zwischen zwei Güterbündeln V und V', so wird es entweder eines der beiden Güterbündel dem anderen vorziehen oder ihnen indifferent gegenüber stehen. Es kann somit zwischen zwei Güterbündeln eine Präferenzrelation oder eine Indifferenzrelation bestehen. Da jede mögliche Güterkombination als Güterbündel angesehen werden kann und jedes Güterbündel mit jedem anderen Güterbündel entweder in einer Präferenzrelation oder Indifferenzrelation steht, ergibt sich eine umfassende Ordnung der Güter aus der Sicht jedes Wirtschaftssubjektes. Bei dieser Ordnung der Güter ist es nicht notwendig, den Nutzen kardinal messen zu können. Der Nutzenbegriff wird durch den Präferenzbegriff ersetzt. Durch eine Reihe zweckmäßiger Annahmen wird die Theorie der Präferenzordnung auch formalen Ansprüchen gerecht.

3.4.3.1 Annahmen der Präferenztheorie:

3.4.3.1.1 Annahme der Vollständigkeit:

Es gilt für alle möglichen Güterbündel, dass ein beliebiges Güterbündel V einem anderen beliebigen Güterbündel V' entweder vorgezogen wird, umgekehrt V' dem Güterbündel V vorgezogen wird oder beide Güterbündel als indifferent angesehen werden.

3.4.3.1.2 Annahme der Transitivität:

Es gilt für alle möglichen Güterbündel, dass, wenn V dem Güterbündel V' vorgezogen wird und V' dem Güterbündel V" vorgezogen wird, auch V dem Güterbündel V" vorgezogen wird.

3.4.3.1.3 Annahme der Reflexivität:

Jedes Güterbündel ist mit sich selbst indifferent. Diese triviale Annahme impliziert, dass jedes Güterbündel zu einer *Indifferenzmenge* gehört, auch wenn diese nur aus einem Element besteht.

3.4.3.1.4 Annahme der Nichtsättigung oder Knappheit:

Es wird angenommen, dass eine größere Menge eines Gutes einer kleineren Menge dieses Gutes vorgezogen wird. Die Bedeutung dieser Annahmen kann für den Zwei-güterfall im *Schaubild 7* gezeigt werden. Die Annahme besagt:

1. Alle Kombinationen der Güter 1 und 2 im Bereich P einschließlich der Begrenzungslinien werden der Kombination V vorgezogen;
2. Alle Kombinationen im Bereich S einschließlich der Begrenzungslinien werden geringer eingeschätzt als das Güterbündel V.
3. Die *Indifferenzmenge*, zu welcher V gehört, muss in den Bereichen A und B liegen. Güterbündel, die zu V indifferent sind, ergeben sich dadurch, dass entweder Gut 1 durch Gut 2 substituiert wird oder umgekehrt, was nur in den Bereichen A und B möglich ist.

Die Annahme der Nichtsättigung soll nicht so interpretiert werden, dass durch sie das Phänomen der Sättigung beim Konsumakt ausgeschlossen wird, sondern vielmehr so, dass es sich um knappe Güter handelt, von welchen immer eine größere Menge einer kleineren Menge vorgezogen wird, was bei wirtschaftlichen Gütern immer angenommen werden muss.

7. Schaubild: Präferenzbereiche

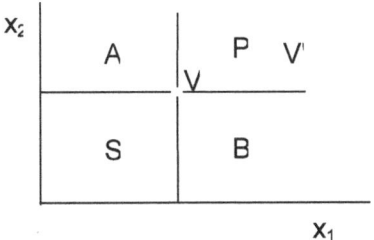

3.4.3.1.5 Annahme der Stetigkeit:

Damit wird angenommen, dass in einem Güterbündel die Menge eines Gutes um irgendeinen Betrag verringert werden kann und es immer eine Menge eines anderen beliebigen Gutes gibt, die diesen Abgang so kompensiert, dass Indifferenz beibehalten wird. Diese Annahme der unendlichen Teilbarkeit der Güter ist zwar unrealistisch, aber die Voraussetzung dafür, dass die Infinitesimalrechnung angewendet werden kann.

3.4.3.1.6 Annahme strenger Konvexität:

Dieser aus der Geometrie entlehnte Begriff wird im *Schaubild 8* veranschaulicht. Um mit zwei Dimensionen auszukommen, wird angenommen, dass ein Güterbündel aus zwei Gütern bestehe. Es sei V eine Kombination der Mengen x_1 und x_2

der Güter 1 und 2. Alle Güterbündel mit der gleichen Ophelimität oder dem gleichen Ophelimitätsniveau wie V' gehören zu einer bestimmten *Indifferenzmenge*. Sie liegen alle auf einer Kurve, einer Indifferenzkurve. Die Indifferenzkurve I trennt alle Güterbündel, denen V' vorgezogen wird von jenen, die ihrerseits V' vorgezogen werden. Strenge Konvexität bedeutet, dass alle Güterbündel V, die auf einer Verbindungsgeraden zwischen zwei Güterbündeln A und B, die zur gleichen Indifferenzmenge wie V' gehören, liegen, dem Güterbündel V' und auch den Güterbündeln A und B vorgezogen werden.

8. Schaubild: Strenge Konvexität

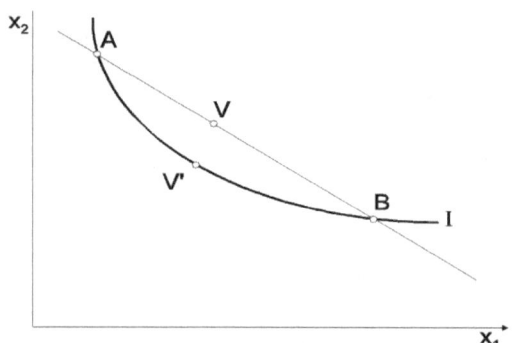

3.4.3.2 Die Erklärung von Indifferenzkurven

Sowohl Nutzentheorie als auch Präferenztheorie verwenden Indifferenzkurven zur Untersuchung von Konsumentscheidungen und damit zusammenhängenden Problemen. Die Ableitung von Indifferenzkurven ist nach beiden Ansätzen einfach.

Nutzentheoretiker gehen von der Nutzenfunktion aus. Wenn die Zahl der Güter zum Zwecke der Vereinfachung der Darstellung und Analyse auf zwei reduziert wird, lässt sich die Nutzenfunktion graphisch als *Nutzengebirge* darstellen.

Im Schaubild 9 wird auf der x_1 – Achse die Mengen des Gutes 1, auf der x_2 – Achse die Menge des Gutes 2 und auf der U-Achse der Nutzen aufgetragen, der jeweils einer bestimmten Kombination der beiden Güter zugerechnet wird.

Schneidet man das Nutzengebirge durch eine Ebene im Abstand U' von der Ebene $x_1 - x_2$, so stellt die Schnittlinie den Ort aller Kombinationen von Gut 1 und 2 dar, die den gleichen Nutzen haben. Man nennt diese Schnittlinie *Indifferenzkurve*. Da das Nutzengebirge unendlich oft und in unendlich kleinen Abständen geschnitten werden kann, ergibt sich eine unendlich große Schar von

70

Indifferenzkurven, durch welche der ganze Bereich von x_1 und x_2 gedeckt wird. Jede Indifferenzkurve entspricht einem bestimmten *Nutzenniveau*. Jedem Güterbündel kann ein bestimmter Nutzen zugeordnet werden, und jedes Güterbündel gehört zu einer Indifferenzmenge, dargestellt durch eine Indifferenzkurve. Meist werden Indifferenzkurven nur als Projektion auf die $x_1 - x_2$ – Ebene dargestellt.

Die Präferenztheoretiker versuchen, ohne den Nutzenbegriff und ohne Maßeinheit für den Nutzen auszukommen. Pareto führt deshalb die

9. Schaubild: Ableitung der Indifferenzkurve

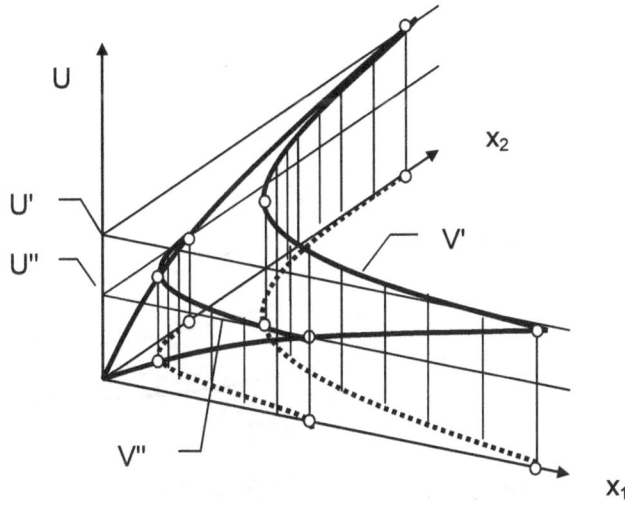

Präferenzskalen und den Ophelimitätsindex ein. *Ophelimität* kommt vom griechischen Wort ophelimos, welches seinerseits aber wieder nützlich bedeutet. Es liegt also auch dem Ophelimitätsindex das subjektive Gefühl einer Befriedigung zugrunde, welches durch den Konsum von Gütern erreicht wird. Allerdings wird darauf verzichtet, dieses Gefühl zu quantifizieren, kardinal zu messen.

Eine *Indifferenzkurve* kann danach als Ort aller Punkte bezeichnet werden, deren Koordinaten die Mengen der einzelnen Güter aller Güterbündel bezeichnen, die den gleichen *Ophelimitätsindex* haben und somit zur gleichen *Indifferenzmenge* gehören. Die Erklärung von Indifferenzkurven wird im Schaubild 10 gezeigt: Ist ein Güterbündel V gegeben, kann ein Wirtschaftssubjekt alle anderen Kombinationen von Gut 1 und 2, die der gleichen Indifferenzmenge angehören, identifizieren und es entsteht die Indifferenzkurve I mit dem Ophelimitätsindex I. Analog kann die Indifferenzkurve I' abgebildet werden, auf welcher V' liegt. Das Güterbündel V' und somit alle Güterbündel, die zur gleichen Indifferenzmenge gehören, werden dem Güterbündel V und allen anderen Güterbündeln, die auf der Indifferenzkurve I liegen, vorgezogen. Damit muss V' und I' ein höherer Ophelimitätsindex zugeordnet werden als I. Jedes beliebige Güterbündel V'', welches auf der Indifferenzkurve I'' liegt, wird dem Güterbündel V' vorgezogen.

Werden die Abstände zwischen zwei jeweils nebeneinander liegenden Indifferenzkurven unendlich klein, so entsteht auch hier eine Schar von unendlich vielen Indifferenzkurven, die wiederum den ganzen Bereich x_1-x_2 abdeckt.

10. Schaubild: Indifferenzkurven-Erklärung

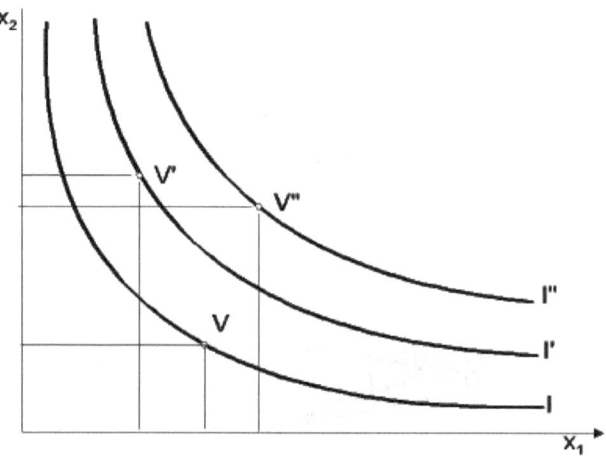

Es kann nachgewiesen werden, dass Indifferenzkurven, die aus der Präferenzordnung eines Wirtschaftssubjektes abgeleitet werden, die gleichen, für die Analyse relevanten Eigenschaften haben wie Indifferenzkurven, die aus der Nutzenfunktion abgeleitet werden. Allerdings können keine Aussagen über den Nutzen oder Veränderungen des Nutzens (Grenznutzen) gemacht werden. Ein interpersoneller Vergleich ist wegen des subjektiven Charakters der Indifferenzkurven nicht möglich.

3.4.3.3 Die Untersuchung von Indifferenzkurven

Eine Indifferenzkurve zeigt, welche Menge x_2' des Gutes 2 durch eine bestimmte Menge x_1' des Gutes 1 ersetzt werden kann und umgekehrt.

Lässt man x unendlich klein werden, so erhält man die *Grenzrate der Substitution* (GRS) von Gut 2 für Gut 1 als erste Ableitung der Indifferenzkurve:

$$GRS = - dx_2 / dx_1 \text{ (bei u = konst.)}$$

Will man für GRS einen positiven Betrag, so muss vor dem Quotienten ein Minus gesetzt werden. Der Verlauf der Indifferenzkurve zeigt nun, dass eine zusätzliche Menge des Gutes 1 nur eine abnehmende Menge des Gutes 2 ersetzen kann. Dieser Zusammenhang wird *Gesetz der abnehmenden Grenzrate der Substitution* genannt.

Wenn im Schaubild 11 die Menge des Gutes 1 um eine gleich bleibende Menge fortgesetzt erhöht wird, kann dadurch nur eine ständig abnehmende Menge des Gutes 2 substituiert werden.

11. Schaubild: Die abnehmenden Grenzrate der Substitution

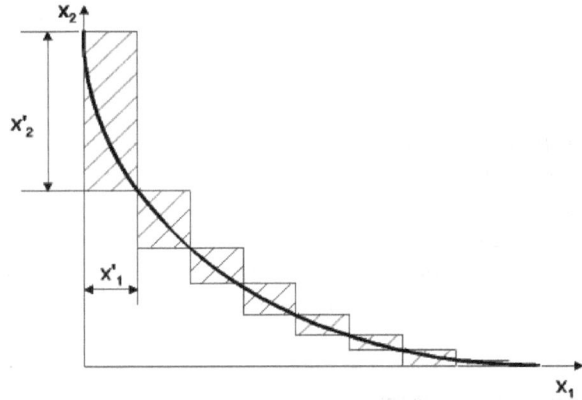

Die Nutzentheorie führt neben der Grenzrate der Substitution noch den Begriff des *Grenznutzens* von Gütern ein. Bei Verwendung der Nutzenfunktion kann der Zusammenhang zwischen diesen Begriffen abgeleitet werden.

Dazu bilden wir das totale Differential der Nutzenfunktion $U = f(x_1, x_2)$. Es lautet:

$$dU = \frac{\partial U}{\partial x_1} dx_1 + \frac{\partial U}{\partial x_2} dx_2$$

Für eine Veränderung der unabhängigen Variablen x_1 und x_2 entlang einer Indifferenzkurve gilt: $dU = 0$. Das Nutzenniveau bleibt konstant. Daher ergibt sich aus der obigen Gleichung:

$$-\frac{\partial U}{\partial x_1} dx_1 = \frac{\partial U}{\partial x_2} dx_2$$

und daraus:

73

$$\frac{dx_2}{dx_1} = \frac{\dfrac{\partial U}{\partial x_1}}{\dfrac{\partial U}{\partial x_2}}$$

Der negative Differentialquotient ist die bereits bekannte Grenzrate der Substitution,

$$\frac{\partial U}{\partial x_1}$$

bzw.

$$\frac{\partial U}{\partial x_2}$$

sind die jeweiligen Grenznutzen der Güter 1 und 2. Die Grenzrate der Substitution ist somit gleich dem umgekehrten Verhältnis der Grenznutzen der Güter. Diese Relation besagt in anderen Worten, dass das Verhältnis der sich kompensierenden Mengen der Güter sich so verhält wie das umgekehrte Verhältnis der Grenznutzen. Das Gut mit dem grösseren Grenznutzen kann eine grössere Menge des Gutes mit dem kleineren Grenznutzen ersetzen.

3.4.4 Die optimale Konsumentscheidung

3.4.4.1 Das Ausgabenbudget der elementaren Wirtschaftseinheit und die Budgetgerade

Wenn die elementare Wirtschaftseinheit festgelegt hat, welcher Betrag in einer Periode ausgegeben werden kann, dann ist das Problem der optimalen Aufteilung des *Ausgabenbudgets* auf die begehrten Güter zu lösen. Dies erfolgt in zwei Schritten. Im ersten Schritt werden die Konsummöglichkeiten untersucht. Im zweiten Schritt wird jene mögliche Kombination von Gütern gesucht, bei welcher die elementare Wirtschaftseinheit den maximalen Nutzen erzielt. Dieses Problem wird in der Theorie vereinfacht, indem man annimmt, dass das Ausgabenbudget nur auf zwei begehrte Güter aufgeteilt werden soll.

Bei gegebenen Preisen der Güter kann das Ausgabenbudget B derart auf die begehrten Güter aufgeteilt werden, dass gilt:

$$B = x_1 \, p_1 + x_2 \, p_2$$

oder allgemein:

$$B = \text{Summe aller } x_i \cdot p_i.$$

Darin steht x_i für die Menge und p_i für den Preis des Gutes i. Man nennt diese Gleichung *Budgetgleichung, Konsummöglichkeitenkurve, Bilanzgerade* oder *Budgetgerade*. Die Darstellung erfolgt im Schaubild 12.

Wird das Ausgabenbudget B nur zum Kauf von Gut 1 verwendet, so kann die Menge $x_1 = B/p_1$ gekauft werden. Dabei ist $x_2 = 0$.

Wird umgekehrt nur Gut 2 gekauft, so beträgt die maximal erzielbare Menge $x_2 = B/p_2$ bei $x_1 = 0$.

12. Schaubild: Die Budgetgerade oder Konsummöglichkeitenkurve

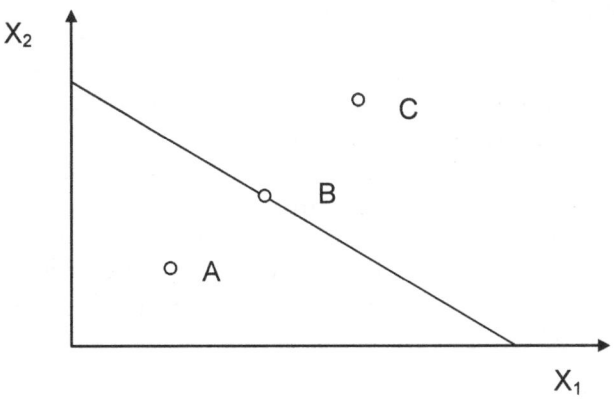

Damit sind die Schnittpunkte der Budgetgeraden mit den beiden Achsen bestimmt und die Gerade kann konstruiert werden. Die Budgetgerade begrenzt die Konsummöglichkeiten. Es können also nur jene Güterbündel realisiert werden, die innerhalb (A) oder auf der Budgetgeraden (B) liegen. Die Neigung der Budgetgeraden stellt die erste Ableitung der umgeformten Budgetgleichung dar:

Budgetgleichung:

$$x_2 = \frac{B - x_1 p_1}{p_2} = \frac{B}{p_2} - \frac{x_1 p_1}{p_2}$$

Ableitung:

$$\frac{dx_2}{dx_1} = -\frac{p_1}{p_2}$$

Die Bilanzgerade wird bei einer Erhöhung von B parallel vom Ursprung weg, bei einer Verringerung von B gegen den Ursprung verschoben. Die gleiche Wirkung hat eine proportionale Senkung bzw. Erhöhung der Preise. Sinkt nur der Preis von Gut 1, so dreht sich die Bilanzgerade um den Schnittpunkt mit der x_2-Achse vom Ursprung weg und zum Ursprung, wenn der Preis von Gut 1 steigt. Analoges gilt, wenn sich nur der Preis des Gutes 2 ändert.

3.4.4.2 Das Konsumoptimum

Mittels Nutzenfunktion und Budgetgerade lässt sich die optimale Konsument-scheidung sehr einfach erklären. Die elementare Wirtschaftseinheit wird mit dem beschlossenen Budget den höchstmöglichen Nutzen anstreben. Im *Schaubild 13* entspricht dieses Optimum jener Kombination O von Gut 1 und Gut 2, bei wel-cher die Budgetgerade b die Indifferenzkurve I' berührt. Es ist bereits bekannt, dass der Nutzen von I''>I'>I sein muss und nur Güterbündel möglich sind, die innerhalb oder auf der Budgetgeraden b liegen. Die Kombination A liegt so wie B und O auf der Budgetgeraden b. Sowohl A wie B gehören zur Indifferenzkurve I. O gehört zur Indifferenzkurve I'. Da I'>I ist, entspricht O einem höheren Nutzen-niveau als Punkt A und B. Sowohl zwischen A und O als auch zwischen B und O auf der Budgetgeraden liegende Güterbündel sind zwar realisierbar, haben aber immer ein niedrigeres Nutzenniveau als O, daher liegt im Berührungspunkt O das Optimum. D würde zwar einen höheren Nutzen stiften, liegt aber nicht im Möglichkeitsbereich.

13. Das Konsumoptimum

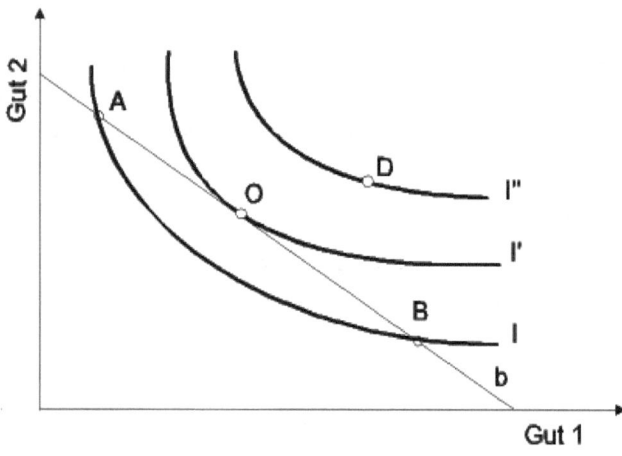

Man könnte sich vorstellen, dass sich die elementare Wirtschaftseinheit praktisch durch Vergleiche verschiedener Güterbündel, die alle auf b liegen an O herantastet. Das bedeutet, dass sich im Optimum die Grenznutzen zweier Güter so verhalten müssen, wie ihre Preise. Ersetzt man die Grenznutzen durch die Grenzrate der Substitution, dann lässt sich die Bedingung auch ohne Nutzen ausdrücken. Sie lautet dann:

$$\frac{dx_2}{dx_1} = -\frac{p_1}{p_2} = \frac{\dfrac{\partial U}{\partial x_1}}{\dfrac{\partial U}{\partial x_2}}$$

Die optimale Konsumentscheidung kommt bei jener Kombination von Gut 1 und Gut 2 zustande, bei welcher die Grenzrate der Substitution von Gut 2 für Gut 1 gleich ist dem negativen Wert des umgekehrten Preisverhältnisses -(p1/p2) und dem Verhältnis der Grenznutzen.

Die Gleichgewichts- oder Optimumbedingungen sind direkt aus dem Schaubild 14 ablesbar.

3.4.4.3 Das Verhalten der elementaren Wirtschaftseinheit bei Änderung des Preises eines Gutes

Es soll nun gezeigt werden, wie sich die elementare Wirtschaftseinheit verhält, wenn sich der Preis eines Gutes ändert, die Preise der übrigen Güter und das Budget jedoch konstant bleiben. Es handelt sich um eine komparativ-statische Analyse, da jeweils eine Situation mit einer anderen Situation verglichen wird.

In der Ausgangssituation seien das Ausgabenbudget, die Preise der Güter und die Konsummöglichkeiten durch die Budgetgerade b, das Konsumoptimum durch den Berührungspunkt 0 mit der Indifferenzkurve I gegeben. Die graphische Darstellung erfolgt im Schaubild 14.

Wenn der Preis des Gutes 1 sinkt, dreht sich die Budgetgerade um den Schnittpunkt mit der x_2 – Achse und nimmt die Lage b' ein. Bei unveränderter Nutzenfunktion (bzw. Präferenzskala) ergibt sich ein neues Optimum in O'. Je nach Gestalt der Nutzenfunktion (ausgedrückt durch die Lage der Indifferenzkurven) können dem neuen Konsumoptimum grundsätzlich vier unterscheidbare Veränderungen der Konsummengen entsprechen:

1. Die Konsummenge beider Güter wird erhöht.
2. Die Konsummenge des billiger werdenden Gutes wird erhöht, jene des anderen (der anderen) bleibt gleich.

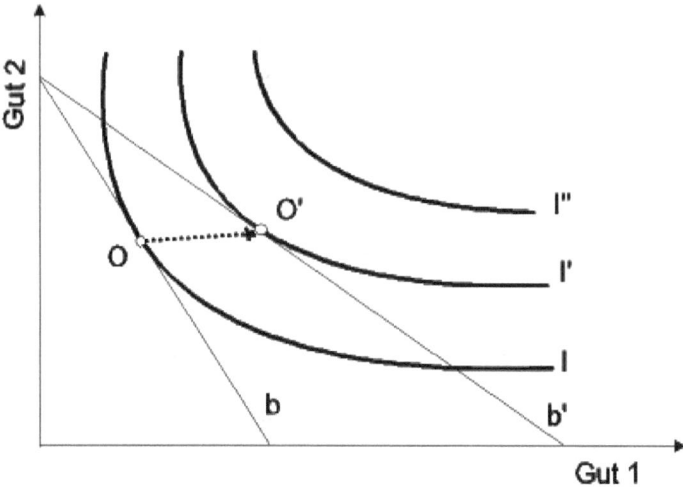

3. Die Konsummenge des billiger werdenden Gutes wird erhöht, die des anderen sinkt.
4. Die Konsummenge des billiger werdenden Gutes sinkt, die des anderen steigt.

Während der Fall 1 als Normalfall angesehen wird, sind doch auch die anderen Fälle nachweisbar.

Auf den Fall 4 hat Simon Gray im Jahre 1817 hingewiesen: „Die Arbeiterklasse konsumiert mehr Brot, wenn es teuer ist, als wenn es billig ist". Alfred Marshall hat den Sonderfall nach Robert Giffen benannt. Allgemein wird vom *Gray – Giffen – Fall* dann gesprochen, wenn bei konstantem Nominaleinkommen der Konsum eines Gutes steigt, wenn sein Preis steigt und fällt, wenn sein Preis sinkt. Dieses Phänomen wird auch als *Gray – Giffen – Paradoxon* bezeichnet. Voraussetzungen für das Auftreten des Phänomens sind:

1. ein Einkommen nahe dem Existenzminimum,
2. Mangel an billigeren Substitutionsgütern, auf welche die elementare Wirtschaftseinheit ausweichen könnte und
3. die Eigenschaft des Gutes, andere Güter (teurere) substituieren zu können.

Die Beobachtungen von Simon Gray im England des beginnenden neunzehnten Jahrhunderts können folgendermaßen interpretiert werden: Für die Arbeiterklasse mit einem Einkommen und folglich einem Ausgabenbudget nahe dem Existenzminimum war Brot das einzige Nahrungsmittel, welches Sättigung (Stillen des Hungers) ermöglichte. Es gab keine billigeren Substitutionsgüter.

Andere Nahrungsmittel konnten nur dann gekauft werden, wenn für das notwendige Brot nur ein Teil des Ausgabenbudgets verwendet werden musste. Eine Erhöhung des Brotpreises führte dazu, dass ein größerer Teil des Ausgabenbudgets notwendig war, um den bisherigen Brotkonsum mengenmäßig aufrechterhalten zu können. Dadurch blieb nicht genug Geld, um den Hunger durch teurere Nahrungsmittel zu stillen. Es mussten also diese durch Brot, welches zwar teurer wurde, aber dennoch die billigste Art, den Hunger zu stillen, blieb, substituiert werden.

Thorsten *Veblen* hingegen hat darauf hingewiesen, dass Güter auch deshalb geschätzt werden, weil sie Prestige vermitteln und das soziale Ansehen erhöhen. Solche Güter werden oft dann stärker konsumiert, wenn ihr Preis steigt und sie damit besser zum Ausdruck bringen, dass der Konsument reich und wohlhabend ist. In diesem Zusammenhang wäre besonders auf die Preispolitik bei Diamanten, teurem Schmuck und Kunstgegenständen hinzuweisen.

3.5 Die Nachfrage der elementaren Wirtschaftseinheit nach einem bestimmten Gut

3.5.1 Die allgemeine Nachfragefunktion

Durch eine *Konsumentscheidung* legt die elementare Wirtschaftseinheit fest, welche Mengen der einzelnen Güter sie unter gegebenen Bedingungen konsumiert. Verfügt sie nicht selbst über die begehrten Güter, dann muss sie diese von anderen Wirtschaftseinheiten erwerben. Es entsteht die Nachfrage der elementaren Wirtschaftseinheit nach Gütern. Unter *Nachfrage* einer Wirtschaftseinheit nach einem bestimmten Gut versteht man die Menge des Gutes, die die Wirtschaftseinheit zu kaufen gewillt ist.

Die (Höhe der) Nachfrage hängt von vielen Faktoren ab. Man begnügt sich allgemein damit, nur die wichtigsten Einflussfaktoren zu berücksichtigen und gleichzeitig anzunehmen, dass die nicht erwähnten Faktoren konstant wirken, sich nicht verändern und deshalb vernachlässigt werden können. Im Modell der optimalen Konsumentscheidung wurden einige dieser Faktoren bereits berücksichtigt: Die Nutzenfunktion oder Präferenzskala, das Ausgabenbudget oder das „zum Kauf von Gütern verfügbare Einkommen" und die Preise aller Güter, die in den Begehrenskreis der Wirtschaftseinheit fallen.

Es wurde auch schon angedeutet, dass hinter der Nutzenfunktion die Bedürfnisstruktur oder Präferenzstruktur der elementaren Wirtschaftseinheit steht und sich Bedürfnisse ändern können. Man könnte nun versuchen, jenen Faktoren nachzugehen, die die Bedürfnisstruktur ändern. Das wird in verschiedenen Fällen zweckmäßig sein. Als Beispiel dafür könnte man den Faktor Werbung anführen. Durch *Werbung* versuchen Unternehmen, die Bedürfnisstruktur von Wirtschaftseinheiten in einem ganz bestimmten Sinne zu beeinflussen. Die Untersuchung der Wirkung der Werbung ist daher für verschiedene Zwecke notwendig. Hier wird sie nicht weiter behandelt.

Das Ausgabenbudget wurde als jener Betrag definiert, den die elementare Wirtschaftseinheit in einer bestimmten Periode für Konsumausgaben vorgesehen hat. Es ist durchaus denkbar, dass dieser Betrag dem Einkommen der betrachteten Periode entspricht. In vielen Fällen wird das Einkommen aber nur einen Faktor zur Bestimmung des Ausgabenbudgets darstellen. Andere Faktoren sind: das Vermögen, Konsumwünsche der Zukunft, die Sparneigung u. a. Verschiedene Autoren verwenden anstelle des Ausgabenbudgets vereinfachenderweise das Einkommen, andere das Einkommen und das Vermögen oder noch weitere Faktoren.

Der wohl unmittelbarste Zusammenhang besteht bei gegebener Bedürfnisstruktur zwischen der Nachfrage und dem Preis eines Gutes. Aber auch zwischen der Nachfrage nach einem Gut und dem Ausgabenbudget sowie den Preisen anderer Güter kann ein eindeutiger Zusammenhang nachgewiesen werden. Der formale Beweis dafür wurde bei der Behandlung der optimalen Konsumentscheidung geliefert. Die allgemeine *Nachfragefunktion* der elementaren Wirtschaftseinheit nach einem Gut i kann daher folgendermaßen formuliert werden:

$$x_i = f(p_1, p_2, \ldots p_i, \ldots p_n, N, B, E, V, s \ldots)$$

In dieser Funktion stellen x_i die Nachfrage nach Gut i, p_1 den Preis des Gutes 1, p_2 den Preis des Gutes 2, p_i den Preis des Gutes i, N die Nutzenstruktur der begehrten Güter, B das Ausgabenbudget, E das Einkommen, V das Vermögen und s die Sparneigung dar.

Von der allgemeinen Nachfragefunktion ausgehend, können auch besondere Beziehungen isoliert betrachtet werden. Dazu nimmt man an, dass die Nachfrage nur von einem Faktor abhängt und alle anderen Faktoren gleich bleiben. Diese Annahme wird *Ceteris – paribus – Klausel* genannt. Eine Untersuchung von isolierten Teilzusammenhängen unter Zugrundelegung der Ceteris-paribus-Klausel heißt *Partialanalyse*.

3.5.2 Die Abhängigkeit der Nachfrage nach einem bestimmten Gut von seinem Preis

3.5.2.1 Bezugseinheit und Preis

Allgemein versteht man unter *Preis* eines Gutes das Austauschverhältnis zwischen einer Bezugseinheit, dem Numéraire, einem als Rechenmittel dienenden Gut einerseits und einer Mengeneinheit des zu bepreisenden Gutes andererseits. In einer arbeitsteiligen Geldwirtschaft dient Geld als Bezugseinheit, Numéraire und Rechenmittel.

3.5.2.2 Die Preis-Nachfrage-Funktion

In einer entwickelten Volkswirtschaft wird – von Krisenzeiten abgesehen – Geld als Bezugseinheit und allgemeines Tauschmittel oder Zahlungsmittel verwendet. Der *Tauschakt* wird dabei in *zwei halbe Tauschakte* zerlegt. Zuerst werden verfügbare Güter durch Verkauf in Geld und dann Geld durch Kauf in begehrte (nachgefragte) Güter umgetauscht. Wenn also in einer Geldwirtschaft eine Wirtschaftseinheit über Güter verfügt und dafür andere Güter eintauschen möchte, dann wird sie zuerst diese Güter oder einen Teil davon in Geld umtauschen, also verkaufen und in einem zweiten Akte die gewünschten Güter für Geld kaufen. Bei der Untersuchung der Nachfrage spielt nur der zweite Akt eine Rolle. Man nimmt also an, die Wirtschaftseinheit verfüge über einen bestimmten Geldbetrag (Ausgabenbudget), der für den Kauf der zur Bedürfnisbefriedigung begehrten Güter ausgegeben werden kann. Dabei ist es unbedeutend, woher das Geld kommt.

Durch die Preise werden die Mengen der Güter, die mit diesem Geldbetrag gekauft werden könnten, begrenzt. Ändert sich ein Preis, dann ändern sich auch die Konsummöglichkeiten, und es hängt von der Präferenzskala der Wirtschaftseinheit ab, welche Mengen der Güter jeweils nachgefragt werden.

Die *Preis-Nachfrage-Funktion*, die auch einfach Nachfragefunktion oder Nachfragekurve genannt wird, stellt ein wichtiges und häufig in der Analyse und Diskussion verwendetes Instrument dar. Die allgemeine Form lautet:

$$x = f(p) \text{ ceteris paribus}$$

Der Verlauf der Nachfragekurve kann mit Hilfe des Modells der optimalen Konsumentscheidung graphisch im Schaubild 17 abgeleitet werden.

Es wird die Budgetgerade entsprechend dem sich ändernden umgekehrten Preisverhältnis im Schnittpunkt mit der Achse jenes Gutes gedreht, dessen Preis als konstant angenommen wird. Es ist dabei nur notwendig, den Preis des Gutes

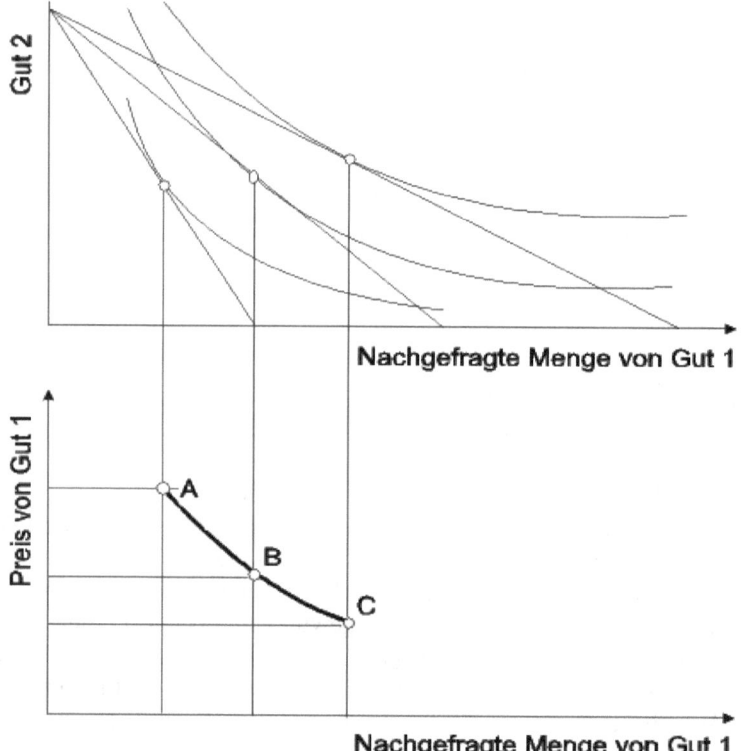

so zu variieren, dass er alle positiven Werte zwischen null und unendlich an-nimmt. Es scheint evident zu sein, dass bei einem Preis zwischen unendlich und dem so genannten, Höchstpreis die Nachfrage null sein muss. Sinkt der Preis unter den Höchstpreis, so steigt die Nachfrage mit sinkendem Preis bis Sättigung eintritt. Über die Sättigungsmenge hinaus wird die Nachfrage auch dann nicht steigen, wenn der Preis gegen null sinkt.

In der *Preis-Nachfrage-Funktion* wird die Abhängigkeit der mengenmäßigen Nachfrage nach einem Gut i von seinem Preis dargestellt. Dabei wird jedem Preis eine bestimmte Nachfrage zugeordnet. Es handelt sich um die Beziehung zwischen absoluten Größen.

Die Preis-Nachfrage-Funktion zeigt auch, wie die Nachfrage auf eine bestimmte Preisänderung reagiert. Aber wiederum wird einer absoluten Preisänderung eine absolute Mengenänderung zugeordnet.

Für viele Zwecke der Nachfrageanalyse liefert die Preis-Nachfrage-Funktion direkt die gewünschten Informationen. Durch eine andere Betrachtungsweise und weitere Analyse der Funktion können aber zusätzliche Aussagen über die Reaktion der Nachfrage auf Preisänderungen gewonnen werden. Alfred Marshall hat dafür den Begriff der Elastizitätsanalyse eingeführt.

3.5.2.3 Die Elastizität der Nachfrage in Bezug auf den Preis des nachgefragten Gutes: Die direkte Preiselastizität

Um die Reaktion der Nachfragemenge auf Veränderungen der Einflussgrößen zu messen, verwendet man die Elastizität.

Unter *Elastizität der Nachfrage* versteht man die prozentuale Nachfrageänderung dividiert durch die prozentuale Änderung des Preises. In einer Gleichung lässt sich die Elastizität folgendermaßen ausdrücken:

$$\eta = \frac{\dfrac{\Delta x}{x}}{\dfrac{\Delta p}{p}}$$

Nach der Stärke der Reaktion der Nachfrage auf Preisänderungen unterscheidet man:

1. vollkommen unelastische Nachfrage: die Elastizität ist null,
2. unelastische Nachfrage: die Elastizität (der Betrag) ist kleiner als 1,
3. Nachfrage mit der Elastizität 1,
4. elastische Nachfrage: die Elastizität (der Betrag) ist größer als 1,
5. vollkommen elastische Nachfrage: die Elastizität (der Betrag) ist unendlich.

Meist wird das sich ergebende Vorzeichen nicht berücksichtigt. In Gleichungen muss natürlich immer das richtige Vorzeichen gesetzt werden. Durch die Verwendung des absoluten Betrages ohne Vorzeichen kann die Stärke der Elastizität einheitlich definiert werden, gleichgültig, ob es sich um eine gleichgerichtete oder entgegengesetzte Reaktion handelt, was sich besonders im Zusammenhang mit anderen Elastizitätsbegriffen als vorteilhaft erweisen wird.

Im Schaubild 16 soll auch gezeigt werden, dass sich die Elastizität immer nur auf einen bestimmten Punkt auf der Nachfragefunktion bezieht. Diese Tatsache ist besonders zur Erklärung der Extremwerte der Elastizität wichtig.

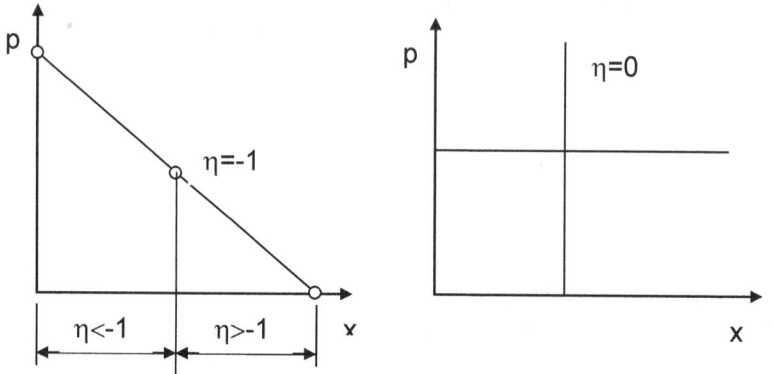

Es gibt aber auch Preis-Nachfrage-Funktionen, für welche die Elastizität in allen Bereichen konstant ist. Verläuft die Nachfragekurve parallel zur Preis-Achse, dann ist die Elastizität in jedem Punkt auf der Nachfragekurve vollkommen unelastisch. Wenn die Nachfragekurve hingegen parallel zur Nachfrage(mengen) – Achse verläuft, ist die Elastizität in allen Bereichen vollkommen elastisch oder unendlich.

3.5.3 Die Abhängigkeit der Nachfrage nach einem Gut vom Preis eines anderen Gutes

3.5.3.1 Die Kreuzpreis – Beziehung

Unter Beibehaltung der Annahme strenger Konvexität der Indifferenzkurven und eines konstanten Ausgabenbudgets besteht immer eine gewisse Abhängigkeit der Nachfrage nach einem Gut vom Preis eines jeden anderen Gutes, eine Kreuzpreis – Beziehung. Sehr klar kommt dieser Zusammenhang im Verbrauchergleichgewicht und der Budgetgleichung zum Ausdruck. Solchen theoretisch einwandfrei nachgewiesenen Kreuzpreis – Beziehungen kommt aber eine sehr unterschiedliche Bedeutung zu. Zwischen gewissen Gütern besteht eine sehr enge Beziehung, die auch empirisch nachgewiesen werden kann und sowohl theoretisch als auch praktisch relevant ist. Zwischen anderen Gütern ist der Zusammenhang so schwach, dass er praktisch überhaupt nicht wirksam wird.

Man unterscheidet in der Regel zwischen zwei Arten von Kreuzpreis – Beziehungen:

1. Substitutionsbeziehung und
2. Komplementärbeziehung.

Eine Substitutionsbeziehung im engeren Sinn besteht zwischen Gütern, die wegen ihrer ähnlichen Eigenschaften zur Befriedigung des gleichen Bedürfnisses geeignet sind und sich daher auch gegenseitig ersetzen können. Solche Güter werden deshalb als *Substitutionsgüter*, Ersatzgüter, substitutive Güter oder Substitute bezeichnet. Oft unterscheidet man auch noch zwischen vollkommenen Substituten, die zwar verschiedene Güter darstellen, aber die gleiche Eignung zur Befriedigung eines Bedürfnisses haben, engen Substituten, die geringe Eignungsunterschiede aufweisen und

sonstigen Substituten mit noch größeren Eignungsunterschieden.

Eine Substitutionsbeziehung im weiteren Sinne kann aber auch zwischen Gütern bestehen, die nicht zur Befriedigung des gleichen Bedürfnisses geeignet sind. Eine solche Beziehung wird durch die *Substituierbarkeitshypothese* zwischen allen Gütern angenommen, gilt dann aber nur innerhalb von Grenzen. Die *Substituierbarkeitshypothese* besagt, dass jedes Gut durch ein anderes „marginal" substituierbar ist. Vollständige Substitution ist hingegen nur bei einem Teil der Güter möglich, die entweder Substitutionsgüter im engeren Sinne sind oder zur Befriedigung von verdrängbaren Bedürfnissen dienen.

Eine *Komplementärbeziehung* besteht nur zwischen Gütern, die gemeinsam zur Befriedigung eines Bedürfnisses dienen. Kreuzpreis – Beziehungen können graphisch dargestellt werden. Dabei wird die Nachfragemenge eines Gutes auf der Abszisse, der Preis eines anderen Gutes, mit dem die Kreuzpreis – Beziehung untersucht wird, auf der Ordinate aufgetragen. Ähnlich wie in der Preis-Nachfrage-Funktion wird hier jedem Preis des einen Gutes eine bestimmte Nachfragemenge des anderen Gutes zugeordnet. Je steiler die so entstehende Kurve verläuft, umso schwächer ist die Beziehung zwischen den beiden Gütern. Verläuft die Kurve von links unten nach rechts oben, dann handelt es sich um eine *Substitutionsbeziehung*. Verläuft die Kurve von links oben nach rechts unten, besteht eine Komplementärbeziehung. Die Stärke der Reaktion der Nachfrage nach einem Gut auf eine Preisänderung eines anderen Gutes wird durch die Kreuzpreiselastizität gemessen.

3.5.3.2 Die Kreuzpreiselastizität

Die *Kreuzpreiselastizität* wird analog zur direkten Preiselastizität berechnet. Es wird die prozentuale Änderung der Nachfrage des einen Gutes durch die prozentuale Änderung des Preises eines anderen Gutes dividiert. Die Gleichung lautet demnach:

$$\varepsilon_{i,k} = \frac{\frac{\Delta x_i}{x_i}}{\frac{\Delta p_k}{p_k}}$$

Die Stärke der Reaktion der Nachfrage wird wieder durch den Betrag der Elastizität ausgedrückt. Das Vorzeichen dient hingegen zur Bestimmung der Art der Beziehung. Im Normalfall handelt es sich bei einer positiven Elastizität um eine Substitutions-, bei negativem Vorzeichen um eine Komplementärbeziehung. Wenn die Kreuzpreiselastizität null ist, besteht zwischen den berücksichtigten Gütern keine Kreuzpreisbeziehung. Nimmt sie den Wert unendlich an, handelt es sich um vollkommene Substitute und bereits eine kleine Erhöhung (Senkung) des Preises eines Gutes führt dazu, dass die gesamte Nachfrage auf das andere Gut verlagert wird (vom anderen Gut abgezogen wird).

3.5.4 Die Abhängigkeit der Nachfrage nach einem Gut vom Einkommen

3.5.4.1 Die Einkommen – Nachfrage – Funktion

Im Schaubild 17 wird die Abhängigkeit der Nachfrage vom Einkommen dargestellt.

Es wird angenommen, dass das Einkommen einer Periode als Ausgabenbudget eingesetzt wird und steigen oder fallen kann, während alle anderen Bestimmungsfaktoren der Nachfrage unverändert bleiben.

Im oberen Schaubild werden auf den Achsen die Mengen der Güter eins und zwei aufgetragen, Konsummöglichkeiten für verschiedene Ausgabenbudgets und Indifferenzkurven eingetragen. Durch die Verbindung der Konsumoptima entsteht der *Konsumpfad*. Dieser zeigt, wie sich die Konsummengen der Güter bei optimaler Konsumwahl ändern, wenn sich das Ausgabenbudget ändert. Die Einkommen – Nachfrage – Funktion zeigt, wie sich die Nachfrage nach einem Gut ändert, wenn sich das Einkommen ändert. Trägt man die Konsummenge und somit die Nachfragemenge eines Gutes auf der Abszisse und das dazugehörige Einkommen E auf der Ordinate des Schaubildes 17 unten auf, so erhält man eine Darstellungsform der Einkommen – Nachfrage – Funktion, die sich unter den zugrunde gelegten Annahmen ergibt.

Die mengenmäßige Nachfrage nach einem Gut kann entsprechend der immer gültigen Budgetgleichung höchstens den Betrag ergeben, der sich durch die Division des Einkommens durch den Preis des nachgefragten Gutes ergibt. Für nicht lebensnotwendige Güter wird die Nachfrage aber solange den Wert von

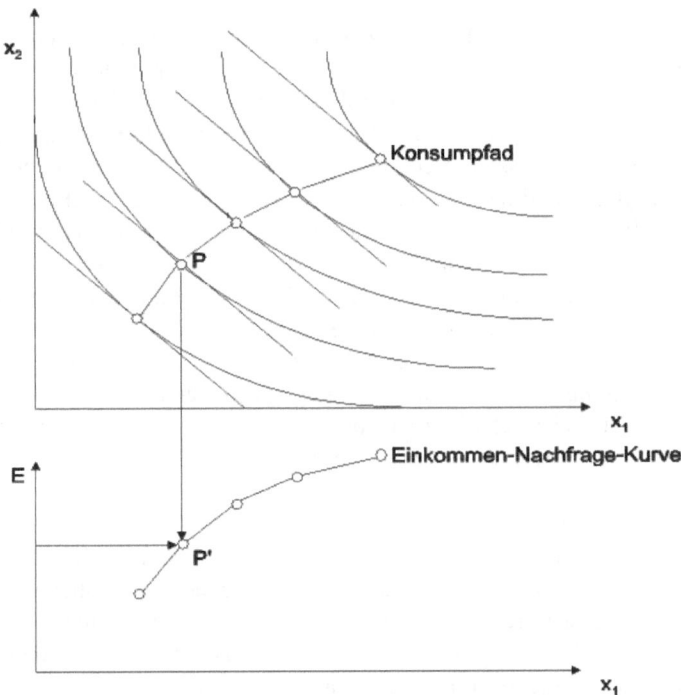

Null haben, bis die vordringlichen Bedürfnisse mit dem verfügbaren Einkommen befriedigt werden können. Steigt das Einkommen weiter, dann kann die Nachfrage proportional, unterproportional oder überproportional, bis zu jener Menge steigen, bei welcher Sättigung eintritt.

Steigt das Einkommen weiter, kann die Nachfrage konstant bleiben, stetig abnehmen oder sprungartig auf Null sinken. Mit steigendem Einkommen sinkende Nachfrage kann so erklärt werden, dass bei steigendem Einkommen inferiore Güter durch superiore Güter ersetzt werden. Ein Gut kann gleichzeitig relativ inferior (verglichen mit einem Gut) und relativ (verglichen mit einem anderen Gut) superior sein.

Einkommen – Nachfrage – Kurven für lebensnotwendige Güter beginnen im Ursprung. Das Einkommen wird bis zur Sicherstellung der Existenz nur auf lebensnotwendige Güter aufgeteilt. Danach erfolgt erst die Berücksichtigung anderer Bedürfnisse.

3.5.4.2 Empirische Einkommens-Nachfrage-Funktion

Eine empirische Untersuchung des Zusammenhanges zwischen der Nachfrage einer elementaren Wirtschaftseinheit nach einem bestimmten Gut und ihrem Einkommen ist aus vielen Gründen problematisch. Ein Individuum kann nur im Zeitablauf sein Einkommen ändern. Im Laufe der Zeit ändern sich aber auch die meisten anderen Einflussfaktoren, die bisher als konstant angenommen wurden. Diese Schwierigkeit wird umgangen, indem man die jeweilige Nachfrage von elementaren Wirtschaftseinheiten mit unterschiedlichen Einkommen ermittelt. Es ergibt sich dann eine „typische" Funktion, die dem Durchschnitt der untersuchten Individuen in einem bestimmten Zeitpunkt entspricht, aber mit den Mängeln einer solchen Vorgangsweise behaftet bleibt.

Schon 1857 hat der bereits zitierte Statistiker Ernst Engel eine ähnliche Untersuchung durchgeführt. Er hat 29 Einkommenskategorien von 200 bis 3000 Francs gebildet und jeder Einkommenskategorie jenen Betrag zugeordnet, den Einkommensempfänger dieser Kategorie in Prozenten des Einkommens für Nahrung ausgeben.

Entwicklungsgeschichtlich interessant ist, dass der Anteil für Nahrung zwischen 73 % des Einkommens bei dem niedrigsten Einkommen, das noch berücksichtigt wurde und 56 % beim höchsten ausgewiesenen Einkommen variiert hat. Es ist Engel offensichtlich nicht um die Darstellung der Einkommen – Nachfrage – Funktion in absoluten Größen, sondern um die Darstellung der Abhängigkeit des Anteils der Ausgaben für Nahrung am Einkommen von der Einkommenskategorie gegangen. Von diesem Zusammenhang hat er auch das nach ihm benannte *Engel'sche Gesetz* abgeleitet und etwa folgendermaßen formuliert: „Je ärmer eine Familie ist, einen desto größeren Anteil der Gesamtausgabe muss sie zur Beschaffung der Nahrung aufwenden."

3.5.4.3 Die Elastizität der Nachfrage in Bezug auf das Einkommen

Viel häufiger als die Einkommen – Nachfrage – Funktion wird die Elastizität der Nachfrage in Bezug auf das Einkommen untersucht. Bei der *Einkommenselastizität der Nachfrage* wird die prozentuale Änderung der Nachfrage der sie bewirkenden prozentualen Einkommensänderung gegenübergestellt:

$$\varepsilon = \frac{\dfrac{\Delta x}{x}}{\dfrac{\Delta E}{E}}$$

Analog zur Preiselastizität wird auch hier von elastischer, unelastischer, etc. Nachfrage in Bezug auf das Einkommen gesprochen. Das Vorzeichen besagt, ob die Nachfrage mit dem Einkommen steigt oder fällt.

3.5.5 Die monetäre Nachfrage: Die Beziehungen zwischen mengenmäßiger Nachfrage, Preis und monetärer Nachfrage

Unter *monetärer Nachfrage* versteht man den Geldbetrag, den die elementare Wirtschaftseinheit in einer Periode für ein Gut ausgibt. Sie hängt unmittelbar von der mengenmäßigen Nachfrage und dem jeweiligen Preis des Gutes ab. Wird nämlich zum Preis p die Menge x nachgefragt, dann sind Ausgaben A notwendig, die dem Produkt aus Menge und Preis entsprechen:Im Schaubild 18 wird die monetäre Nachfrage als schraffiertes Rechteck dargestellt. Die beiden Seiten werden dabei vom Preis und der jeweils dazugehörigen Nachfragemenge gebildet. Sinkt der Preis von p' nach p'', so steigt die mengenmäßige Nachfrage von x' auf x'' entsprechend der angenommenen Preis – Nachfragefunktion. Die monetäre Nachfrage nimmt hingegen um den Betrag (p' – p'') x' ab und gleichzeitig um

18. Schaubild: Die Ableitung der monetären Nachfrage

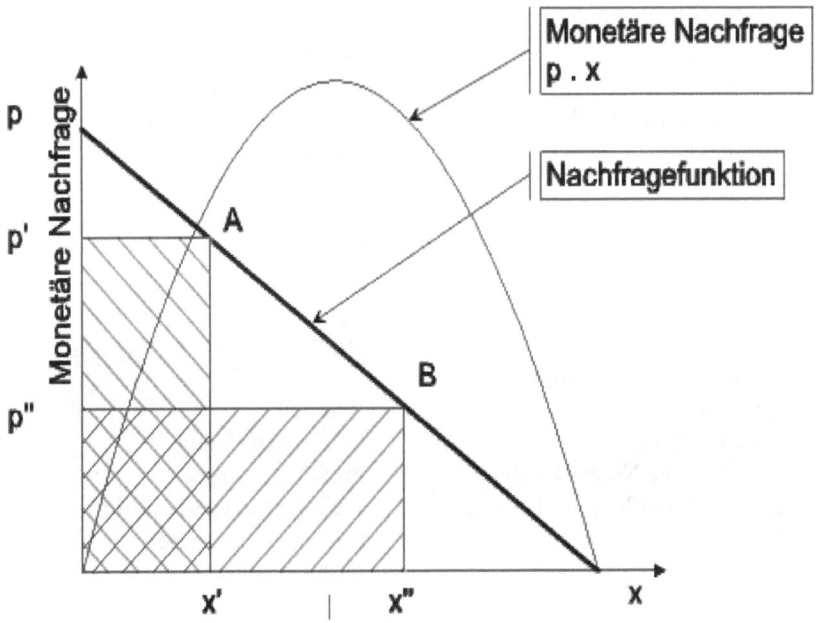

den Betrag p''(x'' − x') zu. Ob die monetäre Nachfrage infolge einer Preisänderung insgesamt zu- oder abnimmt, hängt offenbar davon ab, ob die prozentuale Preisänderung größer oder kleiner ist als die durch sie verursachte prozentuale Mengenänderung. Hier zeigt sich der Zusammenhang mit der Preiselastizität der Nachfrage.

3.6 Schlüsselbegriffe

- Arbeitseinkommen
- Ausgabenbudget
- Begehrenskreis
- Belastungsphase
- Besitzeinkommen
- Bruttovermögen
- Budgetgerade
- Ceteris-paribus-Klausel
- Einkommensarten
- Elastizität der Nachfrage
- Erwerbslose
- Erwerbspersonen
- Erwerbsquote
- Erwerbstätigkeit
- Existenzsicherung
- Fähigkeiten
- Geldwirtschaft
- Gewinneinkommen
- Gossen'sches Gesetze
- Grenznutzen
- Grenznutzen, gewogen
- Grenznutzenausgleich
- Grenzrate der Substitution
- Indifferenz
- Indifferenzkurven
- Interpersonelle Nutzenvergleiche
- Intrapersoneller Nutzenvergleich
- Kreuzpreiselastizität
- kardinales Nutzenkonzept
- Konsumfunktion

- Konsummöglichkeiten
- Konsumoptimum
- Konsumpfad
- Lebenskonsum
- Lebensproduktion
- Lebenszyklus
- Leistungseinkommen
- Masseneinkommen
- Mehrbelastungsphase
- Mehrleistungsphase
- Nachfrage
- Nachfrage, monetäre
- Nachfragefunktion
- Nettovermögen
- Nichterwerbspersonen
- Nutzen, erfahrene
- Nutzen, erwarteter
- Nutzenerwartung
- Nutzenfunktion
- Nutzenmessung
- Ophelimität
- ordinales Nutzenkonzept
- Partialanalyse
- Präferenz
- Präferenzordnung
- Preis
- Preis-Nachfrage-Funktion
- Rückzahlungsphase
- Sachvermögen
- Sättigungsmenge

4 Das Wirtschaften des Unternehmens

In diesem Abschnitt werden einige Fragen zum Wesen des Unternehmens, die Produktionstheorie die Kostentheorie und die Gewinntheorie untersucht.

4.1 Allgemeines

Im Laufe einer langen wirtschaftlichen Entwicklung hat sich allmählich eine neue, besonders erfolgreiche Wirtschaftseinheit herausgebildet, die *Unternehmung* genannt wird. Die Entstehung der Unternehmung hängt mit der Vergesellschaftung der Wirtschaft, einer fortschreitenden Trennung von Verbrauchs- und Erwerbswirtschaft und der organisatorischen Verselbständigung der Produktionsvorgänge zusammen.

Die Unternehmung ist geeignet, die Grenzen der elementaren Wirtschaftseinheit bei der Anwendung der Umwegproduktion, Arbeitsteilung und Zusammenarbeit zu überwinden.

Die elementare Wirtschaftseinheit delegiert die Produktion an Unternehmungen, wenn

1. die Produktion in der Unternehmung gegenüber der Produktion in der elementaren Wirtschaftseinheit Vorteile bringt bzw.
2. die Produktion in der elementaren Wirtschaftseinheit überhaupt nicht möglich ist.

Die großen Vorteile der Unternehmung gegenüber der elementaren Wirtschaftseinheit bestehen darin, dass beliebig viele Kompetenzen und Fähigkeiten zusammengefasst und unter eine gemeinsame Leitung gestellt werden können. Hervorzuheben ist:

1. In der Unternehmung kann eine erweiterte interne Arbeitsteilung durchgesetzt werden.
2. In der Unternehmung können unbegrenzt viele elementare Wirtschaftseinheiten zusammenarbeiten.
3. In einer Unternehmung kann das Sachvermögen vieler Wirtschaftseinheiten zusammengefasst und zu einem einheitlichen Zweck verwendet werden.
4. Für die Zusammenarbeit kann eine eigene Organisation gebildet werden.

Viele elementare Wirtschaftseinheiten haben von vornherein sehr begrenzte Produktionsmöglichkeiten. Kriterien für diese Grenzen sind die persönlichen Fähigkeiten und das Sachvermögen. Der Mangel an Sachvermögen führt zu einer Abhängigkeit von den Eigentümern von Grund und Boden und sonstigem Sachvermögen. Alle elementaren Wirtschaftseinheiten ohne Sachvermögen können selbständig nur Dienstleistungen erbringen oder ihre persönlichen Fähigkeiten einer Unternehmung anbieten, um in einem Arbeitsverhältnis an der Produktion der Unternehmung mitzuwirken.

4.1.1 Begriffe

In der Literatur wird zwischen Unternehmung, Unternehmen und Betrieb unterschieden.

Als *Betrieb* bezeichnet man häufig die eigentliche Betriebsstätte oder Produktionsstätte. Das *Unternehmen* stellt die Institution, den wirtschaftlich-rechtlichen Rahmen der Produktionseinheit dar. Beim Begriff *Unternehmung* werden eher die zielgerichtete Handlung und ihre Organisation hervorgehoben. Die Begriffe Unternehmen und Unternehmung werden aber sehr häufig synonym verwendet.

4.1.2 Rechtsformen und Organisation

Unternehmungen können von elementaren Wirtschaftseinheiten oder anderen Wirtschaftseinheiten insbesondere auch dem Staat gegründet werden. Danach unterscheidet man zwischen

- privaten,
- öffentlichen und
- gemischt-wirtschaftlichen Unternehmungen.

Unternehmungen können auch nach ihrer Rechtsform unterteilt werden. Mögliche Rechtsformen privater Unternehmungen sind:

- der Einzelunternehmer,
- Personengesellschaften (offene Handelsgesellschaft, Kommanditgesellschaft und die Gesellschaft des bürgerlichen Rechtes),
- Kapitalgesellschaften (Gesellschaft mit beschränkter Haftung, Aktiengesellschaft, Kommanditgesellschaft auf Aktien und bergrechtliche Gewerkschaften sowie Reedereien),
- Mischformen und Genossenschaften.

Für öffentliche Unternehmungen unterscheidet man folgende Rechtsformen:

- Körperschaften,
- Anstalten und
- Stiftungen.

Beispiele sind: Ortskrankenkassen als Körperschaften, Landesversicherungsanstalten, die Stiftung Volkswagenwerk. Öffentliche Unternehmungen können auch ohne eigene Rechtspersönlichkeit existieren. Es handelt sich dann um *Regiebetriebe*, die organisatorisch als Abteilungen der öffentlichen Verwaltung ohne eigenes Vermögen anzusehen sind.

Beispiele dafür können sein: Straßenreinigung, Müllabfuhr, Bibliotheken, Museen, Theater, Krankenhäuser und andere. Daneben können öffentliche Unternehmungen aber auch Rechtsformen des privaten Rechtes haben.

4.1.3 Die Unternehmensphilosophie

Für die Zweckbestimmung eines Unternehmens ist entscheidend, ob nur ökonomische Aufgaben zu erfüllen sind oder ob auch soziale Verantwortung zu übernehmen ist.

Unternehmungen werden grundsätzlich zur Umwandlung von Gütern höherer Ordnung in solche niedrigerer Ordnung, der Erstellung von Gütern und Dienstleistungen gegründet.

Dahinter stehen aber zwei Einstellungen zum *Unternehmenszweck*:

Das *Aktionärskonzept*: Die Unternehmensführung fühlt sich nur den Anteilseignern gegenüber verantwortlich. Der einzige Zweck des Unternehmens besteht in der Optimierung oder Maximierung des Gewinnes. Diese Zwecksetzung gewinnt besonders deshalb an Bedeutung, weil das Eigentumsmanagement mehr und mehr durch ein Berufsmanagement ersetzt wird. Führungskräfte im Angestelltenverhältnis können mit dieser Philosophie meist auch ihre eigenen Ziele der Einkommensmaximierung realisieren. Diese Einstellung entspricht dem *Stockholder* – oder *Shareholder* – Konzept und dem traditionellen amerikanischen Unternehmertyp. .

Das *Sozialkonzept*: Die Unternehmensführung ist bestrebt, einen Interessenausgleich zwischen Anteilseignern, Arbeitnehmern, Anwohnern, Gemeinden, Zulieferanten, dem Staat und anderen an den Aktivitäten des Unternehmens interessierten Gruppen herbeizuführen und damit soziale Verantwortung zu übernehmen. Diese Einstellung entspricht dem *Stakeholder – Konzept* und dem schwindenden traditionellen europäischen Unternehmertyp.

4.1.4 Unternehmenspolitik

Darunter versteht man die Gesamtheit aller Führungsentscheidungen, die den Ablauf des Geschehens in Unternehmen langfristig ordnen. Sie besteht aus generellen Zielsetzungen, die die Tätigkeiten bestimmen sollen und der Anwendung wirtschaftstheoretischer Gesetzmäßigkeiten. Die Formulierung der *Unternehmenspolitik* wird von den persönlichen Zielen, Wertvorstellungen und Plänen der Unternehmensführung geprägt. Grundlegende wirtschaftstheoretische Erkenntnisse zur Unterstützung der Unternehmenspolitik werden in den folgenden Abschnitten Produktionstheorie, Kostentheorie und Gewinntheorie behandelt.

4.2 Die Produktionstheorie

4.2.1 Produktionsfaktoren

Alle Güter höherer Ordnung werden in *Produktionsfaktoren* zusammengefasst. Es können *originäre* und *derivative* Produktionsfaktoren unterschieden werden. Arbeit sowie Grund und Boden sind originäre Produktionsfaktoren. Kapital ist ein derivativer Faktor. Neuerdings werden Organisation und besonders Wissen als weitere derivative Faktoren verwendet. Arbeit kann noch in dispositive (Planung, Organisation, Kontrolle) und objektbezogene Arbeit unterteilt werden. Der Faktor Grund und Boden ist Standort, Abbauboden (Bodenschätze, Wälder, Meere ...) oder Anbauboden (Landwirtschaft, Tierzucht, Bauwerke).

4.2.2 Die allgemeine Produktionsfunktion

Unter *Produktion* versteht man die Umwandlung von Gütern höherer Ordnung in Güter niedrigerer Ordnung. Die Produktion ist ein Prozess des Kombinierens von Gütern höherer Ordnung mit dem Ziel, Güter niedrigerer Ordnung herzustellen. Die Produktionstheorie hat die Aufgabe, den Zusammenhang zwischen dem Einsatz von Gütern höherer Ordnung in einen Produktionsprozess und dem daraus resultierenden Ergebnis zu erklären.

Die Produktion eines Gutes wird durch den Produktionsprozess, das Produktionsverfahren (Verfahrensbündel) festgelegt. Durch *Produktionsverfahren* werden alle Produktionsgüter, die für den Prozess notwendig sind und die Menge des zu produzierenden Gutes bestimmt. Dieser Zusammenhang kann in der allgemeinen *Produktionsfunktion* ausgedrückt werden:

$$q = f(v_1, v_2, \ldots, v_n) \text{ oder}$$
$$q = f(A, B, K, W, \ldots)$$

In dieser Funktion steht q für die in physischen Einheiten gemessene Menge eines Gutes und v_1, v_2, ... v_n für die physische Menge der Güter höherer Ordnung 1, 2, ..., n, die in den Produktionsprozess eingesetzt werden. In der zweiten Funktion werden die Güter höherer Ordnung in den Produktionsfaktoren Arbeit, Boden, Kapital und Wissen zusammengefasst. Das *Produktionsergebnis* q wird auch *Produktionsausstoß*, *Ausstoß* oder *Ertrag* genannt.

4.2.3 Das Ertragsgebirge

Im Schaubild 19 wird eine Produktionsfunktion dargestellt, in welcher das Produktionsergebnis vom Einsatz von zwei Produktionsfaktoren abhängt, die begrenzt substituierbar sind. Jeder Kombination von v_1 und v_2 kann ein Betrag q zugeordnet werden. Begrenzte *Substituierbarkeit* zeigt sich dadurch, dass nur dann ein positives Produktionsergebnis zustande kommt, wenn von beiden Produktionsgütern ein positiver Betrag eingesetzt wird. In der Darstellung des Ertragsgebirges wird die Verfügbarkeit der Mengen v_1' des Produktionsfaktors 1 und v_2' des Produktionsfaktors 2 angenommen. Die verfügbare Menge der Produktionsfaktoren wird *Faktorausstattung* genannt.

19. Schaubild: Das Ertragsgebirge

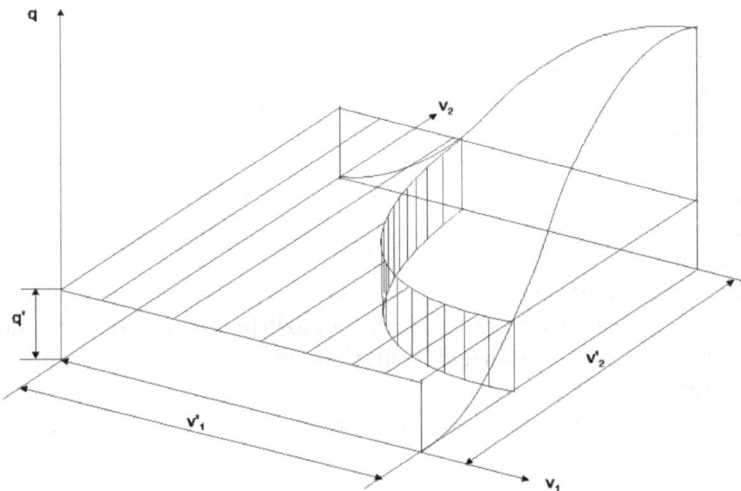

4.2.4 Isoquanten

Wenn parallel zur Ebene $v_1 - v_2$ in unendlich kleinen Abständen dq unendlich viele Ebenen mit dem Ertragsgebirge zum Schnitt gebracht werden, dann ergeben sich unendlich viele Schnittlinien. Man nennt diese Schnittlinien *Isoquanten* oder *Kurven gleicher Ausstoßmengen*. Alle Punkte einer bestimmten Schnittlinie stellen Kombinationen von v_1 und v_2 mit dem gleichen Produktionsergebnis dar.

20. Schaubild: Die Isoquante

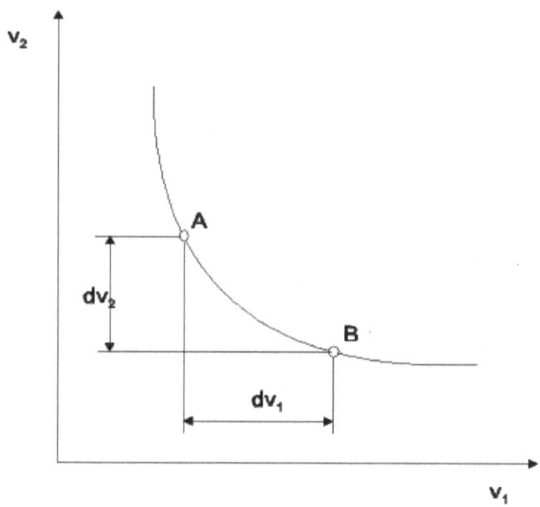

Im Schaubild 20 wurde eine dieser Schnittlinien auf die Ebene $v_1 - v_2$ projiziert. Die Punkte A und B entsprechen zwei verschiedenen Kombinationen der Produktionsfaktoren mit dem gleichen Ausstoß q. Bewegt man sich von A nach B, dann wird der Einsatz des Produktionsfaktors 2 um dv2 verringert und der Einsatz des Produktionsfaktors 1 um dv1 erhöht. Das Verhältnis dv2/dv1 heißt *Grenzrate der technischen Substitution (GTS)* und stellt die erste Ableitung der Isoquante dar.

Wird entlang einer Isoquante ein Produktionsgut kontinuierlich durch das andere ersetzt, dann zeigt sich, dass eine zusätzliche Einheit des Substitutionsgutes nur eine sinkende Menge des substituierten Gutes ersetzen kann. Dieser Zusammenhang wird *Gesetz der abnehmenden Grenzrate der technischen Substitution* genannt und im Schaubild 21 dargestellt.

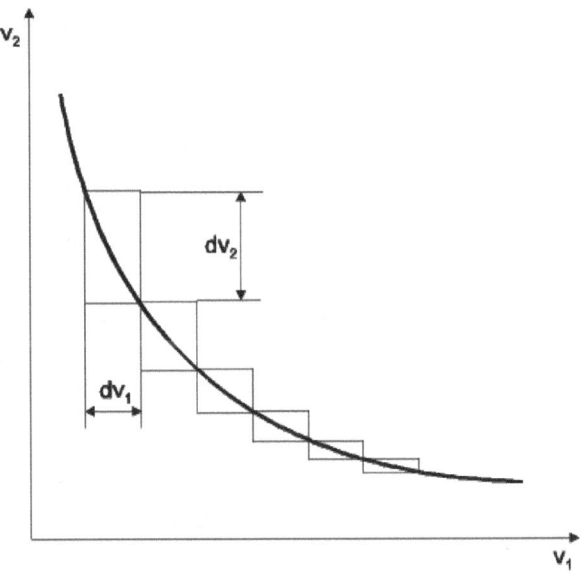

4.2.5 Partielle Faktorvariation

Wenn die Einsatzmenge eines Produktionsfaktors verändert wird und die Einsatzmenge der übrigen Produktionsfaktoren konstant gehalten wird, dann spricht man von partieller *Faktorvariation*.

Im Schaubild 22 wird das *Ertragsgesetz von Turgot* als partielle Faktorvariation dargestellt.

Auf der Abszisse wird der Produktionsfaktor v_1 auf der Ordinate der Ausstoß aufgetragen. Dividiert man den Ordinatenwert eines Punktes durch den dazugehörigen Abszissenwert, so erhält man den *Durchschnittsertrag* des Produktionsfaktors 1. Ermittelt man von 0 beginnend alle Durchschnittserträge für v_1 und ordnet man sie als Ordinatenwerte der Variablen v_1 zu, dann erhält man die Kurve der *Durchschnittserträge* DE. Die Neigung der *Gesamtertragskurve* gibt an, um welchen Betrag der *Gesamtertrag* Q steigt, wenn der Einsatz des Produktionsgutes 1 um eine Einheit zunimmt. Man nennt diese Größe *Grenzertrag* GE. Sie stellt die erste Ableitung der Gesamtertragskurve dar und wird im Schaubild 22 durch GE dargestellt.

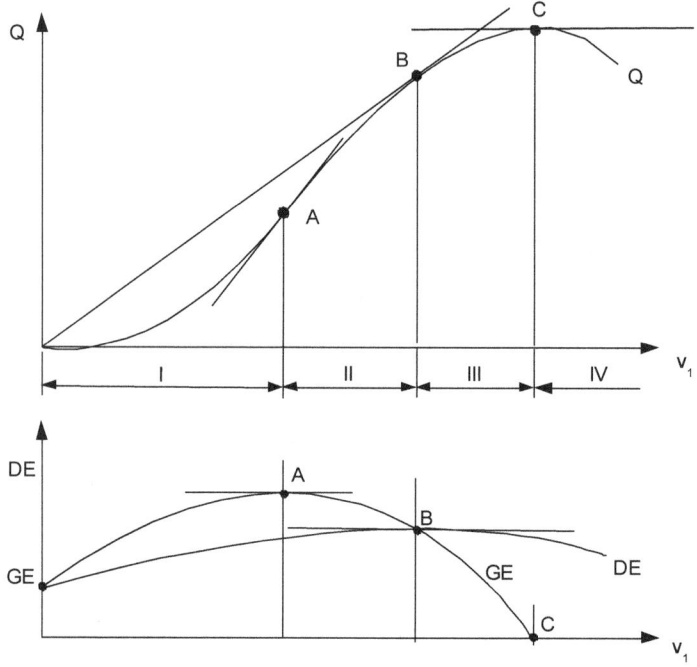

Die *Gesamtertragskurve* kann in vier Abschnitte unterteilt werden. Im Abschnitt I steigt der Grenzertrag vom Ursprung bis zum Wendepunkt (A), wo er ein Maximum erreicht. In der Phase II steigt der Durchschnittsertrag bis zu jenem Punkt (B), in welchem ein Strahl durch den Ursprung die Gesamtertragskurve tangiert. In diesem Punkt sind Durchschnittsertrag und Grenzertrag gleich groß. In der Phase III steigt der Gesamtertrag bis zu einem Maximum (C), der Durchschnittsertrag nimmt kontinuierlich ab und der Grenzertrag sinkt auf 0. In der Phase IV wird der Grenzertrag negativ, der Durchschnittsertrag sinkt weiter, und der Gesamtertrag sinkt ebenfalls. Charakteristisch für das Ertragsgesetz ist, dass in einer ersten Phase der Grenzertrag steigt, dann sinkt und schließlich negativ wird. Turgot hat diesen Verlauf der Produktionsfunktion für eine von 0 steigende Bevölkerung eines flächenmäßig begrenzten Landes angenommen.

4.2.6 Niveauvariation

Wenn der Einsatz aller Produktionsgüter proportional verändert wird, spricht man von *Niveauvariation*. Formal wird die Niveauvariation so dargestellt, dass man in der Produktionsfunktion die Mengen aller Produktionsfaktoren mit dem gleichen *Skalenparameter* multipliziert. Die *Faktorintensität* ($i = v_2/v_1$) bleibt dabei konstant. Die Funktion lautet:

$$q = f(\lambda v_1, \lambda v_2, \ldots \lambda v_n)$$

$v_1, v_2 \ldots v_n$ stellen die Faktoreinsätze in der Ausgangsposition dar. Der *Skalenparameter* stellt das Maß für die Niveauvariation und damit den Faktor dar, mit dem die Faktoreinsätze vervielfacht werden.

Im Schaubild 23 wird der Ertrag als Funktion des Skalenparameters dargestellt. Die Skalenertragsfunktion kann linear oder auch nicht linear verlaufen. Der Ertragszuwachs, der einer kleinen Änderung von $d\lambda$ zugeordnet werden kann, heißt *Niveaugrenzprodukt* oder marginaler *Skalenertrag*. Der marginale Skalenertrag $dq/d\lambda$ kann gleich bleiben, steigen oder fallen.

23. Schaubild: Die Skalenertragsfunktion

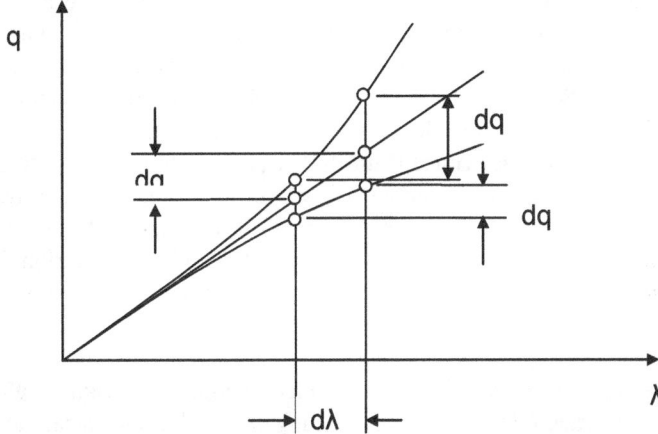

4.2.7 Die Ableitung der Produktionsmöglichkeiten – oder Transformationskurve

Die *Produktionsmöglichkeiten* einer Unternehmung sind durch die Faktorausstattung begrenzt und können aus den Produktionsfunktionen für die zu produzierenden Güter abgeleitet werden. Für den Zwei – Faktoren – zwei – Güter – Fall kann die Ableitung im Schaubild 24 veranschaulicht werden. Zur Vereinfachung der Darstellung werden linear-homogene Produktionsfunktionen für beide Güter und ebenfalls gleiche und konstante Faktorintensitäten angenommen. Links oben wird die Produktionsfunktion für das Gut A dargestellt. Sie zeigt, dass bei Verwendung der gesamten Faktorausstattung zur Produktion des Gutes A maximal 10 Einheiten dieses Gutes hergestellt werden können.

Werden nur 20 % der Faktorausstattung für die Produktion des Gutes A verwendet, können auch nur 20 % des maximalen Ausstoßes produziert werden. Der Ausstoß verändert sich mit der Allokation der Faktoren (Ressourcen). Analog dazu wird rechts oben die Produktionsfunktion des Gutes B abgebildet. Wenn die Unternehmung nur Gut B erzeugt, können maximal 5 Einheiten hergestellt werden. Wenn beide Güter mit der gegebenen Faktorausstattung erzeugt werden sollen, ist eine entsprechende Allokation der Ressourcen notwendig. Für die Produktion von Gut A können nur jene Faktormengen eingesetzt werden, die nicht schon in der Produktion von Gut B verwendet werden und umgekehrt.

Diese Beziehung kann sehr einfach in der *Edgeworth – Box* berücksichtigt werden, die im Schaubild 24 links unten abgebildet ist. In der Edgeworth – Box werden die Produktionsfunktionen zusammengelegt. Zu diesem Zweck wird die Produktionsfunktion des Gutes B um 180 Grad gedreht und so verschoben, dass der Ursprung $0_{(B)}$ die Koordinaten V_1', V_2' im Koordinatensystem der Produktionsfunktion A einnimmt. Damit wird erreicht, dass auf der Abszisse der Faktor v_1 und auf der Ordinate der Faktor v_2 auf die beiden Produktionsfunktionen aufgeteilt werden kann. Auf dem *Expansionspfad* 0_A-0_B können sodann die Produktionsmöglichkeiten abgelesen und in das Schaubild der Produktionsmöglichkeitenkurve übertragen werden.

Die *Produktionsmöglichkeitenkurve* oder *Transformationskurve* gibt an, welche Mengen beider Güter bei Vollauslastung der Produktionskapazitäten mit den gegebenen Produktionsgütern wahlweise hergestellt werden können.

Auf der Abszisse des Schaubildes wird die Menge des Gutes A, auf der Ordinate die Menge des Gutes B aufgetragen.

Die Ausstoßmenge eines Gutes kann nur erhöht werden, wenn die Ausstoßmenge des anderen Gutes entsprechend reduziert wird. Grundsätzlich können alle Kombinationen R innerhalb der Produktionsmöglichkeitenkurve auch realisiert werden. Dabei werden Produktionsfaktoren freigesetzt oder unterbeschäftigt.

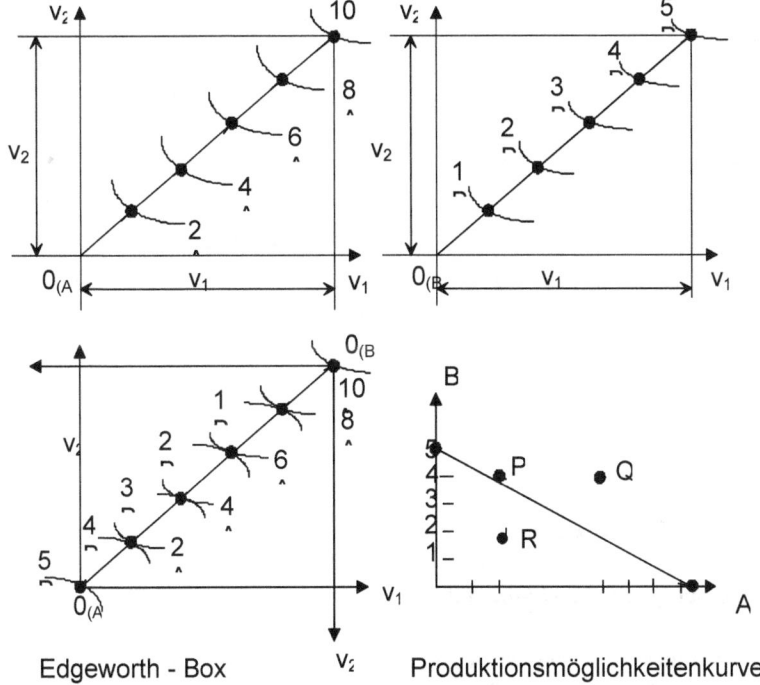

Edgeworth - Box   Produktionsmöglichkeitenkurve

Kombinationen Q (außerhalb der Transformationskurve) können nicht realisiert werden, da die notwendige Menge von Produktionsfaktoren nicht verfügbar ist.

Die Transformationskurve kann linear, konkav oder konvex verlaufen, was im Schaubild 25 gezeigt wird. Die Neigung der Transformationskurve wird durch den Differenzialquotient dq_B/dq_A ausgedrückt und stellt die *Grenzrate der Transformation (GRT)* dar.

Als *Opportunitätskosten* bezeichnet man jene Menge eines Gutes, auf welche verzichtet werden muss, wenn man die erzeugte Menge eines anderen Gutes erhöhen will. Sie werden durch die GRT gegeben.

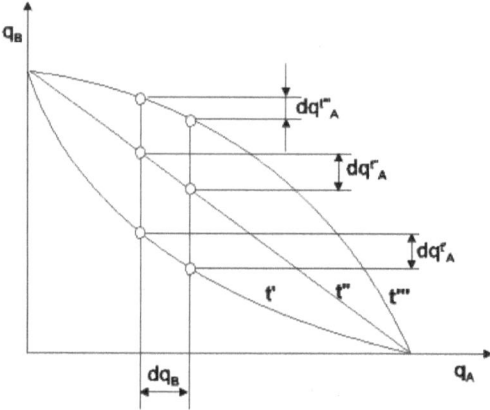

4.3 Die Kostentheorie

4.3.1 Verschiedene Kostenbegriffe

In der Produktionstheorie wurde die Abhängigkeit der Ausstoßmenge (Produktionsergebnis, Ertrag, Ausstoß) von den sie ermöglichenden Faktoreinsatzmengen behandelt. Multipliziert man die Faktoreinsatzmengen mit dem Faktorpreis, dann erhält man die *Kosten*. Wenn in einem Produktionsprozess v_1 und v_2 der Produktionsgüter 1 und 2 eingesetzt werden und diese einen Preis von p_1 bzw. p_2 haben, dann berechnet man die *Gesamtkosten* K wie folgt:

$$K = p1 \ v1 + p2 \ v2$$

Dividiert man die Gesamtkosten durch die Menge der erzeugten Güter, so erhält man die *Stückkosten* oder *durchschnittlichen Gesamtkosten*. Die Gesamtkosten werden häufig in feste und variable Kosten unterteilt. *Feste* oder *fixe Kosten* sind von der Produktionsmenge unabhängige Kosten. *Variable Kosten* hängen direkt von der Produktionsmenge ab. Dividiert man diese Größen durch die Produktionsmenge, so erhält man *durchschnittliche fixe Kosten* und *durchschnittliche variable Kosten*. Die Kosten einer zusätzlichen Ausstoßeinheit heißen *Grenzkosten*.

4.3.2 Die Minimalkostenkombination

26. Schaubild: Die Minimalkostenkombination

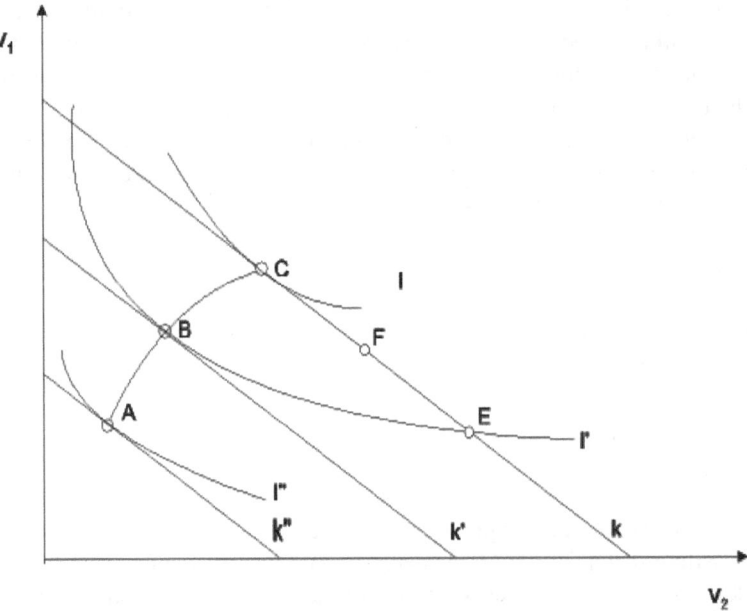

Die Produktionsfunktion zeigt, welche Faktorkombinationen die Erzeugung einer bestimmten Menge eines Gutes erlauben. Das Wirtschaftlichkeitsprinzip verlangt die Anwendung jener Faktorkombination, bei welcher die Kosten am niedrigsten sind.

Die Bestimmung der *Minimalkostenkombination* lässt sich graphisch erklären. Im Schaubild 26 wird die Produktionsfunktion für ein bestimmtes Gut durch Isoquanten I, I', I'' dargestellt. Wenn das Unternehmen in der Ausgangssituation im Punkt E eine Menge produziert, die der Isoquante I' entspricht, kann gefragt werden, ob in diesem Punkt auch wirtschaftlich produziert wird.

Zur Beantwortung dieser Frage werden zunächst die Isokostenkurven k, k', ... eingeführt. Sie geben an, welche Mengen der Produktionsgüter bei gegebenen Preisen die gleichen Gesamtkosten ergeben. Die Gleichung der *Isokostenkurve* lautet:

$$k = p_1 v_1 + p_2 v_2$$

Es gibt somit für jeden Betrag K eine Isokostenkurve.

Im Punkt E schneidet die Isokostenkurve k die Isoquante I'. Wird die Faktorkombination vom Punkt E zum Punkt F verlagert, dann kann ein Ausstoß realisiert werden, der einer höher liegenden Isoquante entspricht. Bei gleichem Faktoreinsatz wird somit das Produktionsergebnis erhöht. Im Punkt C tangiert die Isokostenkurve die Isoquante I. Das ist die Isoquante mit dem höchsten Ausstoß, der bei gleich bleibenden Kosten noch erreichbar ist. Im Berührungspunkt zwischen Isoquante und Isokostenkurve sind die Bedingungen der *Minimalkostenkombination* erfüllt. Die Neigung der Isoquante wird durch die Grenzrate der technischen Substitution dv_2/dv_1 angegeben, die Neigung der Isokostenkurve kann aus der Gleichung der Kostengeraden abgeleitet werden.

Aus

$$k = p_1 v_1 + p_2 v_2$$

ergibt sich

$$v_2 = K/p_2 - p_1 v_1 /p_2$$

Die erste Ableitung dieser Gleichung lautet:

$$Dv_2/dv_1 = -p_1/p_2$$

Dieser Ausdruck gibt die Neigung der Isokostenkurve an.

Die Bedingungen für die *Minimalkostenkombinationen* lauten somit: Die Minimalkosten werden bei jener Kombination der Produktionsgüter realisiert, bei welcher die Grenzrate der technischen Substitution dem umgekehrten Preisverhältnis gleich ist.

Das Unternehmen wird versuchen, bei jedem Produktionsniveau die Kosten zu minimieren. Die Verbindungslinie aller Minimalkostenkombinationen ABC... heißt *Expansionspfad*.

4.3.3 Produktionsfunktion und Kostenfunktion

Die Produktionsfunktion gibt an, welche Mengen der Produktionsfaktoren kombiniert werden müssen, um einen bestimmten Ausstoß zu erzielen. Sie stellt das *Mengengerüst* für die Kostenfunktion dar. Die *Kostenfunktion* zeigt die Abhängigkeit der jeweiligen Kosten von der Ausbringungsmenge.

Im Schaubild 27 wird der Kostenverlauf gezeigt, der sich bei einer partiellen Faktorvariation nach dem Ertragsgesetz ergibt. Auf der Abszisse wird der Ausstoß, auf der Ordinate werden die verschiedenen Kosten aufgetragen. Die Fixkosten FK entsprechen dem Einsatz von Anlagen. Die Fixkostenkurve stellt eine Parallele zur Abszisse dar, da sie sich während der Produktion nicht ändern.

Die Kosten des zu variierenden Produktionsgutes sind variable Kosten VK und steigen mit dem Produktionsausstoß. Analog zum Ertragsgesetz können auch bei der Kostenkurve vier Abschnitte unterschieden werden. Zur Abgrenzung der Abschnitte sollen von der Gesamtkostenkurve die verschiedenen Durchschnitts- und Grenzkosten abgeleitet und im darunter liegenden Schaubild eingetragen werden.

27. Schaubild: Analyse der Gesamtkostenkurve

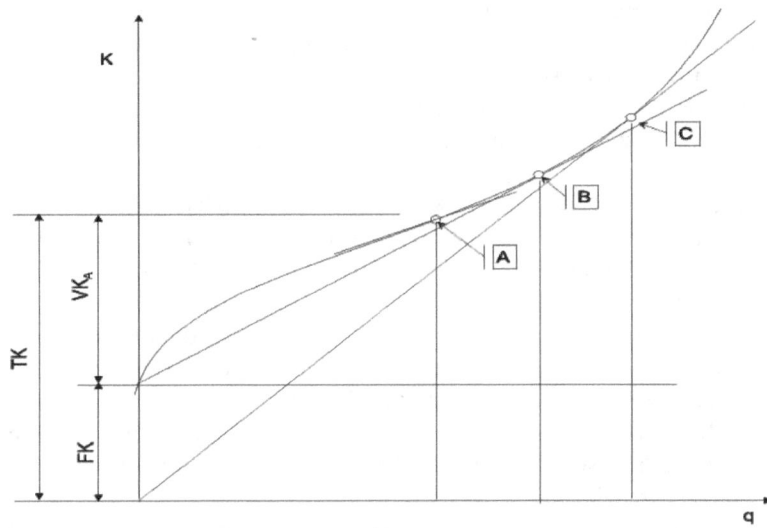

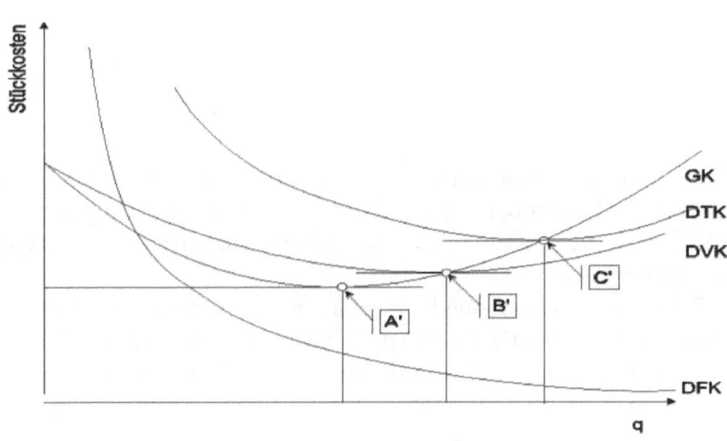

Die Durchschnittskosten oder Stückkosten DK bekommt man, wenn man die ausstossbezogenen Kosten durch die Produktionsmenge dividiert. Die durchschnittlichen totalen Kosten (DTK) erhält man, wenn man die totalen Kosten (TK) durch die Produktionsmenge dividiert. Sie können auch durch den Tangens des Winkels zwischen der Abszisse und dem Verbindungsstrahl vom Ursprung zum betrachteten Punkt gemessen werden. Die durchschnittlichen variablen Kosten (DVK) werden analog berechnet: $DVK = VK/q$.

Die *Grenzkosten* entsprechen der Neigung der Gesamtkostenkurve und stellen jene Kosten dar, die aufgewendet werden müssen, um den Produktionsausstoß jeweils um eine Einheit zu erhöhen.

Aus der Gesamtkostenkurve geht hervor, dass die Grenzkosten von einer bestimmten Höhe bis zum Wendepunkt der Gesamtkostenkurve sinken und danach wieder ansteigen.

Die durchschnittlichen variablen Kosten DVK sind für die erste produzierte Mengeneinheit gleich den Grenzkosten und sinken bis zu jenem Punkt, in welchem der Strahl, der durch den Schnittpunkt der Gesamtkostenkurve mit der Ordinate und der Fixkostenkurve geht, die Gesamtkostenkurve gerade tangiert.

Die durchschnittlichen Totalkosten DTK sind bei einer Ausstoßmenge von q gleich der Summe aus FK + VK, da die durchschnittlichen Fixkosten bei dieser Ausstoßmenge FK/q sind. Sie erreichen ihr Minimum in dem Punkt, in dem der Strahl durch den Ursprung die Gesamtkostenkurve tangiert. Rechts vom Minimum steigen die durchschnittlichen Totalkosten, die durchschnittlichen variablen Kosten und die Grenzkosten.

Das untere Schaubild zeigt, dass die Kurven der durchschnittlichen variablen und der durchschnittlichen totalen Kosten ihr Minimum in dem Punkt erreichen, in dem die Kurven die Grenzkostenkurve schneiden.

4.3.4 Minimalkostenkombination, Durchschnittskostenminimierung und Möglichkeiten der Faktorvariation

Die Minimalkostenkombination bezieht sich jeweils auf eine bestimmte Produktionsmenge. Es gibt nun für jede Produktionsmenge eine Minimalkostenkombination, deren Realisierung jedoch voraussetzt, dass alle Produktionsgütermengen variiert werden können.

Die Durchschnittskosten können durch Veränderung des Produktionsausstoßes minimiert (optimiert) werden. Es hängt von den Eigenschaften der Produktionsfunktion ab, ob die Durchschnittskostenminimierung durch Niveauvariation ausgehend von einer Minimalkostenkombination erreicht werden kann.

Daraus folgt, dass ein Unternehmen zur Herstellung einer vorgegebenen Produktionsmenge die Minimalkostenkombination sucht. Stellt die Produktionsmenge für das Unternehmen eine Variable dar, dann wird es nach dem ökonomischen Prinzip danach trachten, die Durchschnittskosten zu minimieren. In beiden Fällen wird vorausgesetzt, dass sich weder die Produktionsmenge noch die Preise der Produktionsgüter ändern. Je länger die Produktion dauert, umso wahrscheinlicher ist es, dass sich Preise oder Ausstoßmengen ändern. Solche Änderungen erfordern eine neuerliche Anpassung an die neuen Bedingungen.

Die Möglichkeiten der Faktorvariation werden während des Produktionsprozesses eingeschränkt, wenn zu Beginn des Produktionsprozesses Produktionsgüter eingesetzt werden, die über eine längere Zeit wirken sollen. Konkret handelt es sich um Produktionsanlagen, die während des ganzen Produktionsprozesses notwendig sind und somit zu Beginn der Produktion angeschafft werden müssen. Solche Anlagen führen zu fixen Kosten, die über einen längeren Zeitraum nicht verändert werden können. In einem solchen Falle ist nur noch partielle Faktorvariation möglich.

4.4 Gewinntheorie

4.4.1 Das Angebot

Unternehmen produzieren und verkaufen Güter, um durch diese wirtschaftliche Tätigkeit ein Einkommen zu erzielen. Das Einkommen des Unternehmers aus seiner unternehmerischen Tätigkeit heißt Gewinn. Das Streben nach Gewinn bewegt den Unternehmer dazu, jene Tätigkeiten ausfindig zu machen, die ihm den höchsten Gewinn abwerfen. Er wird somit grundsätzlich nur jene Güter produzieren und anbieten, bei welchen er auf Gewinn hoffen kann. Für solche Güter muss eine entsprechende Nachfrage erwartet werden können, der Unternehmer muss die Fähigkeiten mitbringen, die Güter zu produzieren und es muss möglich sein, einen Gewinn zu realisieren.

Unter *Gewinn* versteht man die Differenz zwischen dem Erlös für die verkauften Güter und den Kosten, die die Produktion dieser Güter verursacht.

Der *Erlös* heißt auch *Umsatz* und ist das Produkt aus verkaufter Menge des Gutes mal Preis.

Es kann nun das Problem diskutiert werden, welche Menge eines Gutes ein Unternehmen bei gegebener Kostenstruktur in Abhängigkeit vom Preis anzubieten bereit ist.

Im Schaubild 28 werden verschiedene Kosten in Abhängigkeit von der Ausbringungsmenge dargestellt. Auf der Abszisse wird die Ausbringungsmenge q,
auf der Ordinate die verschiedenen Durchschnittskosten, Grenzkosten, DTK,
DVK, GK und der Preis p aufgetragen.

Grundsätzlich kann davon ausgegangen werden, dass ein Unternehmen nur
dann ein Gut produziert und anbietet, wenn der Preis die durchschnittlichen
totalen Kosten p_{min} deckt. Beträgt der Preis p', dann erzielt das Unternehmen
den höchsten Gewinn, wenn es die Menge x' anbietet. In diesem Falle entspricht
der *Stückgewinn* der Strecke BC. Das ist die Differenz zwischen Grenzkosten
und durchschnittlichen totalen Kosten. Der *Gesamtgewinn* wird durch die Fläche
ABCD dargestellt und entspricht dem Produkt von Menge x' mal Stückgewinn.
Bietet das Unternehmen zu diesem Preis bei gegebener Kostenstruktur eine geringere Menge als x' an, sinkt der Gesamtgewinn. Bietet es eine größere Menge
als x' an, sinkt der Gesamtgewinn ebenfalls. *Der Unternehmer maximiert somit
seinen Gewinn, wenn er jene Menge anbietet, bei welcher die Grenzkosten dem
Preise gleich sind.* Danach ergibt sich der Ast der Grenzkostenkurve rechts vom
Punkt M als *individuelle Angebotskurve* des Unternehmens.

Es ist fraglich, ob ein Unternehmen die Produktion eines Gutes zum erwarteten Preis $p_{(min)}$ aufnehmen wird, vielmehr ist damit zu rechnen, dass ein Unternehmen gewisse Gewinnvorstellungen mindestens erfüllt sehen möchte. Anders
verhält es sich, wenn ein Unternehmen bereits in Anlagen investiert hat und der
Preis auf $p_{(min)}$ sinkt. In diesem Falle ist es sogar denkbar, dass das Unternehmen

28. Schaubild: Die Ableitung der Angebotsfunktion

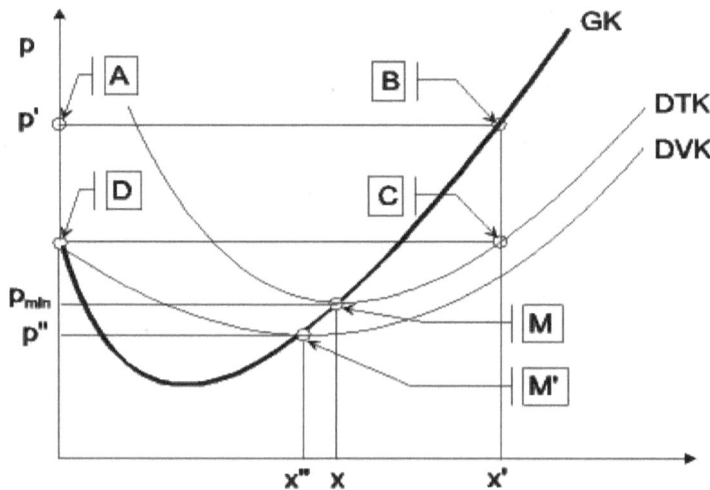

die Produktion auch dann fortsetzt, wenn der Preis unter $p_{(min)}$ sinkt. Bei einem Preis zwischen p" und $p_{(min)}$ werden die gesamten variablen Kosten und ein Teil der Fixkosten gedeckt.

Die Beantwortung der Frage, ob das Unternehmen bereit ist, auch zu einem Preis unter p" und für welchen Zeitraum zu produzieren, hängt davon ab, ob die Verluste bei Stilllegung oder bei Produktion größer sind.

4.4.2 Der Gewinn

Im *Schaubild 29* wird gezeigt, wie aus der Kostenfunktion und der Erlösfunktion die *Gewinnfunktion* abgeleitet werden kann. Auf der Ordinate werden Kosten, Erlöse und der Gewinn, auf der Abszisse die Produktionsmenge aufgetragen. Der Kostenverlauf wird vom *Schaubild 28* übernommen. Die *Erlösfunktion* stellt bei konstantem Preis eine Gerade durch den Ursprung dar. Der *Gewinn* stellt die Differenz zwischen Gesamtkosten und Gesamterlösen dar. Wenn diese Differenz für alle Ausstoßmengen gebildet wird, kann die *Gewinnkurve* gezeichnet werden. Der Verlauf der Gewinnkurve zeigt die *Verlustzone* vor A', die *Gewinnzone* von A' bis C' mit einem maximalen Gewinn bei B' und eine neuerliche Verlustzone bei einer Ausstoßmenge über C'.

29. Schaubild: Die Gewinnfunktion

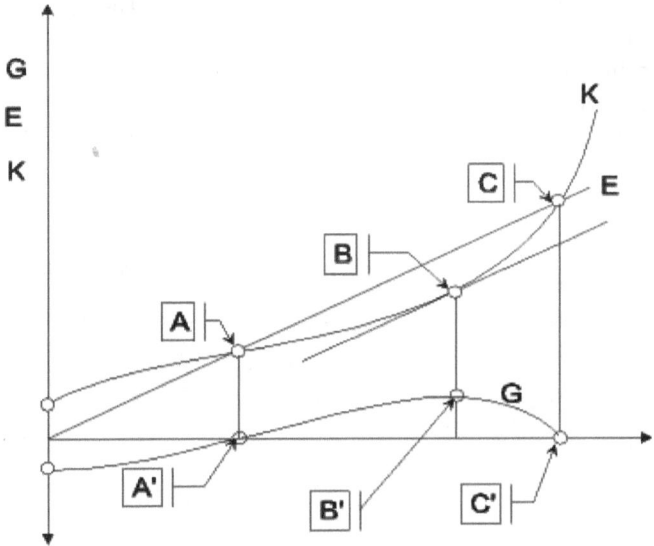

Im Schaubild wird ferner gezeigt, dass bei einer gewinnmaximalen Ausstoß-menge B' die Neigung der Gesamtkostenkurve und der Erlöskurve gleich sind.

4.5 Schlüsselbegriffe

- Angebot
- Angebotsfunktion
- Angebotskurve
- Ausgaben
- Ausstoß
- Durchschnittsertrag
- Erlös
- Erlösfunktion
- Ertrag
- Ertragsgebirge
- Expansionspfad
- Faktorausstattung
- Faktorvariation
- Gesamtertrag
- Gesetz d. Abnehmenden GTS
- Gewinn
- Gewinnfunktion
- Gewinnmaximierung
- Gewinnschwelle
- Gewinntheorie
- Gewinnzone
- Grenzertrag
- GRTS oder GTS
- Isokostenkurve
- Isoquante

- Kostenarten
- Kostenfunktion
- Kostentheorie
- Mengengerüst
- Minimalkostenkombination
- Niveaugrenzprodukt
- Niveauvariation
- Opportunitätskosten
- Produktionsfaktoren
- Produktionsfunktion
- Produktionsmöglichkeitenkurve
- Produktionsniveau
- Produktionsprozess
- Produktionstheorie
- Produktionsverfahren
- Rechtsformen von Unternehmen
- Stakeholder – Theorie
- Skalenertrag
- Skalenparameter
- Stockholder – Theorie
- Transformationskurve
- Umsatz
- Unternehmen
- Verlustzone
- Unternehmensphilosophie

5 Das Wirtschaften des Staates –
Der Staat als Wirtschaftseinheit

Bisher wurden die elementaren Wirtschaftseinheiten und Unternehmungen als Wirtschaftssubjekte untersucht. Im Staat wird eine dritte Gruppe von Wirtschaftseinheiten zusammengefasst, die Aufgaben wahrnehmen – besser: die nur Aufgaben wahrnehmen sollen –, die von privaten Wirtschaftssubjekten nicht besser verrichtet werden können. Da aber alle wirtschaftlichen Vorgänge von Menschen veranlasst werden, die gleichzeitig elementare Wirtschaftseinheiten sind und damit auch ihre eigenen Interessen und Ziele verfolgen, kommt es bei den derivativen Wirtschaftseinheiten zu Entscheidungen, die oft nicht dem Sinne der eigentlichen Aufgabenstellung dieser Gebilde entsprechen.

Daraus ergibt sich eine besondere Fragestellung:

– Worin kann das Wesen des Staates gesehen werden?
– Wie kann der Staat als Wirtschaftseinheit gesehen werden?
– Welche Aufgaben und Ziele können dem Staat zugeordnet werden?
– Mit welchen Mitteln kann der Staat seine Ziele realisieren?
– Wofür gibt der Staat Geld aus?
– Welche Ziele verfolgen die Menschen, die die Entscheidungen im Staat treffen?

5.1 Grundlagen

5.1.1 Das Wesen und die dienende Funktion des Staates

Thomas Hobbes hat im Staat eine Person gesehen: den Leviathan oder den sterblichen Gott, dem wir unter dem ewigen Gott allein Frieden und Schutz zu verdanken haben.

Hobbes führt die Bildung des Staates auf den menschlichen Trieb zur *Selbsterhaltung* und zur *Lebenssteigerung* zurück. Es ist die Angst vor dem Krieg aller gegen alle, die die Menschen dazu veranlasst, sich dem Leviathan unterzuordnen. Die dadurch entstehende Vertragspflicht wird aus ihrem Nutzen zur Herstellung des Friedens als eines notwendigen Mittels zur Selbsterhaltung hergeleitet.

Der *Staat* ist um des Menschen willen da, nicht der Mensch um des Staates willen. Seine Funktion besteht also allein darin, die zur staatlichen Gemeinschaft gehörenden Menschen zu schützen und zu fördern. Den Staatsbürgern hat alles staatliche Tun zu dienen.

Nach dieser *anthropozentrischen Auffassung* müssen die Menschen, die zur staatlichen Gemeinschaft gehören, mit ihren Bedürfnissen, Interessen, Zielen und Wertvorstellungen in einem demokratischen Gemeinwesen Ausgangspunkt aller Staatsfunktionen sein.

In diesem Sinne darf der Staat seinen Machtbereich nicht um seiner selbst willen ausdehnen und jede Art von Politik darf danach nur den Sinn haben, die Situation der Staatsbürger zu verbessern. *Mangels Eigenwerts muss (soll) der Staat alle seine Entscheidungen rechtfertigen und darf – im Gegensatz zum Bürger – keine willkürlichen Entscheidungen treffen.*

5.1.2 Der Staat als Wirtschaftssubjekt und Entscheidungsträger

Der *Staat* kann als Gesamtheit aller öffentlichen Wirtschaftssubjekte und Entscheidungsträger angesehen werden. Seine Sonderstellung besteht darin, dass er seinem *Wesen* nach seine Bedürfnisse und Ziele aus den Bedürfnissen und Zielen seiner Staatsbürger ableitet und zu deren Realisierung die notwendigen Mittel von seinen Bürgern einfordert.

Bei Marktversagen und zur Durchsetzung gesellschaftlicher Wertvorstellungen muss der Staat führend, korrigierend und unterstützend am Wirtschaftsleben teilnehmen. Er ist Entscheidungsträger für den *öffentlichen Sektor*. Die öffentlichen Wirtschaftssubjekte umfassen:

1) die öffentlichen Rechtsträger oder *Gebietskörperschaften* Bund, Länder und Gemeinden, Sozialversicherung, Kammern und Fonds,
2) die öffentlichen Unternehmungen oder Betriebe der öffentlichen Hand (Zentralbank, Eisenbahnen, Wasserwerke, Spitäler) und
3) die (wirtschafts-) politischen Instanzen Gesetzgeber (Parlament, Landtage etc.), Regierung usw..

Der Staat kann

– Unternehmer,
– Haushalt und
– Gestalter der Wirtschaftslenkung

sein.

5.1.3 Aufgaben und Ziele des Staates (der öffentlichen Haushalte)

5.1.3.1 Orientierung an gesellschaftlichen Zielen

Grundsätzlich orientiert sich der Staat an *gesellschaftlichen Zielen*:

1) Gerechtigkeit,
2) Freiheit,
3) Wohlstand,
4) Sicherheit,
5) Fortschritt,
6) Rationalität,
7) Demokratie

Sie müssen im Prozess der politischen Willensbildung fixiert und konkretisiert werden, da sie sonst als Leerformeln anzusehen sind.

5.1.3.2 Orientierung an der multiplen Theorie des öffentlichen Haushaltes

In der *multiplen Theorie des öffentlichen Haushalts* werden drei Ziele genannt:

1) das *Allokationsziel:* Bereitstellung öffentlicher Güter und Aufteilung der Ressourcen auf öffentliche und private Güter durch eventuelle Regulierungen,
2) das *Distributionsziel*: Korrektur der Verteilung von Einkommen und Vermögen,
3) das *Stabilisierungsziel*: Aufrechterhaltung von Vollbeschäftigung, Preisniveau, Wachstum und einer ausgeglichenen Zahlungsbilanz.

5.1.3.2.1 Das Allokationsziel

Es besteht in der Befriedigung öffentlicher Bedürfnisse mit öffentlichen Gütern. Der Grund für das Eingreifen des Staates liegt im *Marktversagen,* das wiederum besonders auf vier Ursachen zurückgeführt werden kann:

1) Bei der Bereitstellung öffentlicher Güter treten externe Effekte auf.
2) Das Ausschlussprinzip ist unwirksam, private Kosten und Nutzen können nicht internalisiert werden.
3) Unternehmerleistung würde keine Erlöse bringen.
4) Konsumentenpräferenzen sind gestört.

Daraus ergibt sich die Aufgabe des Staates, durch Steuererhebung die Bereitstellung öffentlicher Güter zu finanzieren.

5.1.3.2.2 Das Distributionsziel

In einer Demokratie hat der Staat alle seine Bürger zu fördern und ihre Wohlfahrt zu maximieren. Er darf Ausgrenzungen nicht zulassen. In einer Marktwirtschaft hängt das Einkommen, das eine elementare Wirtschaftseinheit erzielt, von vielen Faktoren ab. Die wichtigsten Faktoren sind Vermögen an Produktionsgütern, persönliche Fähigkeiten, Leistungsfähigkeit und der Leistungswille. Aufgrund der ungleichen Ausstattung der einzelnen elementaren Wirtschaftseinheiten mit diesen Faktoren ergibt sich eine sehr ungleichmäßige *primäre Einkommensverteilung*. Es kann zu einer wirtschaftlichen Ausgrenzung kommen, wenn eine Person unfähig ist, aufgrund ihrer Fähigkeiten und Faktorausstattung ein entsprechendes oder überhaupt ein Einkommen zu erzielen.

Das Distributionsziel besteht nun darin, durch *Sekundärverteilung* die Wohlfahrt der Gemeinschaft zu optimieren. Das erfolgt über die Besteuerung von Empfängern höherer Einkommen und *Transferzahlungen* an jene, die über den Markt kein entsprechendes Einkommen erzielen.

5.1.3.2.3 Das Stabilisierungsziel

Es umfasst die zentralen Ziele der Wirtschaftspolitik, die auch als *magisches Drei- bzw. Viereck* bezeichnet werden, weil sie gleichzeitig nur schwer realisiert werden können:

- Vollbeschäftigung für alle Staatsbürger,
- Währungsstabilität,
- eine ausgeglichene Zahlungsbilanz und
- Wohlstandsteigerung für alle Staatsbürger.

5.2 Die öffentlichen Einnahmen

Zur Realisierung seiner Aufgaben stehen dem Staat Mittel zur Verfügung, die nur zu einem kleinen Teil aus eigenen wirtschaftlichen Tätigkeiten kommen. Der überwiegende Teil wird aufgrund hoheitlicher Funktionen (Gesetze, Verordnungen) als Zwangseinnahmen ohne spezielle Gegenleistungen von den privaten Wirtschaftssubjekten aufgebracht.

5.2.1 Öffentliche Einnahmen: Überblick

Die öffentlichen Einnahmen bestehen aus

1) ordentlichen oder *Zwangseinnahmen:* Steuern als Zwangseinnahmen ohne spezifische Gegenleistung, Gebühren und Beiträge (Sozialversicherungsbeiträge, Fremdenverkehrsabgabe) für spezifische Leistungen.
2) außerordentlichen Einnahmen: das sind öffentliche Kredite (Netto-Neuverschuldung).
3) Sonstigen Einnahmen: das sind Erwerbseinkünfte aus öffentlichen Unternehmungen.

5.2.2 Grundlagen der Besteuerung

5.2.2.1 Definition der Steuer

Steuern sind *Zwangsabgaben* an den Staat, denen keine speziellen Gegenleistungen gegenüberstehen.

Dagegen sind *Erwerbseinkünfte* ein spezielles Entgelt für Leistungen des Staates, die vom Käufer aufgrund freier Kaufentscheidungen marktmäßig zu einem bestimmten Preis in Anspruch genommen werden. Die Grundlage für die Erzielung von Erwerbseinkünften bildet das öffentliche *Erwerbsvermögen* (Versorgungs-, Verkehrs-, land- und forstwirtschaftliche, gewerbliche, industrielle, Bank-, Spar- und Kreditunternehmungen.).

Gebühren und *Beiträge* stellen ein Entgelt für besondere Leistungen des Staates dar.

Öffentliche Kredite sind außerordentliche Einnahmen. Sie belasten den Staatsbürger erst mit der Rück- und Zinsenzahlung.

Sozialversicherungsbeiträge sind Zwangseinnahmen, für die jedoch eine spezielle Gegenleistung (Schutz vor Krankheit, Unfällen, Alter, Arbeitslosigkeit) erbracht wird, die aber entweder überhaupt nicht oder erst später beansprucht wird.

Bei den Sozialversicherungsbeiträgen kann es zu personeller, intertemporaler und intergenerativer Umverteilung kommen.

5.2.2.2 Funktionen und Zwecke der Steuern

Die Besteuerung dient dem Staat zur Verwirklichung seiner Ziele. Es werden zwei *Funktionen* unterschieden:

1) *Mittelbeschaffungsfunktion* oder fiskalischer Steuerzweck und
2) *Wirkungsfunktion*.

Die Wirkungsfunktion kann verschiedene Zwecke haben:

1) einen sozialpolitischen Steuerzweck: Durch die fortschreitende Arbeitsteilung wurde die Subsistenzwirtschaft und damit die Großfamilie verdrängt, gleichzeitig aber auch ihre soziale Funktion zerstört. Sozialreformer fordern daher entsprechende staatliche Aktivitäten: Sozialpolitik und Altersversorgung.
2) einen konjunkturpolitischen Steuerzweck (Beschäftigungspolitik) und
3) einen allokationspolitischen Steuerzweck (angebotsorientierte Konjunkturpolitik).

5.2.2.3 Prinzipien der Besteuerung

Adam Smith hat die ersten vier Grundregeln der Besteuerung aufgestellt. Sie wurden durch die modernen Prinzipien der Steuerlastverteilung ergänzt:

1) *Gleichmäßigkeit* (*Allgemeinheit*): Alle Bürger werden zur Steuerleistung herangezogen.
2) *Bestimmtheit*: Jeder Steuerpflichtige weiß, was er an Steuern an den Staat abzuführen hat. Gegen die Willkür und für die Rechtsstaatlichkeit sind Steuersubjekt, Steuerobjekt und Steuersatz bestimmt.
3) *Bequemlichkeit*: Termine und Zahlungsbedingungen sollen bürgerfreundlich ausgestaltet werden.
4) *Billigkeit*: Kosten der Steuererhebung sind zu minimieren und das Steuersystem zu vereinfachen.
5) *Äquivalenzprinzip*: Jeder Bürger soll nach seiner Inanspruchnahme staatlicher Leistungen besteuert werden. Die Schutzfunktionen Justizwesen und militärischer Schutz werden proportional zum Vermögen beansprucht (Assekuranzdenken, Anspruchsdenken!).
6) *Leistungsfähigkeitsprinzip*: Stellt eine Gerechtigkeitsnorm (nach Neumark) dar, in der die Grundsätze „Allgemeinheit, Gleichheit und Verhältnismäßigkeit" enthalten sind. Es bleibt Aufgabe der Gesetzgeber, die Frage zu klären, ob die Leistungsfähigkeit des *Zensiten* (*Steuerpflichtigen*) mit steigendem Einkommen, Vermögen und Konsum grundsätzlich, proportional oder überproportional steigt.
7) *Prinzip der steuerlichen Umverteilung*: Einkommensumverteilung wird zur Verbesserung der sozialen Sicherheit und Zufriedenheit gefordert. Es kann zum Ausgleich der Regressionswirkungen der indirekten Steuern durchgesetzt werden, da diese – was den meisten Bürgern nicht bekannt ist – die unteren Einkommensschichten besonders belasten (Neutralitätspostulat).

5.2.2.4 Gliederung der Steuern:

Die verschiedenen Arten von Steuern können in vier Gruppen zusammengefasst werden:

1) Einkommen- und Körperschaftsteuern: Die *Einkommensteuer* trifft die natürlichen Personen, die *Körperschaftsteuer* die juristischen Personen.
2) Vermögen- und Erbschaftsteuer
3) Ertragsteuern: Das sind die Grund- und Gewerbesteuer.
4) Umsatz- und Verbrauchsteuern. *Umsatzsteuern* sind: Mehrwertsteuer (Value added tax), und Einfuhrumsatzsteuer. Zu den *Verbrauchsteuern* auf spezielle Güte zählen: Tabaksteuer, Branntweinsteuer, Biersteuer, Kaffeesteuer, Schaumweinsteuer, Mineralölsteuer, Heizölsteuer, Energiesteuer, Kraftfahrzeugsteuer, Abwasserabgabe.

5.2.2.5 Grundbegriffe der Steuerlehre

5.2.2.5.1 Steuersubjekt

Steuersubjekt sind die steuerpflichtigen Personen oder Personengruppen, die meist auch Steuerschuldner und Steuerzahler sind. Ausnahme beim Quellenabzugsverfahren. Steuerträger ist, wer letztlich die Steuer zu tragen hat.

5.2.2.5.2 Steuerobjekt

Die Steuerbemessungsgrundlage quantifiziert den *Steuergegenstand*. Unterschieden wird zwischen spezifischer (bezogen auf eine Mengeneinheit: bei Kaffeesteuer) Steuer und Wertsteuer.

1) Das *Einkommen*: Ermöglicht die Anwendung des Prinzips der Leistungsfähigkeit. Basis ist die Reinvermögenszugangstheorie oder die Quellentheorie. Nach dem Reinvermögenszugangskonzept wäre eine Erbschaft oder Schenkung auch als Einkommen zu versteuern. Nach der Quellentheorie sind nur aus dauernden Quellen fließende Einkünfte als Einkommen anzusehen. Ein Problem ergibt sich hinsichtlich Berücksichtigung von Eigenverbrauch, fiktiver Miete, Verwendung von Freizeit und Müßiggang.
2) Die *Ausgaben*: Spezielle Ausgabensteuern (Verbrauchssteuern) sind Mineralölsteuer, Luxussteuern sowie Alkoholsteuer und Tabaksteuer (auf demeritorischen Gütern). Allgemeine *Ausgabensteuern* sind Umsatzsteuern. Probleme sind die horizontale und vertikale Gerechtigkeit. Auf das Einkommen bezogen sind diese Steuern horizontal ungerecht, wenn Familien mit unterschiedlich

viel Kindern verglichen werden. Sie sind vertikal ungerecht, wenn die durchschnittlichen Konsumquoten mit steigendem Einkommen abnehmen. Alle allgemeinen Verbrauchssteuern haben Regressionswirkung.

3) Das *Vermögen*: Grundsätzlich kann der Vermögensbesitz und der Vermögensübergang besteuert werden. Einzelne Vermögensgüter werden bei der Grundsteuer und der Gewerbekapitalsteuer besteuert (Objektsteuer). Dadurch kann die Vermögensverteilung beeinflusst werden (*Substanzsteuer*). Bei der persönlichen Vermögensteuer wird das Gesamtvermögen besteuert. Erbschaft- und Schenkungsteuer sind beim Vermögensübergang zu zahlen.

5.2.2.5.3 Steuertarif

Der *Steuertarif* ist das Maß steuerlicher Belastung. Der *Steuerbetrag* ist die absolute Größe der Steuerschuld. Er ist eine Funktion der Bemessungsgrundlage.

Der Durchschnittsteuersatz gibt an wie viel Prozent der Bemessungsgrundlage an Steuer zu zahlen ist.

Der *Grenzsteuersatz* ist der Steuersatz, der für eine zusätzliche Einheit der Bemessungsgrundlage angewendet wird.

Es gibt folgende Tariftypen:

1) *Proportionaler Steuertarif*: Für jede Höhe der Steuerbemessungsgrundlage ist ein konstanter Durchschnittsteuersatz a anzuwenden.
2) *Progressiver Steuertarif*: Der Durchschnittsteuersatz steigt mit der Bemessungsgrundlage entweder indirekt nach Berücksichtigung eines Freibetrages, oder direkt (direkte Progression). Durchschnitts- und Grenzsteuersatz steigen also mit der Bemessungsgrundlage. Man unterscheidet lineare, beschleunigte und verzögerte Progression, wobei der Zuwachs des Durchschnittsteuersatzes mit steigender Bemessungsgrundlage gleich bleibt, steigt oder fällt.
3) *Regressiver Steuertarif*: Der Durchschnittssteuertarif nimmt mit der Bemessungsgrundlage ab. Eine indirekte Regression wird durch einen Festbetrag (Kopfsteuer) bei sonst proportionalem Tarif erreicht. Direkte Regression entsteht, wenn die Bemessungsgrundlage einen Exponenten kleiner als 1 hat.
Es ist grundsätzlich zwischen durchgehenden Tarifen und Bereichsstufentarifen zu unterscheiden.

5.2.2.6 Steuerwirkungen

5.2.2.6.1 Leistungsanreize

Die Steuerbelastung kann sich auf die Steuermentalität, Steuermoral und das Leistungsverhalten von Steuersubjekten auswirken. Unter *Leistungsverhalten* versteht man die Bereitschaft, Leistungen auf dem Markt anzubieten. Durch Steuerbelastung kann es zum Steuerwiderstand, zu Steuerdelikten, Leistungsverweigerung, aber auch Leistungsansporn kommen.

Steuerhinterziehung und Steuerflucht ins Ausland sind illegale Formen der Steuerabwehr.

Steuervermeidung ist rechtlich zulässig. Einschränkung des Verbrauchs bei Verbrauchssteuern, Substitution von Arbeit durch Maschinen bei Lohnsummensteuer, Verkleinerung des Hubraumes bei Kfz-Steuer, Abwanderung in Steueroasen bei regional unterschiedlicher Steuerbelastung und weniger Arbeitsangebot bei Lohnsteuer sind einige Beispiele.

Zu Steuereinholung kann es durch Mehrleistung kommen, wenn der Grenzsteuersatz nicht eine psychologische Grenze überschreitet.

Einkommens- und Substitutionseffekt ergeben sich bei einer Pauschalbesteuerung bzw. proportionalen oder progressiven Einkommensteuer. Beim Einkommenseffekt versucht das Steuersubjekt durch Erhöhung der Arbeitszeit die Steuer einzuholen (zu kompensieren). Beim Substitutionseffekt wird weniger Leistung angeboten und mehr Freizeit konsumiert.

Das Ausweichen auf die Schattenwirtschaft ist eine weitere Anpassung an Steuererhöhungen. Die Staatätigkeit wird für den Staatsbürger durch folgende Merkmale erkennbar: Struktur der Ausgaben, Regulierungen (Arbeitszeiten, Pensionsalter, Schutzbestimmungen, Gewerbeordnung), Kontrollintensität, Strafausmaß und Steuerlast. Während Steuern, Gebühren, Beiträge, Regulierungen (Vorschriften) als Belastung empfunden werden, stellen öffentliche Ausgaben für Schulbücher, Zuschuss für Pensionen, Subventionen für Theater, Oper usw. eine Entlastung dar. Während die meisten Bürger Leistungen des Staates gerne beanspruchen, versuchen sie häufig, den Belastungen auszuweichen. Dies hat neben anderen Wirkungen die Herausbildung einer Schattenwirtschaft zur Folge. Verkürzte wöchentliche Arbeitszeit und Herabsetzung des Pensionsalters erhöhen das Angebot am informellen Arbeitsmarkt (illegaler Arbeitsmarkt). Zunehmende marginale Ausgabenbelastung begünstigt Schwarzarbeit, Untergrundwirtschaft, Nichtfakturierung, Verlagerung zur Eigenproduktion.

Die „*Laffer-Hypothese*" stellt eine Beziehung zwischen Steuerquote und Sozialprodukt dar. Dabei wird angenommen, dass das Steueraufkommen mit einer von null steigenden Steuerquote bis zu einem Maximum steigt und dann wieder sinkt. Danach gibt es eine Steuerquote mit einem maximalen Steueraufkommen.

5.2.2.6.2 Steuerüberwälzung

Steuerüberwälzung bedeutet, dass eine neue Steuer oder eine Steuererhöhung einer anderen Person oder Personengruppe über den Preisbildungsprozess angelastet wird. Die *Inzidenz* stellt die Lokalisierung der endgültigen oder monetären Belastung durch die Steuer dar. *Steuerinzidenz* ist auch die Änderung der Einkommensverteilung als Folge einer Substitution einer Steuer durch eine andere bei gleichem Steueraufkommen. Die gesetzliche Inzidenz nennt jenen, der die Steuer laut Gesetz tragen sollte. Die formale Inzidenz weicht von der Zahllast ab. Bei der Mehrwertsteuer sind die Konsumenten Steuerdestinatare und die Unternehmer Steuerzahler. Die effektive Inzidenz wird demnach von der formalen abweichen. Dadurch kann eine andere Steuerwirkung eintreten als die gewünschte.

5.2.2.6.3 Verteilungswirkungen

Zwischen verteilungs- und stabilitätspolitischer Zielsetzung (Wirkung) kann es zu Unvereinbarkeiten kommen. Wenn in der Hochkonjunktur Masseneinkommen aus stabilitätspolitischen Überlegungen belastet werden (zur Dämpfung der Nachfrage), ergibt sich ein Widerspruch zur verteilungspolitischen Zielsetzung, da man die niedrigen Einkommen nicht zusätzlich verringern möchte. In einer Phase der Rezession müssten Masseneinkommen aus stabilitätspolitischen Überlegungen entlastet werden, was auch der verteilungspolitischen Zielsetzung entspräche.

Unter funktioneller Einkommensverteilung wird die Aufteilung des (Volks-) Einkommens auf Arbeit und Kapital verstanden. In verschiedenen Modellen kann gezeigt werden, dass Umsatz- und Gewinnsteuern überwälzbar sind, dass somit Steuererhöhungen hauptsächlich zu Lasten der unselbständigen Lohnempfänger gehen. Die personelle Einkommensverteilung zeigt die Verteilung des Gesamteinkommens auf Personengruppen. Die Einkommensteuer wirkt, wenn sie progressiv ist, nivellierend. Zu berücksichtigen sind Abzugsbetragsregelungen (Grundfreibeträge) und Tarifwahrheit (Stimmen erzielte Einkommen mit den deklarierten Einkommen überein?). Die Verteilungswirkung bei den einzelnen Einkommensklassen ergibt sich als Differenz zwischen Einkommen vor und nach der Steuer.

Die Vermögensverteilung wird durch Erbschaft-, Schenkung- und Vermögensteuer beeinflusst.

5.3 Die öffentlichen Ausgaben

Die öffentlichen Ausgaben werden nach verschiedenen Kriterien in Gruppen zusammengefasst:

1) Gliederung nach dem *Funktionalprinzip:* Ausgaben für die Ausgabenbereiche Verteidigung, Bildung, soziale Sicherheit, Verkehrswesen...

2) Gliederung nach dem *Ministerial- oder Ressortprinzip:* Ausgaben des Bundesministeriums für Wissenschaft und Forschung, des Bundesministeriums für ...

3) Ausgaben für *Güter und Dienstleistungen:* Sie sind Teil des Sozialproduktes und vermehren somit das Volkseinkommen (Löhne, Gehälter, Gewinne, Zinsen). Sie können dabei entweder direkt vom Staat bezogen werden (Personalausgaben für Staatsbedienstete) oder über Aufträge an private Firmen zu Einkommen führen.

4) *Transferzahlungen:* Sie stellen keine Einkommen aus produktiven Tätigkeiten dar und werden ohne Gegenleistung ausgezahlt. Sie können an Haushalte als soziale Leistungen, an Unternehmungen als Subventionen und als Staatsschuldzinsen gezahlt werden.

5) Gliederung in *Staatsverbrauch* oder staatlichen Konsum und staatliche Investitionen.

6) Es gibt auch noch *verdeckte Staatsausgaben* in der Form von Steuerbegünstigungen und Ausgliederungen, die als *Flucht aus dem Budget* bezeichnet werden. Dabei übernehmen parafiskalische oder öffentlich- und privatrechtlich gemischte Gebilde staatliche Funktionen, die nicht budgetierungspflichtig sind: ÖBB, Bundesimmobiliengesellschaft, Museumsquartier-, Errichtungs- und Betreibungsgesellschaft, Österreichische Bundesfinanzierungsagentur etc.

7) *Eventualausgaben* sind öffentliche Gewährleistungen in Form von Kreditbürgschaften, Exportgarantien und Verlustdeckungsgarantien, die nur dann zu Ausgaben werden, wenn ein entsprechender Schadensfall eintritt.

5.3.1 Die öffentlichen Güter

Öffentliche Güter (social goods proper oder soziale Güter) sind solche, die wegen ihrer Eigenschaften nicht von privaten Unternehmern über den Markt angeboten werden.

5.3.1.1 Reine oder spezifisch öffentliche Güter:

Charakteristisch für diese Güter ist:

1) das Ausschlussprinzip ist nicht anwendbar,
2) es bestehen hohe positive externe Effekte und

3) Nichtrivalität.

5.3.1.2 Unreine öffentliche Güter:

Wenn hingegen Rivalität um die Nutzung eines Gutes besteht, können folgende begrenzt öffentliche Güter unterschieden werden:

1) *nationale öffentliche Güter,* wenn die Kapazität gerade für das Staatsvolk ausreicht,
2) *lokale öffentliche Güter,* wenn die Kapazität nur für einen kleineren Bevölkerungskreis (Parkplätze nur für Anrainer) ausreicht, und
3) *Klubgüter,* wenn das Ausschlussprinzip anwendbar ist.

Wenn bei unreinen öffentlichen Gütern die Kapazitätsgrenze überschritten wird, kommt es zu Staus, Warteschlangen, Mangelerscheinungen, Engpässen und Unzufriedenheit (Bedürfnisbefriedigung wird nicht erreicht.). Es kommt zu Nutzeneinbußen oder negativen externen Effekten der Konsumrivalität. Zeitverlust führt zu Zeitkosten, Gedränge führt zu Unlust etc. Die Internalisierung der negativen externen Effekte könnte durch Gebühren, Beiträge und andere Auflagen erreicht werden.

5.3.1.3 Meritorische und demeritorische Güter, Ubiquitäten:

Private und öffentliche Güter dienen der Befriedigung von Bedürfnissen mit individuellen Präferenzen. Bei *meritorischen* (verdienstvollen) *Gütern* sind die gesellschaftlichen (kollektiven) Präferenzen entscheidend. Meritorische Güter haben für die Gesellschaft größere Bedeutung als für das Individuum. Politische Entscheidungsträger rechtfertigen ihre Eingriffe in die Konsumentensouveränität damit, dass sie Präferenzverzerrungen bei den Bürgern korrigieren müssen.

Es gehört zum Wesen solcher Güter, dass das Ausschlussprinzip nur auf Teile des Nutzens anwendbar ist: Bildung, Impfschutz, Sozialversicherung.

Freie Güter oder *Ubiquitäten* (ubique=überall) wie Luft, Wasser, Umwelt und Boden bis zur Bodensperre unterlagen in der Vergangenheit keinen Knappheitsbedingungen und ihr Preis war null. Die Entwicklung der Bevölkerung und der Wirtschaft haben aber eine neue Situation geschaffen. Sie müssen jetzt geschützt, erhalten und menschengerecht erhalten werden.

Die *demeritorischen Güter* Rauschgift, Alkohol, Tabak, lärmende Aktivitäten, Umweltbelastungen u. a. können teilweise zur Internalisierung der negativen Effekte führen. Meritorik kann zu Paternalismus führen.

5.3.1.4 Öffentliche Übel und soziale Kosten:

Die Internalisierung negativer Effekte (Umweltverschmutzung, Belästigung etc.) wird nach dem *Gemeinlastprinzip* erfolgen, solange sie unmerklich erfolgen kann. Diese Vorgangsweise ist ungerecht und kann weder nach allokativen noch nach verteilungspolitischen Grundsätzen geduldet werden. Beim *Verursacherprinzip* wird die Internalisierung (Zurechnung oder Einbeziehung von Kosten oder externen Effekten) durch direkte Belastung des Verursachers vorgenommen. Negative externe Effekte werden durch Umwandlung in Kosten der Verursacher internalisiert.

5.3.2 Die Ausgabenentwicklung

5.3.2.1 Messung des Anteils des Staates am Wirtschaftsgeschehen: Staatsquote

Die *Staatsquote* stellt als Verhältnis der gesamten staatlichen Ausgaben zum Bruttosozialprodukt eine „unechte" Quote dar. Unecht wird sie genannt, weil bei ihrer Berechnung im Zähler Ausgaben enthalten sind, die nicht im Nenner enthalten sind. *Transferzahlungen* stellen nur eine Einkommensumverteilung, aber keine Einkommensschöpfung wie Ausgaben für Güter und Leistungen dar.

Eine „echte" Quote stellen nur Verhältnisse von Größen dar, die sowohl im Zähler als auch im Nenner enthalten sind. Dennoch stellt die Staatsquote eine aussagekräftige Größe zur Messung des Anteils des Staates am Wirtschaftsgeschehen dar.

5.3.2.2 Zunahme der Staatsausgaben

In den meisten demokratischen Staaten ist eine Zunahme der Staatstätigkeit gemessen an den Staatsausgaben feststellbar. Die Staatsquote steigt. Damit entstehen neben den Annehmlichkeiten auch große Probleme.

5.3.2.3 Ursachen der zunehmenden Staatsausgaben

5.3.2.3.1 Funktionsanhäufung des Staates

Der Staat entwickelt sich vom Nachtwächterstaat zum Wohlfahrtsstaat mit einer Vielzahl von Aufgaben (*Wagnersches Gesetz*).

5.3.2.3.2 Hochtechnisierte Produktion

Hohe Einkommen können im hochtechnisierten Bereich realisiert werden. Ein solcher setzt verschiedene öffentliche Tätigkeiten voraus: öffentliche Infrastruktur im Bereich Verkehr, Nachrichten, Ausbildung, Forschung, Risikokapitalverfügbarkeit.

5.3.2.3.3 Technischer Fortschritt

Die Umsetzung technischen Fortschritts ist über den Markt oft nicht möglich. Es ist eine Zusammenarbeit auf volkswirtschaftlicher Ebene zwischen Staat und Unternehmungen notwendig: Eisenbahn, Flugzeugbau, Atomindustrie, elektronische Datenübertragung (Verkabelung).

5.3.2.3.4 Das Arnold Brechtsche Gesetz

Gemeindeausgaben pro Kopf steigen mit zunehmender Agglomeration der Bevölkerung. Bei zunehmender Agglomeration werden Infrastrukturinvestitionen großen Ausmaßes notwendig. Daneben sind aber gleichzeitig steigende Skalenerträge möglich, die zu sinkenden Pro-Kopf-Ausgaben führen.

5.3.2.3.5 Beharrungsvermögen der Exekutive

Weniger dringlich werdende Ausgaben werden nicht eingespart. Das kann auch durch die Haushaltsaufstellung von unten nach oben erklärt werden.

5.3.2.3.6 Das mangelnde Kostenbewusstsein der Bürger bei öffentlichen Leistungen – die Finanzierungsillusion

Vielen Bürgern geht der Zusammenhang zwischen den Kosten öffentlicher Leistungen und den dafür in der Form von Steuern aufgebürdeten Gegenleistungen verloren. Besonders vor Wahlen ist die Regierung versucht, spektakuläre und öffentlichkeitswirksame Leistungen auszuweiten und diese mit kaum merkbaren Einnahmearten zu finanzieren. Besonders beliebte Finanzierungsarten sind die Staatsverschuldung und indirekte Steuern. Bei indirekten Steuern werden die Empfänger niedriger Einkommen sogar stärker belastet als die Empfänger hoher Einkommen, da bei letzteren nur ein nach oben kleiner werdender Teil des Einkommens dieser Steuer unterworfen wird. Die Steigerung der Staatsquote wird von den Bürgern nur hingenommen, solange die Finanzierungsillusion besteht. Erkennt ein Bürger diesen Irrtum, dann wird er Steuerwiderstand leisten und die

Staatsverdrossenheit steigt. Es kommt zur zunehmenden Flucht in die Schatten-wirtschaft.

5.3.2.3.7 Die Kosten-Effizienz-Schere im öffentlichen Sektor

Die Kosten öffentlicher Dienstleistungen steigen überproportional und Produkti-vitätssteigerungen werden kaum realisiert.

5.3.2.3.8 Das Popitzsche Gesetz

Im öffentlichen Sektor kann eine Anziehungskraft des Zentralstaates gegenüber untergeordneten Gebietskörperschaften festgestellt werden. Daraus ergibt sich eine *Gewichtsverlagerung nach oben*. Örtlich erfolgreiche Leistungen werden auf das gesamte Staatsgebiet ausgedehnt.

5.3.2.3.9 Steigende Transferzahlungen

Transferzahlungen sind einseitige Kaufkraftübertragungen durch den Staat.
Ziele von Transferzahlungen sind:

1) Vermeidung sozialer Härten und
2) Begünstigung bestimmter Aktivitäten und Entwicklungen.

Soziale Härten sollen durch ein soziales Sicherungssystem vermieden werde. Zur Ausgestaltung werden folgende Prinzipien angewendet:

1) *Das Subsidiaritätsprinzip*: Alle Lebensaufgaben und Probleme sollen mög-lichst vom Individuum (der EWE) gelöst werden. Ist dazu das Individuum nicht in der Lage, soll die Gemeinschaft subsidiär eintreten.
2) Das *Kausalprinzip*: Bei Krankheit wäre Krankengeld, bei Arbeitslosigkeit Ar-beitslosengeld, bei Alter Altersrente zu zahlen.
3) Das *Versicherungsprinzip*: Beim reinen Versicherungsprinzip bringt eine Ri-sikogemeinschaft gemeinsam jenen Betrag auf (nach dem *Äquivalenzprinzip*) der zur Deckung von Schäden einzelner Mitglieder notwendig ist. In der Sozi-alversicherung findet dieses Prinzip nur noch teilweise Anwendung. Hier wird der Generationenvertrag, der auf dem *Umlageverfahren* beruht, angewendet. Die *Beitragsäquivalenz* wird häufig durchbrochen: Verlängerung der Ausbil-dungszeit, Verkürzung der Lebensarbeitszeit, Frühpensionen, etc.
4) Das *Versorgungsprinzip*: Ein Beispiel stellt die Kriegsopferversorgung dar. Die Empfänger entsprechender Leistungen werden für erbrachte Opfer ent-schädigt.

5) Das *Fürsorgeprinzip*: Nach diesem Prinzip werden Leistungen subsidiär erbracht, wenn eine Notlage anders nicht überwunden werden kann (Sozialhilfe, Notstandsgeld, …).

5.4 Der Bundeshaushalt

Stellvertretend für die vielen selbständigen Einheiten (Bund, Länder, Gemeinden, Sozialversicherungen usw.) soll hier nur der Bundeshaushalt näher betrachtet werden.

5.4.1 Allgemeine Grundlagen

5.4.1.1 Definition

Unter Budget versteht man die in regelmäßigen Abständen vorgenommene systematische Zusammenstellung der prinzipiell vollzugsverbindlichen Voranschläge der für einen bestimmten zukünftigen Zeitraum geplanten Ausgaben und der Schätzung der zur Deckung dieser Ausgaben vorgesehenen Einnahmen (Definition nach Neumark).

5.4.1.2. Budgetgrundsätze

Die folgenden Budgetgrundsätze haben sich als sinnvoll erwiesen:

1) *Vollständigkeit*: Alle Einnahmen, Ausgaben und Verpflichtungsermächtigungen für die Zukunft müssen ausgewiesen werden.
2) *Klarheit*: Herkunft und Zweckbestimmung der Mittel muss klar ersichtlich sein. Überblick und Einblick!
3) *Einheit*: Verbot von Nebenbudgets.
4) *Genauigkeit*: Keine geheimen Reserven.
5) *Vorherigkeit*: Das Budget muss erstellt werden, bevor die Ausgaben getätigt werden.
6) *Quantitative Spezialität*: Ausgaben dürfen nur in der vorgesehenen Höhe getätigt werden.
7) *Qualitative Spezialität*: Mittel dürfen nur für den angegebenen Zweck verwendet werden.
8) *Zeitliche Spezialität*: Ausgaben dürfen nur innerhalb der vorgesehenen Periode getätigt werden.

128

9) *Öffentlichkeit*: Jeder Staatsbürger soll sich ein Bild über Ausgaben und ihre Verwendung machen können. Ausnahmen gibt es, sind aber problematisch: Geheimdienste, Reptilienfonds des Kanzlers.

10) *Nonaffektation*: Verbot der Zweckbindung von Einnahmen. Ausnahmen sind auch hier problematisch: Mineralölsteuer

11) *Jährlichkeit*: Die Regierung muss sich regelmäßig der Legislative stellen. Ihre Entscheidungsfreiheit wird eingeengt.

12) *Fälligkeit*: Kassenwirksamkeit. Ausgaben sind von Verpflichtungsermächtigungen zu trennen. Folgekosten von öffentlichen Investitionen werden im Rahmen der Budgetgrundsätze immer häufiger vernachlässigt.

13) *Haushaltsgleichgewicht*: Nach diesem Grundsatz soll Gleichgewicht zwischen Ausgaben und Einnahmen bestehen.

Da es sich bei den Ausgaben und Einnahmen um geplante beziehungsweise geschätzte Größen handelt, kann das geplante Gleichgewicht oft nicht eingehalten werden. Wenn die tatsächlichen Steuereinnahmen geringer ausfallen als die geschätzten Steuereinnahmen, wird das Defizit häufig durch Kredite finanziert. Diese Lösung ist für die Regierung angenehm, weil sie kurzfristig den Steuerzahler nicht spürbar belastet. Sie führt zur so genannten Anleihenillusionen, weil sich die Gläubiger reicher fühlen und durch Steuererhöhungen nicht belastet werden. Wenn dadurch für private Investitionen weniger Kapital zur Verfügung steht, spricht man vom Verdrängen privater Investoren durch den Staat, dem „crowding-out".

Wenn Budgetdefizite zwar durch Staatsverschuldung ausgeglichen werden, bei Überschüssen Staatsschulden aber nicht abgebaut werden, kommt es zur so genannten Parallelpolitik, die die Konjunkturzyklen verschärft.

5.4.1.3. Gliederung des Budgets

Das Budget besteht aus

1) Einzelplänen je Verwaltungszweig (Ministerium, Bundespräsident, Nationalrat, Bundesrat ...),
2) Gesamtplan und
3) Anlagen zur Erklärung.

Daneben werden auch Pläne über einzelne Sachgebiete: Finanzschulden, Personalausgaben, Sachausgaben etc. dargelegt.

5.4.1.4. Budgetkreislauf oder -phasen

Jedes Budget durchläuft vier Phasen:

1) Erstellung des Budgetentwurfes
2) Parlamentarische Beratungen
3) Vollzug
4) Kontrolle (Rechnungsprüfungshöfe oder Rechnungshof und interne Kontrollen)

5.4.2 Staatsquoten

Die Staatsanteile an den wirtschaftlichen Aktivitäten in einer Volkswirtschaft werden durch *Staatsquoten* gemessen. Als Bezugsgröße wird entweder das Bruttoinlandsprodukt oder das Bruttosozialprodukt zu Marktpreisen verwendet. Wichtige Staatsquoten sind:

1) *Staatsausgabengesamtquote* q_{Ages}: Hier werden möglichst alle unter staatlichem Einfluss stehenden Ausgaben berücksichtigt. Die aussagekräftigste Größe stellen die wirksamen Ausgaben aller öffentlich-rechtlichen Körperschaften dar. Die Quote kann 80 % und mehr betragen.
2) *Staatsausgabenquote* q_A: Berücksichtigt man nur die Ausgaben der Gebietskörperschaften, erhält man die *verkleinerte Staatsausgabenquote*.
3) *Steuerquote* q_T: Durch sie wird das Steueraufkommen dem BIP gegenübergestellt.
4) *Abgabenquote* q_E: Wenn man alle Steuer- und Sozialversicherungseinnahmen berücksichtigt, erhält man die Abgabenquote. Sie betrug in den letzten Jahren über 40 %.
5) *Öffentliches Defizit:* Für das öffentliche Defizit werden 3,6 % des BIP als Schwellenwert akzeptiert. Es gibt aber Staaten, deren öffentliches Defizit 15 % und noch mehr ausmacht.
6) *Öffentliche Verschuldung:* Als Konvergenzkriterium im Vertrag von Maastricht gilt ein Schwellenwert von 60 % des BIP. In Österreich lag die öffentliche Verschuldung schon bei 70 % (1995 und 1996).
   Im internationalen Vergleich wird Österreich nur von Schweden bei allen obigen Quoten übertroffen.

5.4.3 Staatsverschuldung

5.4.3.1. Der Begriff

Wenn die Ausgaben des Staates höher sind als seine Einnahmen, ist er gezwungen, Kredite aufzunehmen, um durch den Ausgleichshaushalt im Budget einen Ausgleich herzustellen. Dadurch kommt es zur Staatsverschuldung. Nach dem Zweck oder der Funktion können zwei Arten öffentlicher Kredite unterschieden werde:

1) *Kassenkredite:* Sie werden zur kurzfristigen Überbrückung eines vorübergehenden Mangels an Kassenmitteln aufgenommen. Man spricht dabei von schwebenden Schulden. Sie bestehen aus *Buchkrediten* (Kontokorrentkrediten) und *Schatzwechsel* (Wertpapiere mit dreimonatiger Laufzeit, die von der Zentralbank zu dem von ihr festzulegenden Diskontsatz angekauft werden.).

2) *Haushaltskredite:* Diese dienen zur Deckung eines Budgetdefizites und stellen eine fundierte Schuld dar. Sie umfassen *Anleihen* (festverzinsliche Inhaberschuldverschreibungen und langfristige Wertpapiere), *Schuldscheindarlehen*, *Schatzanweisungen* (mittelfristige Wertpapiere) und *Kassenobligationen.*

5.4.3.2. Größenordnung und Entwicklung der Staatsverschuldung

Die öffentliche Verschuldung ist in den meisten Staaten hoch. In Österreich hatte sie 1996 fast 70 % des BIP erreicht. Wobei sich die Verschuldung des Bundes auf ca. 60 % des BIP belief.

Die Klassiker lehnten die Aufnahme öffentlicher Schulden überwiegend ab. Sie verwiesen auf die Verdrängung privater Nachfrage durch staatliche Nachfrage (crowding-out), auf steigende Steuerwiderstände bei steigender Staatsausgabenquote und auf die *Anleiheillusion,* die darin bestehe, dass sich Wirtschaftssubjekte bei Defizitfinanzierung reicher fühlen als sie wirklich sind.

Wenn Kredite bei der Zentralbank oder Geschäftsbanken aufgenommen werden, kommt es zur Geldschöpfung, sofern es nicht zur Verdrängung privater Kreditnachfrage kommt.

Wenn die Schuldtitel bei privaten Haushalten und Unternehmen untergebracht werden, wird die Geldmenge nicht vermehrt.

In beiden Fällen kommt es zu einer umgekehrten Wirkung, wenn die Kredite getilgt werde.

Solange es zu keiner Nettoschuldentilgung kommt, werden Tilgungen durch Neuverschuldung finanziert (Umschuldung). Dabei kann es zur Änderung der Gläubigerstruktur, Zinsstruktur und Fristigkeitsstruktur kommen. Durch eine gezielte Umschuldungspolitik (debt management) ist die Strukturänderung hinsichtlich ihrer Wirkungen zu optimieren.

Verschuldung kann eine Last für die gegenwärtige oder zukünftige Generation darstellen.

Die Kreditaufnahme des Staates kann mit einer sofortigen Konsumeinschränkung privater Wirtschaftssubjekte verbunden sein, wenn kein freiwilliger Konsumverzicht vorliegt.

Wenn zukünftige Generationen den Schuldendienst über zusätzliche Besteuerung leisten müssen, dann kommt es für sie zur *Verringerung des real verfügbaren Einkommens* und zu Wohlstandsverlusten.

Das *Äquivalenzprinzip* erfordert, dass bei der Finanzierung von Projekten, die zu künftigen Realeinkommenssteigerungen (oder Nutzensteigerungen) führen, auch Ausgabelasten auf zukünftige Generationen transferiert werden. Es wäre aber sichtlich ungerecht, zukünftige Generationen mit Konsumausgaben der Gegenwart zu belasten.

Zu einer Umverteilung anderer Art wird es kommen, wenn die Gläubiger des Staates nicht gleichzeitig die Zinsen auf Staatsschulden aufbringen müssen. Wenn man davon ausgeht, dass reiche Wirtschaftssubjekte die Schuldtitel halten, dann muss angenommen werden, dass diesen auch die Zinsen, die meist über den Sparzinsen liegen, zufließen. Daraus kann ein *Nettotransfer* von den Steuerzahlern zu den Staatsschuldgläubigern (den Reichen) abgeleitet werden.

Bei *Auslandsverschuldung* konsumiert die gegenwärtige Generation mehr als sie selbst produziert. Dieser Mehrkonsum muss durch einen *Minderkonsum zukünftiger Generationen* ausgeglichen werden, wenn das Defizit nicht für Investitionen mit einem entsprechend hohen internen Zinsfuß verwendet wurden.

5.4.3.3. Grenzen der Staatsverschuldung

Rechtliche Grenzen:
In Deutschland wird im Grundgesetz eine klare Grenze für die Verschuldung gezogen: „Die Einnahmen aus Krediten dürfen die Summe der im Haushaltsplan veranschlagten Ausgaben für Investitionen nicht überschreiten."

In Österreich gibt es diese Einschränkung nicht.

Ökonomische Grenzen:
Für jedes Land gibt es ökonomische Grenzen der Staatsverschuldung. Sie sind gegeben durch:

1) *Zinsbelastung*: Durch die Zinsbelastung wird der finanzielle Handlungsspielraum einer Regierung eingeengt. In Österreich stellen Zinsen für Staatsschulden bereits die wichtigste Position der Ausgaben dar!!!

2) *Steuerergiebigkeit*: Die Laffer-Kurve zeigt, dass bei steigender Steuerlast der Punkt erreicht werden kann, von dem an Steuereinnahmen sinken, obwohl die Steuersätze steigen. Von diesem Punkt an ist die Staatsschuld nicht mehr finanzierbar.

3) *Inflationsgefahr*: Wenn die Staatsverschuldung die gesamtwirtschaftliche Liquidität so vergrößert, dass stabilitätspolitische Ziele nicht mehr erreicht werden können, kann die Staatsverschuldung nicht mehr weiter ausgedehnt werden.

Wenn Defizite überwiegend zur Finanzierung konsumtiver Ausgaben verwendet werden, müssen in der Zukunft zur Konsolidierung die Steuern erhöht werden.

5.5 Schlüsselbegriffe

- Abgabenquote
- Allokationspolitischer Steuerzweck
- Allokationsziel
- Anleiheillusion
- anthroprozentrische Auffassung des Staates
- Äquivalenzprinzip
- Außerbudgetäre Einheiten
- Ausschlussprinzip
- Beiträge
- Beitragsäquivalenz
- Budgeteinnahmen
- Budgetkreislauf
- Bundeshaushalt
- Bundesrechnungsabschluss
- Crowding-out
- Distributionsziel
- Erwerbseinkünfte
- Externe Effekte
- Finanzierungsillusion
- Finanzverfassung

- Flucht aus dem Budget
- Funktionalprinzip
- Funktionen der Steuern
- Fürsorgeprinzip
- Gebietskörperschaften
- Gebühren
- Gemeinlastprinzip
- Grundregeln der Besteuerung
- Hoheitsverwaltung
- Intergenerative Umverteilung
- Internalisierung
- Intertemporale Umverteilung
- Kausalprinzip
- Klubgüter
- Kompetenzverteilung
- Konjunkturpolitischer Steuerzweck
- Konsumrivalität
- Laffer-Hypothese
- Lokale öffentliche Güter
- Magisches Dreieck
- Magisches Viereck

- Meritorische Güter
- Ministerialprinzip
- Mittelbeschaffungsfunktion von Steuern
- Nationale öffentliche Güter
- Nettoschuldentilgung
- Neuverschuldung
- Öffentliche Kredite
- Öffentlicher Sektor
- Parafisci
- Personelle Umverteilung
- Poppitzsches Gesetz
- Primäre Einkommensverteilung
- progressiver Steuertarif
- proportionaler Steuertarif
- regressiver Steuertarif
- Ressortprinzip
- Schattenwirtschaft
- Schöpfungskredite
- Sekundäre Einkommensverteilung
- sozialpolitischer Steuerzweck
- Sozialversicherungsbeiträge
- Staatsausgabengesamtquote
- Staatsausgabenquote
- Staatsschulden

- Stabilisierungsziel
- Steueraufkommen
- Steuereinholung
- Steuerergiebigkeit
- Steuergegenstand
- Steuerhinterziehung
- Steuerinzidenz
- Steuern
- Steuerquote
- Steuervermeidung
- Steuerzwecke
- Substanzsteuer
- Transferzahlungen
- Übertragungskredite
- Ubiquitäten
- Umlageverfahren
- Umschuldungspolitik
- Unreine öffentliche Güter
- Verdeckte Staatsausgaben
- Versicherungsprinzip
- Versorgungsprinzip
- Verursacherprinzip
- Wirkungsfunktion von Steuern
- Ziele des öffentlichen Haushalts
- Zwangseinnahmen

134

6 Die Koordination der Ziele, Interessen und Tätigkeiten der Wirtschaftseinheiten

In den letzten drei Abschnitten wurden mögliche Ziele, Interessen und typische Aktivitäten von Wirtschaftseinheiten untersucht oder auch nur erwähnt.

In diesem Abschnitt beschäftigen wir uns damit, wie die Wirtschaftseinheiten Ziele, Interessen und Tätigkeiten koordinieren.

Die weltweit verteilten elementaren Wirtschaftseinheiten versuchen, mit den ihnen zur Verfügung stehenden Mitteln, ihre Bedürfnisbefriedigung zu maximieren, möglichst viele ihrer Ziele zu realisieren, ihre Interessen weitestgehend durchzusetzen und Ihre Tätigkeiten so zu gestalten, dass sie zum besten Ergebnis führen.

Der weitaus größte Teil der elementaren Wirtschaftseinheiten ist bei der Koordination auf sich alleine angewiesen. Entscheidend für das Ergebnis ihrer Koordinationstätigkeit sind ihre Machtposition und ihr Wissensstand, die wieder Teil der Erstausstattung sind. Viele elementare Wirtschaftseinheiten, die entsprechende Positionen in anderen Wirtschaftseinheiten einnehmen, haben die Möglichkeit eigene Ziele und Interessen durch Ihre Tätigkeiten in den übergeordneten Wirtschaftseinheiten wahrzunehmen. Solche Koordinationspraktiken, die einzelnen elementaren Wirtschaftseinheiten Vorteile bringen, sind oft Betrug, Korruption und Wirtschaftskrieg. Viele Koordinationspraktiken bewegen sich im Graubereich: Sie bringen nur einseitig Vorteile, sind mit keiner Wertschöpfung verbunden und stellen häufig nur einmalige Geschäftsfälle dar.

Dieser Bereich der Koordination wird in der Literatur kaum behandelt und kann auch hier nur erwähnt werden.

Aufgrund der Interdependenz zwischen Wirtschaft, Gesellschaft und Politik ist hier ein großes Potenzial für die Wohlstandsteigerung, aber auch Wohlstandsverluste zu sehen.

Die Bedeutung der Koordination für Wirtschaft, Gesellschaft und Politik rechtfertigt, die folgende Darstellung mit allgemeinen Überlegungen einzuleiten. Ausführlicher wird aber nur die marktwirtschaftliche Koordination behandelt.

6.1 Allgemeine Überlegungen

Der Mensch ist seiner Natur nach auf Gemeinschaft angelegt und kann nur durch sie zur vollen Entfaltung seiner Anlagen gelangen. Wenn sich das Handeln einer

Mehrzahl von Menschen in bestimmten Beziehungsformen aufeinander einstellt, entsteht eine Gemeinschaft. Man nennt diesen Prozess auch *Vergesellschaftung*. Eine Gemeinschaft ist aber nur dann von Dauer, erträglich und sinnvoll, wenn die Mitglieder ihr Verhalten verlässlich in gemeinverträglicher Weise koordinieren. Ein gemeinverträgliches Verhalten ist dem Menschen jedoch nicht angeboren, sondern anerzogen. Es sind künstliche *Verhaltensmuster*, normative *Verhaltensordnungen* für die verschiedenen Lebensbereiche und Institutionen notwendig.

Um sich in der komplizierten Welt zurechtzufinden, kann der Mensch sich einer Religion, einer Ideologie, einer Weltanschauung oder seines eigenen Verstandes bedienen. Da die Weltanschauungen der Menschen besonders in multikulturellen Gesellschaften unterschiedlich sind, ist es notwendig, dass die Einzelnen ihr Handeln nach für alle geltenden normativen *Verhaltensrichtlinien* aufeinander einstellen und diese Verhaltensrichtlinien ständig verbessert werden.

Es kann als erwiesen angesehen werden, dass Tausch, Arbeitsteilung, Kooperation und Koordination zur Überwindung der Güterknappheit grundsätzlich beitragen können. Die menschliche Vergesellschaftung ist Voraussetzung dafür, dass die Wirtschaftseinheiten diese Grundformen wirtschaftlichen Handelns einsetzen können.

Ungeklärt ist die Frage, ob es für die Ausdehnung von Tausch, Arbeitsteilung und Kooperation Grenzen oder Optimallösungen gibt. Die Frage stellt sich auf allen Stufen der Gruppenbildung: Familie, Gemeinde, Region, Volkswirtschaft, Weltwirtschaft und sonstiger Gruppen. Zur Beantwortung dieser Fragen müssen verschiedene Tatsachen des gesellschaftlichen Zusammenlebens betrachtet werden.

Treibende Kräfte und Motive für die Vergesellschaftung sind Ziele, Interessen und Vorteile der Wirtschaftseinheiten. Ergebnisse der Vergesellschaftung sind die verschiedensten Gruppenbildungen (Zusammenschlüsse), Kultur und soziale Einrichtungen. Beispiele für *Gruppen* sind: Familien, Stämme, Völker. Zu den *Kulturgebilden* gehören Sitten, Gebräuche, Recht. Wichtige soziale Einrichtungen sind der Staat, Regierungen, Wirtschaftsordnungen, Rechtswesen und sonstige das Zusammenleben regelnde Einrichtungen.

Seit dem Altertum beschäftigt sich die Philosophie mit den Problemen der Vergesellschaftung. Hier soll nur auf einige, aber wichtige Stationen eingegangen werden.

Zur Entstehung des Staates schreibt Thomas Hobbes in seinem Leviathan: „Die Absicht und Ursache, warum die Menschen bei all ihrem natürlichen Hang zur Freiheit und Herrschaft sich dennoch entschließen konnten, sich gewissen Anordnungen, welche die bürgerliche Gesellschaft trifft, zu unterwerfen, lag in dem Verlangen, sich selbst zu erhalten und ein bequemeres Leben zu führen;

oder mit anderen Worten, aus dem elenden Zustand eines *Krieges aller gegen alle* gerettet zu werden."

Die Lehre vom *Gesellschaftsvertrag* nimmt an, dass der Mensch die Unzuträglichkeiten des Naturzustandes, in dem er lebte, zu überwinden suchte, indem er durch ein stillschweigendes Grundübereinkommen eine organisierte Gesellschaft herstellte und damit zugleich, in dem der einzelne auf einen Teil seiner Rechte verzichtete und sie auf einen Herrscher, eine Regierung übertrug, denen die Machtausübung zufiel, zur Errichtung des Staates kam.

Gegen diese logische Konstruktion des Gesellschaftsvertrages wandte sich besonders *Ludwig Gumplowicz* (1838–1909). Für ihn ist die Hypothese vom Gesellschaftsvertrag unzureichend. Denn: die Staaten aller Formen entstanden durch Gewalt und verdanken ihr Weiterbestehen der schrittweisen Erkenntnis ihrer Nützlichkeit und der besseren Verteilung der Macht und der Machtbefugnisse.

Macht kann dabei als jede Möglichkeit, sich fremder Leistungen zu bedienen, verstanden werden. Sie bedeutet Beherrschung von Naturkräften und Menschen für eigene Zwecke.

Machtmittel im weiteren Sinne sind: Geld, Konsumgüter, Produktionsgüter einschließlich Rohstoffe und Wissen oder allgemein geistige Überlegenheit.

Schon eine oberflächliche Betrachtung zeigt, dass sich die Grundprobleme bis heute nicht verändert haben: *Machtkonzentration* stellt ein großes Problem für die Menschheit dar.

Beim Menschen wirkt der Wille zur Macht in der Form von Besitzstreben und Geltungsdrang mit gleicher Naturgewalt wie beim Tier, welches um Futter und Weibchen kämpft. Nur, der machtgierige Mensch bedient sich bei seinem Streben nach Macht immer effizienterer Werkzeuge, neuer Verhaltensweisen und Methoden. Er kann intelligent, gebildet, genial, tüchtig, fleißig, gut aussehend, klug, schlau, durchtrieben, smart, gewandt, geschickt, pfiffig, listig, betrügerisch, rücksichtslos und gewalttätig sein. Diese Eigenschaften können je nach Zielsetzung und Wirkung unterschiedlich beurteilt werden. Einer Reihe dieser Eigenschaften verdankt die Menschheit ihre positive Entwicklung und den Fortschritt. Andere Eigenschaften führen, wenn sie ausgelebt werden können, immer wieder zu Rückschlägen und schweren Schäden für die Gesellschaft. Dabei könnten Vernunft und entsprechende Aufklärung den Menschen durchaus in die Lage versetzen, die Entfaltung der Fähigkeiten zum Wohle der Menschheit zu steuern.

6.1.1 Gerechtigkeit und Koordination

Bei ungleicher Verteilung der Vorteile der Vergesellschaftung kann es zu Entwicklungen kommen, die gesamtwirtschaftlich unerwünscht sind. Zu nennen wären: Unzufriedenheit von Teilen der Bevölkerung, Streiks, „asoziales Verhalten", Aufstände, Bürgerkrieg, Terrorismus, Unterdrückung und offene Kriege. Solche Zustände können jederzeit irgendwo auf der Erde beobachtet werden. Die *Machthaber* versuchen, mit Gewalt „Ordnung" zu schaffen. Ihr Erfolg ist zweifelhaft. Wenn eine Interessenregelung einseitig das Interesse von Mächtigeren auf Kosten von Schwächeren befriedigt, wird das Ergebnis der Machtverhältnisse nicht einfach hingenommen.

Als Alternative zur Gewalt wird Gerechtigkeit gefordert.

John Rawls versucht in seiner *Theorie der Gerechtigkeit* in starker Anlehnung an die herkömmliche Theorie des *Gesellschaftsvertrages* von Locke, Rousseau und Kant zu einer Lösung zu kommen. Er schlägt vor, „dass diejenigen, die sich zu gesellschaftlicher Zusammenarbeit vereinigen wollen, in einem gemeinsamen Akt die Grundsätze wählen, nach denen Grundrechte und Grundpflichten und die Verteilung der gesellschaftlichen Güter bestimmt werden. Die Menschen sollen im Voraus entscheiden, wie sie ihre Ansprüche gegeneinander regeln wollen und wie die Gründungsurkunde ihrer Gesellschaft aussehen soll."

Die Absichten und Pläne der einzelnen Menschen müssen so aufeinander abgestimmt werden, dass ihre Realisierung nicht als ungerecht empfunden wird.

Es ist aber offensichtlich schwierig für die einzelnen Menschen, ihre Vorhaben wirkungsvoll aufeinander abzustimmen, zur Effizienz und Stabilität beizutragen, wenn nicht eine gewisse Übereinstimmung darüber besteht, was als gerecht und ungerecht angesehen werden muss.

A priori kann festgestellt werden, dass das Zusammenwirken in einer Gesellschaft verbessert werden kann, wenn die Verteilung der Grundrechte, Grundpflichten und der Früchte der gesellschaftlichen Zusammenarbeit gerechter erfolgt oder das zumindest von den Menschen empfunden wird.

Die *soziale Gerechtigkeit* zeigt sich in der Grundstruktur der Gesellschaft, der Art, wie die wichtigsten gesellschaftlichen Institutionen Grundrechte, Grundpflichten und die Früchte der gesellschaftlichen Zusammenarbeit verteilen. Die gesellschaftlichen Institutionen legen nicht nur die Rechte und Pflichten der Menschen fest, sondern beeinflussen auch ihre Lebenschancen, was sie werden können und wie sie am wirtschaftlichen Erfolg der Gesellschaft beteiligt werden. Die gesellschaftlichen Institutionen begünstigen gewisse Ausgangspositionen, festigen tiefgreifende Ungleichheiten, beeinflussen die anfänglichen Lebenschancen jedes Menschen, wobei keinesfalls Verdienste für die Gesellschaft berücksichtigt werden.

„Fiat iustitia, et pereat mundus" – es soll Gerechtigkeit geschehen, und gehe die Welt darüber zu Grunde – soll Ferdinand I. 1556 gefordert haben. Aber welche Gerechtigkeit hat er gemeint? Das größte Problem besteht eben darin, eine Übereinstimmung der Gerechtigkeitsvorstellungen zu erlangen. Für Rawls ist der

Gerechtigkeitsbegriff durch seine Grundsätze für die Zuweisung von Rechten und Pflichten und die richtige Verteilung gesellschaftlicher Güter definiert. *Aristoteles* hat den Sinn der Gerechtigkeit klar formuliert: „Verzicht auf pleonexia oder auf das An-sich-Reißen eines Vorteils durch Wegnahme von etwas, das einem anderen gehört." Zu klären bleibt hier, was einem Menschen gerechterweise gehört und worauf er gerechterweise Anspruch hat.

Gerechtigkeit stellt eine wichtige Komponente eines Gesellschaftsideals dar. Es mag auch als vernünftig und allgemein akzeptabel erscheinen, dass durch die Wahl der Grundsätze der Gerechtigkeit niemand aufgrund natürlicher oder gesellschaftlicher Gegebenheiten bevorzugt oder benachteiligt werden sollte und dass niemand die Grundsätze auf seine eigenen Verhältnisse zuschneiden können soll. Dennoch kommt es kaum zu einer Übereinstimmung der Gerechtigkeitsvorstellungen, da eine solche bei jedem Menschen die Fähigkeit voraussetzt, die jeweils festgelegten Grundsätze zu verstehen und bei jedem Menschen die Bereitschaft voraussetzt, bei der Wahl der Grundsätze anzuerkennen, dass alle Menschen gleiche Rechte geltend machen können.

Die *Verfassung* stellt für alle Gesellschaften eine der wichtigsten Institutionen zur Verteilung von Grundrechten, Grundpflichten und der Früchte der gesellschaftlichen Zusammenarbeit dar. Aber für keine Verfassung der Welt kann eine vollständige Übereinstimmung der Gerechtigkeitsvorstellungen behauptet werden. Alle Verfassungen sind von Menschen geschaffen worden und in allen Verfassungen sind die Interessen der Machthaber festgeschrieben.

Nur durch bessere Bildung und Aufklärung werden Gerechtigkeitsvorstellungen allgemein klarer und somit nach und nach zu einer Verbesserung der Verfassungen und der Gerechtigkeit beitragen.

6.1.2 Koordination und Interdependenz von Wirtschaft, Gesellschaft und Staat

Wirtschaftssubjekte sind ex definitione zur Koordination gezwungen, wenn sie nicht völlig autark wirtschaften. Tausch, Arbeitsteilung und Kooperation sind direkt mit Koordination verbunden. Die Wirtschaftssubjekte und ihre Tätigkeiten werden im Begriff Wirtschaft im weiteren Sinne zusammengefasst. Die Wirtschaft ist ein soziales Gebilde wie die Gesellschaft und der Staat und gleichzeitig Teil von ihnen. Alle drei sind – das kann nicht oft genug betont werden – für den Menschen da und keinesfalls umgekehrt. Die drei sozialen Gebilde sind auch nur zu rechtfertigen, wenn sie dem Menschen dienen und die Wohlfahrt der Menschen erhöhen.

Wegen der Interdependenz von Wirtschaft, Gesellschaft und Staat sind wirtschaftliche Aktivitäten nur ein Teil von vielen zu beobachtenden Weisen menschlicher Handlungen und Lebensäußerungen.

Allgemein – nicht auf die Wirtschaft beschränkt – kann als Koordination jede Art von Abstimmung zwischenmenschlicher Handlungen, sowie von Zielen und Interessen verstanden werden.

Wenn einander entgegengesetzte Interessen aufeinander treffen, kommt es zum Konflikt. Wichtige Grundformen sozialer Konflikte sind der Generationenkonflikt, der Klassenkonflikt, der Geschlechterkonflikt und der Nationenkonflikt. Soziale Konflikte können kulturschädlich sein, erfüllen aber auch positive Funktionen für den Gesellschaftsprozess. So hat der Klassenkampf zum sozialen Fortschritt beigetragen. Soziale Konflikte führen zur Herausbildung einer Sozialordnung, einem System von Regeln, wonach Auseinandersetzungen geordnet ablaufen können.

Die schlimmsten Formen sozialer Konflikte sind der offene Krieg zwischen Völkern und der Bürgerkrieg. Jede Form von Krieg ist ein Akt der Gewalt, um den Gegner zur Erfüllung des eigenen Willens zu zwingen. Nach den Kriegsgründen unterscheidet man: revolutionäre Kriege, Sezessionskriege, Religionskriege, Kolonialkriege und *Wirtschaftskriege*.

Die Strategie liefert die Grundlage für das Handeln der politischen, wirtschaftlichen und militärischen Führung. Sie ist auch die Lehre von der Kriegführung, geht aber über die militärische Kriegführung hinaus und ist auch Mittel der Politik. Sie setzt die gesamten Kräfte zur Realisierung des angestrebten Zieles ein. Die – wenn auch nur oberflächliche – Beschäftigung mit Strategie ist für ein besseres Verständnis der Koordination im Wirtschaftsbereich wichtig. Carl von *Clausewitz* unterscheidet in seinem philosophischen Standardwerk über Strategie und Taktik „Vom Krieg" fünf Arten von Elementen der Strategie: moralische, physische, mathematische, geographische und statistische Elemente. Moralische Elemente umfassen alles, was durch geistige Eigenschaften und Wirkungen hervorgerufen wird. Zu den physischen Elementen gehören die Größe der Streitmacht, ihre Zusammensetzung und alle materiellen Mittel. Auf mathematische, geographische und statistische Elemente soll hier nicht eingegangen werden.

Eine immer wichtigere Rolle spielt unter den moralischen Elementen die *List*. Sie setzt eine versteckte Absicht voraus, hat nach Clausewitz mit Überredung und Gewalt nichts gemein, aber viel mit dem Betrug, weil dieser ebenfalls seine Absicht versteckt. Der Listige lässt denjenigen, welchen er betrügen will, die Irrtümer des Verstandes selbst begehen.

Nach diesen Denkanstößen dürfte es nicht schwierig sein, Beispiele für List und Betrug aus dem Wirtschaftsleben zu finden, die nicht einfach erklärbar sind.

Bei Firmenübernahmen kann beobachtet werden, dass oft gigantische Vermögen ohne angemessene Gegenleistung von einem Eigentümer zu einem anderen wandern. Wie ist das möglich?

Die Antwort: Auch wenn eine ungerechte Koordination vermutet wird, lässt sich vor Gericht keine gerechte Lösung herbeiführen, wenn dazu die gesetzlichen Grundlagen fehlen.

Kämpferische Koordination wurde bisher in der Literatur auch weitgehend vernachlässigt. Es ist ein gefährliches Terrain für die Wissenschaft.

Historische Tatsachen deuten daraufhin, dass die Bedeutung der List bei der Koordination zunimmt. Relativ leicht erkennbar ist diese Entwicklung bei internationalen Konflikten. In den meisten Fällen stellt sich heraus, dass Kriege, die begonnen werden, um die Menschheit vor Ungerechtigkeit zu schützen, hauptsächlich wirtschaftlichen Interessen dienen.

Einflussreiche Akteure bedienen sich allgemein mehr und mehr der *List*. Neben Überredung und einfacher Machtausübung werden die Methoden des Betruges verfeinert, die Interessen des Betrügers als Interessen des zu Betrügenden dargestellt und die eigene Absicht versteckt. Der Listige lässt denjenigen, welchen er betrügen will, die Irrtümer des Verstandes selbst begehen, wobei ihm sein überlegenes Wissen hilft, was wir Asymmetrie des Wissens nennen. Listige Akteure werden auch „smarte" Akteure genannt. Sie schaffen es, mit Gelegenheitsgeschäften riesige Gewinne zu erzielen. Mit solchen Geschäften ist meist überhaupt keine Wertschöpfung verbunden.

Bei der Koordination kann nicht immer zwischen Konflikt und irenischer Koordination klar unterschieden werden. Es kann auch nicht behauptet werden, dass kämpferische Koordination immer Wohlstand senkend und irenische Koordination immer Wohlstand steigernd wirken muss. Zur Beurteilung der Wirkungen der Koordination auf den Wohlstand der Gesellschaft und des Individuums können der Wertschöpfungsbeitrag und der soziale Nutzen als Kriterien verwendet werden.

Die Gesetzgeber können ganz allgemein mit dem Einfallsreichtum der nach Gewinn, Reichtum, Ruhm und Macht strebenden Wirtschaftseinheiten nicht Schritt halten.

Auch die Wissenschaft kann nur verzögert reagieren, da die Neuerungen erst nach ihrer Einführung analysiert werden und negative Wirkungen nur schwer begreifbar gemacht werden können.

In diesem größeren Zusammenhang ist die Koordination zu sehen.

Die allgemeine Gleichgewichtstheorie zeigt, wie durch den Markt eine optimale Allokation der Ressourcen herbeigeführt werden kann. Aber auch dieser Koordinationsmechanismus hat große Schwächen. In Theorien mit empirischem Geltungsanspruch wird auf die Einschränkungen der Koordinationsleistung des

Marktes hingewiesen. Die Koordinationsleistung wird durch Anpassungsverzögerungen, unvollkommenen Wettbewerb, unvollkommene Information und Unsicherheit beeinträchtigt.

Damit wird festgestellt, dass es keine optimale Koordination gibt. Das ändert aber nichts an der grundsätzlichen Aufgabe der Koordination.

Für die wirtschaftliche Entwicklung ist die Verbesserung der Koordination der Wirtschaftspläne aller Wirtschaftseinheiten wichtig.

Im Wirtschaftsplan einer Wirtschaftseinheit werden alle Ziele und Mittel im weiteren Sinne berücksichtigt.

Die überaus große Zahl von Wirtschaftseinheiten wird in der folgenden Untersuchung in drei große Gruppen unterteilt.

Die elementaren Wirtschaftseinheiten stellen den Menschen als Individuum dar. Sie sind Träger der Bedürfnisse, die jedem Wirtschaften den eigentlichen Sinn geben. Gleichzeitig verfügen sie über die Produktionsfaktoren Boden und Kapital. Sie sind aber auch Träger des Faktors Arbeit.

Die Unternehmen, die als Wirtschaftseinheiten von den elementaren Wirtschaftseinheiten abgeleitet und durch sie geschaffen werden, stellen eigentlich Instrumente elementarer Wirtschaftseinheiten dar. Obwohl Unternehmen eigene Ziele haben, dienen sie doch der Zielerreichung jener elementaren Wirtschaftseinheiten, die die Entscheidungsmacht haben. Es ist nicht immer eindeutig, ob Macht habende elementare Wirtschaftseinheiten ihre eigenen Ziele oder die Ziele der Unternehmen anstreben, in denen sie wirken.

Der Staat als Wirtschaftseinheit stellt einen Sammelbegriff dar, in welchem viele Institutionen unterschiedlicher Zielsetzungen zusammengefasst werden. Die Institutionen können Gebietskörperschaften, Unternehmen oder sonstige Gestalter der Wirtschaftslenkung sein. Allerdings haben sie ein gemeinsames Merkmal, das sie von den übrigen Wirtschaftseinheiten unterscheidet: Zielsetzung und Erfolg werden in einer funktionierenden Demokratie von einer Mehrheit von Bürgern oder dem Parlament bestimmt und kontrolliert. Der Staat ist allen Staatsbürgern verpflichtet. In der Realität ist seine Zielsetzung ein Ergebnis der politischen Koordination, die aber wiederum von Machthabern im weiteren Sinne gesteuert werden kann.

Koordination findet immer statt: zügellos oder geordnet.

Sie äußert sich in Form von Verknüpfungen zwischen den Elementen der gesamten Gesellschaft. Die so geschaffenen Beziehungen können wechselseitige Abhängigkeiten, Zusammenarbeit oder Konflikte sein.

Eine Aufgabe der Koordination kann darin gesehen werden, einen möglichst weit gehenden *Interessenausgleich* herbeizuführen.

6.2 Marktwirtschaftliche Koordination

Das Zusammentreffen von Wirtschaftseinheiten, die ein bestimmtes Gut erwerben möchten, mit Wirtschaftseinheiten, die das gleiche Gut gegen Geld verkaufen möchten, nennt man Markt. Das Abstimmen der Ziele und Interessen nennt man Koordination. Zur Untersuchung der Koordination wurden von der Wirtschaftstheorie neue Begriffe, Erscheinungsformen und Vorgänge eingeführt und erfasst. Die wichtigsten werden nachstehend dargestellt.

6.2.1 Marktformen

6.2.1.1 Vollkommene und unvollkommene Märkte

Die Koordinierung von Angebot und Nachfrage kann nur dann vollkommen sein, wenn der Markt gewisse Voraussetzungen erfüllt.

Die Bedingungen für einen vollkommenen Markt sind:

Sachliche Gleichartigkeit der Güter (Verpackung, Aussehen, Qualität, Geschmack, usw.): Wenn sachliche Gleichartigkeit von Gütern vorliegt, dann spricht man auch von Homogenität, Fungibilität und Vertretbarkeit der Güter.

Es dürfen keine persönlichen Präferenzen für Käufer oder Verkäufer bestehen.

Es dürfen keine räumlichen Differenzen zwischen Anbietern einerseits und Nachfragern andererseits bestehen. Diese Bedingung kann nur beim Punktmarkt erfüllt werden.

Es dürfen keine zeitlichen Differenzen zwischen Angebot und Nachfrage bestehen.

Diese vier Bedingungen werden als *Homogenitätsbedingungen* bezeichnet. Ein vollkommener Markt kann nur dann bestehen, wenn vollständige *Markttransparenz* herrscht. Diese Bedingung bedeutet, dass allen Marktteilnehmern alle Bedingungen bekannt sind. Wenn eine der genannten Bedingungen nicht erfüllt ist, muss bereits von einem unvollkommenen Markt gesprochen werden.

6.2.1.2 Organisierte und nichtorganisierte Märkte

Diese Trennung ist problematisch. Meist kann nur zwischen Märkten unterschiedlichen Organisationsgrades unterschieden werden. Der Organisationsgrad wird an den Einrichtungen und Regeln, mit deren Hilfe Markttransparenz hergestellt wird, gemessen. Gut organisierte Märkte sind Börsen, schlecht organisiert sind meist Gelegenheitskäufe oder Gelegenheitsverkäufe.

6.2.1.3 Märkte mit unbeschränktem oder beschränktem Zugang

In vielen Bereichen ist der Marktzugang beschränkt: Apotheken, Ärzte, usw.. Es ist nicht immer klar, ob solche Beschränkungen volkswirtschaftlich vertretbar sind. Hauptsächlich sind sie Ausdruck von Machtausübung durch Interessenvertretungen, die Privilegien ihrer Mitglieder verteidigen.

6.2.1.4 Die Einteilung der Märkte nach der quantitativen Besetzung von Angebot und Nachfrage

Wenn ein Anbieter einem Nachfrager gegenübersteht, dann spricht man von der Marktform eines bilateralen Monopols.

Treffen auf dem Markt ein Anbieter und viele Nachfrager zusammen, dann heißt die Marktform Monopol.

Ein Monopson liegt vor, wenn viele Anbieter nur einen Nachfrager haben.

Stehen viele Anbieter vielen Nachfragern gegenüber, dann liegt ein bilaterales Polypol vor.

Wenn ein Polypol mit einem vollkommenen Markt zusammentrifft, dann spricht man von atomistischer Konkurrenz oder vollständigem freien Wettbewerb.

Wenn es nur wenige Anbieter gibt, spricht man von Oligopol, gibt es nur wenige Nachfrager, spricht man von Oligopson oder Nachfrage-Oligopol.

6.2.1.5 Zerlegung der Märkte

Je komplexer ein Markt ist, umso unvollkommener wird er sein. Der Weltmarkt für alle Konsumgüter ist äußerst unvollkommen. Die Güter sind verschiedenartig, es bestehen große räumliche Differenzen zwischen den Anbietern und den Nachfragern und schließlich besteht kaum irgendeine Markttransparenz. Die räumlichen Differenzen können verringert werden, wenn der Weltmarkt in Regional-, Binnen-, oder Lokalmärkte zerlegt wird. Gleichzeitig damit kann auch die Markttransparenz erhöht werden.

Die Abgrenzung von Märkten nach der Güterart erfolgt nach zwei Theorien:

In der Theorie der Substitutionslücke von Robinson werden Marktkomplexe nach Substitutionsmöglichkeiten und Konkurrenzbeziehungen innerhalb und zwischen den Gruppen gebildet. So kann ein Marktkomplex für Brot gebildet werden. Die Substitutionsmöglichkeiten und Konkurrenzbeziehungen zwischen verschiedenen Arten von Schwarzbrot und Weißbrot sind dabei wesentlich stärker als zwischen dem Marktkomplex Brot und dem Marktkomplex Teigwaren.

Die Theorie der Marktbeziehungen von Stackelberg löst das Problem, indem er einen unvollkommenen Markt solange zerlegt, bis er einen vollkommenen Elementarmarkt erhält. Als Elementarmarkt bezeichnet er den größten vollkommenen Teilmarkt eines unvollkommenen Marktes.

6.2.1.6 Handlungs- und Erwartungsparameter

Ökonomische Größen, durch die die Marktteilnehmer ihre wirtschaftlichen Ziele realisieren wollen, nennt man Handlungs-, Aktions- oder Fixierungsparameter: Menge, Preis, Qualität etc.

Variable, auf welche die Marktteilnehmer keinen Einfluss haben, werden Erwartungsparameter genannt: Monetäre Nachfrage u. a.

6.2.1.7 Marktverhalten

Es können grundsätzlich friedliche und kämpferische Verhaltensweisen unterschieden werden.

Zu den friedlichen Verhaltensweisen zählen:

Die Anpassung, die wiederum in Mengenanpassung und Optionsempfang unterteilt werden kann.

Verschiedene Strategien mit dem Sonderfall der Optionsfixierung.

Zu den Kampf- und Verhandlungsstrategien gehören:

- Boykott,
- Streik,
- Aussperrung,
- rücksichtslose Preisunterbietung,
- wirtschaftliche Nötigung und
- Knebelung.

In diese Gruppe gehören aber auch die

- Beeinflussung der Gesetzgeber,
- politischer Druck und
- Versuche, den Zugang zu einem bestimmten Markt durch Befähigungsnachweise und Bedürfnisprüfungen zu sperren.

6.2.1.8 Konkurrenz und Kooperation

Zur Konkurrenz kann es nur zwischen mehreren Marktteilnehmern kommen. Es ist aber auch hier zu unterscheiden, ob zwischen den Marktteilnehmern eine agonistische Beziehung (wettkämpferische Beziehung) oder eine antagonistische Beziehung besteht.

Marktteilnehmer können den Wettkampf durch Zusammenarbeit oder Kooperation ersetzen. In diesem Falle entsteht aus der Konkurrenz ein *Kollektivmonopol*.

6.2.2 Marktangebot und Marktnachfrage

Marktangebot und Marktnachfrage werden durch Aggregation der individuellen Angebotskurven bzw. Nachfragekurven gebildet. Die Aggregation wird im Schaubild 30 für das Angebot gezeigt und erfolgt für die Nachfrage auf analoge Weise. Die Schaubilder werden nebeneinander angeordnet, so dass die Abszissenwerte der individuellen Angebotskurven zu den jeweiligen Preisen im Schaubild der Marktangebotskurve addiert werden können.

30. Schaubild: Horizontale Aggregation der individuellen Angebotsfunktion zum Marktangebot

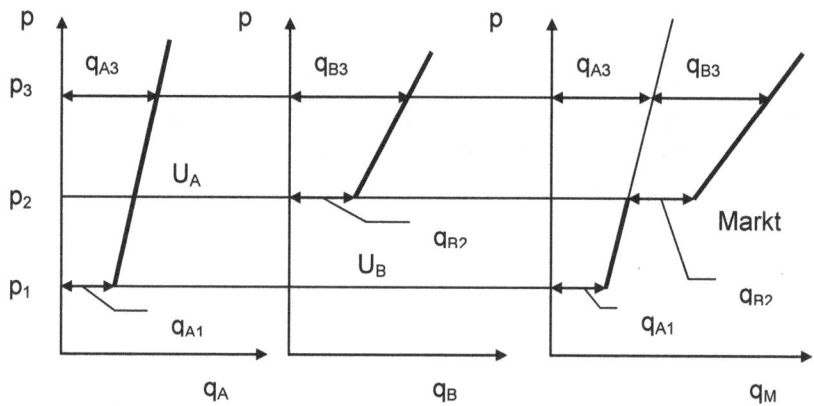

6.2.3 Die Preisbildung

6.3.3.1 Vollkommener Wettbewerb

Die Koordinierung von Angebot und Nachfrage funktioniert am besten auf einem vollkommenen Markt. Aber auch dann, wenn die Bedingungen für einen vollkommenen Markt nicht erfüllt werden, kommt es zur Koordinierung. Das Schaubild 31 soll den Koordinierungsvorgang veranschaulichen.

Die Angebotskurve zeigt, welche Menge eines Gutes alle Anbieter zusammen zu einem bestimmten Preis jeweils anzubieten bereit sind. Aus der Nachfragekurve kann man ablesen, welche Menge des Gutes zu einem bestimmten Preis von allen Nachfragern zusammen nachgefragt wird. Aufgrund dieser Marktkonstellation besteht beim Preis p' ein Überangebot. Zu diesem Preis würde nur ein Bruchteil der angebotenen Menge verkauft werden können. Erkennen nun Anbieter, dass sie zu diesem Preis ihre Ware nicht verkaufen können, obwohl sie auch zu einem niedrigeren Preis anzubieten bereit sind, dann werden sie das Gut zu einem niedrigeren Preis anbieten. Anbieter, die zum niedrigeren Preis ihre Kosten nicht mehr decken können, werden ihr Angebot verringern oder zurückziehen und ausscheiden. Andererseits steigt die Nachfrage. Handelt es sich um einen organisierten Markt mit entsprechender Markttransparenz, dann wird dieser Vorgang so lange fortgesetzt, bis ein Preis p* erreicht wird, bei welchem Angebot und Nachfrage gleich sind. Zu diesem Preis ist die Güterversorgung am größten. Die Nachfrager überbieten sich durch höhere Preise und versuchen, so zum Zuge zu kommen. Geht man von einem Preis p'' aus, so besteht eine Übernachfrage. Es kommt zur Erhöhung des Preises. Die Anbieter erkennen, dass sie ihre Produkte auch zu einem höheren Preis absetzen können. Diese Preiserhöhung wird solange fortgesetzt, bis bei einer Menge q* der Preis p* erreicht wird. Man nennt diesen Preis p* den *Gleichgewichtspreis*.

31. Schaubild: Preisbildung bei Wettbewerb

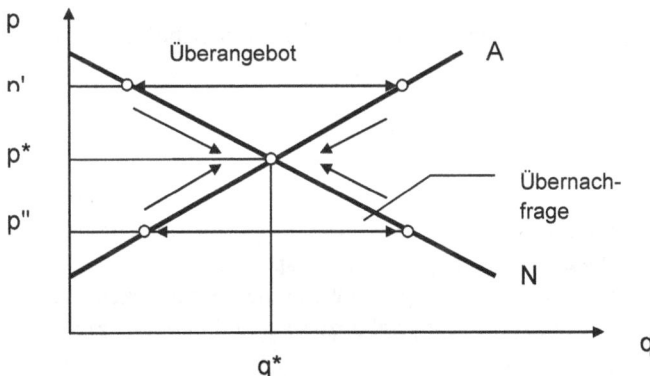

Eine solche Preisbildung ist typisch für einen organisierten Markt, wie er beispielsweise an der Börse gegeben ist. Aber auch auf Märkten mit einem niedrigeren Organisationsgrad besteht die Tendenz zur Herausbildung eines Gleichgewichtspreises, bei dem Angebot und Nachfrage im Gleichgewicht sind und der Markt geräumt wird.

Ein Gleichgewichtspreis gilt nur für eine bestimmte Angebots- und Nachfragekonstellation. Längerfristig können sich Angebots- und Nachfragefunktionen jedoch verschieben.

Das Angebot kann durch folgende Ereignisse verändert werden:

- Marktzutritt neuer Anbieter,
- Produktivitätssteigerung durch technischen Fortschritt und
- Änderung der Preise von Produktionsgütern.

Zur Änderung und Verlagerung der Nachfragekurve können folgende Faktoren beitragen:

- Änderung der Bedürfnisstruktur,
- Änderung des Geschmackes,
- Änderung der Kaufkraft,
- Änderung der Bevölkerungszahl und
- Änderung der Preise anderer Güter.

Durch jede Verlagerung der Angebots- oder Nachfragekurven kommt es zu einem neuen Anpassungsprozeß, der wiederum die veränderten Angebots- und Nachfrageverhältnisse aufeinander abstimmt.

6.3.3.2 Das Monopol

Ein Monopol liegt vor, wenn es für ein Gut, für welches keine nahen Substitute bekannt sind, nur einen Alleinanbieter gibt.

6.2.3.2.1 Ursachen für Monopolbildung

Alleineigentum an Produktionsfaktoren: Wenn ein Unternehmen Alleineigentum an einem Produktionsfaktor oder Produktionsgut (Schlüsselrohstoff) hat, erlangt es zwangsläufig eine Monopolstellung. Beispiel: Erdöl.

Staatlich legitimierte Monopole: Wenn der Staat Lizenzen, Patente, Gebrauchsmusterschutz oder Copyrights zuerkennt, kommt es zur staatlichen Monopolisierung.

Natürliche Monopole: Wenn ein Unternehmen ein Gut dem gesamten Markt zu niedrigeren Kosten anbieten kann als mehrere Unternehmen, dann kommt es zur Bildung eines natürlichen Monopols. Mögliches Beispiel: Verteilung von Wasser an die Bürger einer Stadt.

6.2.3.2.2 Preisbildung bei Monopol

Als Alleinanbieter steht der Monopolist allein der Marktnachfrage gegenüber. Er kann seine ganze Marktmacht in Gewinn umsetzen. Die Marktnachfrage zeigt alle für den Monopolisten erreichbaren Preis – Mengen – Wertepaare an. Der Monopolist kann jeden beliebigen Punkt auf der Marktnachfragekurve – sie wird auch konjekturale Preis – Absatz – Funktion genannt – auswählen. Bei normaler Zielsetzung wird er den Punkt wählen, bei welchem er seinen Gewinn maximieren kann.

Um diesen Punkt zu finden, ist es notwendig, die konjekturale Preis-Absatzfunktion zu untersuchen. Dies erfolgt im Schaubild 32.

Die Nachfrage steigt mit sinkendem Preis. Das wirkt sich auf die Ausgaben folgendermaßen aus: Die Ausgaben sind das Produkt aus Menge und Preis. Da gerade über dem Höchstpreis keine Nachfrage besteht, sind die Ausgaben null. Sinkt dann der Preis, steigt die Nachfrage und das Produkt aus Preis mal Menge steigt so lange, so lange die Fläche c größer ist als die Fläche b. Wenn b größer wird als c, sinkt das Produkt aus Menge und Preis und die Ausgaben nehmen ab. Der Monopolist sucht somit jene Menge zu verkaufen, bei welcher die Differenz zwischen Erlösen und Kosten am höchsten ist.

32. Schaubild: Die konjekturale Preis-Absatzfunktion

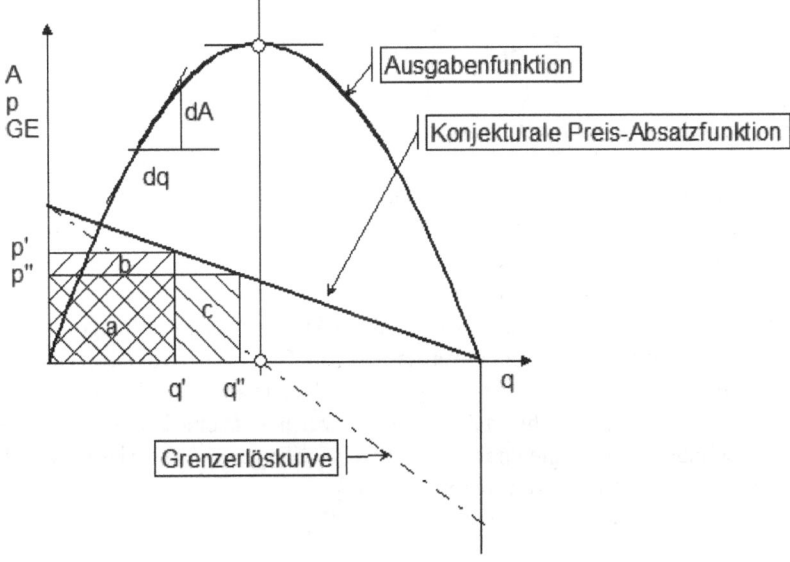

Dies wird im Schaubild 33 gezeigt.

Dort wo die Erlösfunktion von der Kostenfunktion den größten Abstand erreicht (Punkt B), wird der höchste Gewinn erzielt. In diesem Punkt sind die Grenzkosten gleich hoch wie der Grenzerlös.

Den Punkt auf der Nachfragekurve, der den maximalen Gewinn angibt, nennt man Cournot'schen Punk.

33. Schaubild: Gewinnmaximierung des Monopolisten

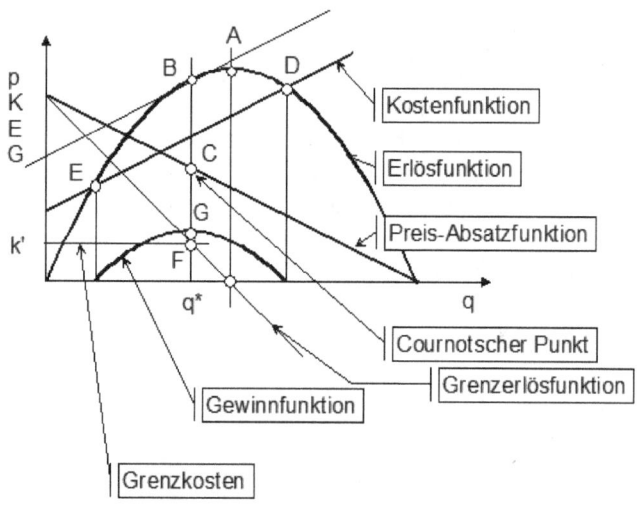

6.2.3.3 Monopolistische Konkurrenz

Die Bedingungen für einen vollkommenen Markt werden in der Wirklichkeit nur selten erfüllt. Sehr häufig fehlt die sachliche Gleichartigkeit. Die übrigen Bedingungen spielen eine geringere Rolle. Die Anbieter leicht unterschiedlicher Güter zur Befriedigung des gleichen Bedürfnisses nehmen somit eine begrenzte Monopolstellung ein. Begrenzt deshalb, weil andere Anbieter Güter anbieten, die als nahe Substitutionsgüter angesehen werden können. Beispiele dafür sind: Gebäck, Kleider, Reisen, Schallplatten, Kriminalfilme und viele andere.

Wenn viele Anbieter mit ihrem Angebot, für welches sie eine begrenzte Monopolstellung haben, um die gleiche Gruppe von Nachfragern konkurrieren, spricht man von monopolistischer Konkurrenz.

6.2.4 Preismechanismus und Funktionen des Preises

Die Preisbildung aufgrund von Angebot und Nachfrage stellt einen Mechanismus dar, der grundsätzlich in der Lage ist, alle Einflussfaktoren zu berücksichtigen und einen Prozess zur Herstellung eines Gleichgewichtes einzuleiten. Der Preis übt dabei folgende Funktionen aus:

Signalfunktion: Wenn ein Einflussfaktor bewirkt, dass sich die Angebotskurve oder die Nachfragekurve verschiebt, dann ändert sich der Preis. Steigende Nachfrage signalisiert über steigende Preise den Anbietern, mehr zu produzieren. Sinkt die Nachfrage (Verschiebung der Nachfragekurve nach links), dann wird der Preis fallen und es wird den Anbietern signalisiert, weniger zu Produzieren oder gar die Produktion als Grenzproduzent einzustellen und aus dem Markt auszuscheiden. Steigt das Angebot aufgrund produktivitätssteigernder Neuerungen, dann wird die Angebotskurve nach rechts verschoben und der Preis zeigt sinkende Tendenz. Dadurch wird den Anbietern signalisiert, dass nur zu niedrigeren Preisen verkauft werden kann. Es müssen die Kosten gesenkt werden und Grenzanbieter werden vom Markt verdrängt.

Allokationsfunktion: Sinkende Preise bewirken, dass Grenzanbieter die Produktion verringern oder einstellen. Produktionsfaktoren werden freigesetzt. Steigende Preise bewirken, dass die Produktion erhöht wird. Produktionsfaktoren werden zusätzlich eingesetzt. Dadurch kommt es zu einer Reallokation von Produktionsfaktoren. Die Produktionsfaktoren werden von den Produktionsbereichen (Sektoren) sinkender Rentabilität abgezogen und wandern zu den Bereichen steigender Rentabilität.

Verteilungsfunktion: Das Einkommen der Produktionsfaktoren wird in Sektoren steigender Rentabilität steigen und in Sektoren sinkender Rentabilität sinken. Dadurch werden die Produktionsfaktoren in jene Bereiche gelenkt, in welchen sie der Gesellschaft die besten Dienste erweisen können.

Der Preis kann seine Funktionen aber nur dann erfüllen, wenn der Preismechanismus nicht verzerrt und gestört wird. Subventionen bewirken immer Verzerrungen.

6.2.5 Die Konsumenten- und Produzentenrente

Die Bildung eines Gleichgewichtspreises bedeutet, dass alle Anbieter zum gleichen Preis verkaufen und alle Nachfrager zum gleichen Preis kaufen können. Somit können alle Nachfrager, die grundsätzlich bereit wären, einen höheren Preis zu zahlen, zum niedrigeren Gleichgewichtspreis kaufen und ersparen sich damit einen gewissen Geldbetrag. Die Differenz zwischen dem Geldbetrag, den die Konsumenten bereit wären, für das Gut zu zahlen und jenem Geldbetrag, den sie zum Gleichgewichtspreis für den Erwerb des Gutes zahlen, nennt man Konsumentenrente. Sie wird im Schaubild 34 gezeigt. Die Konsumentenrente stellt die Fläche ABp* dar.

34. Schaubild: Konsumentenrente und Produzentenrente

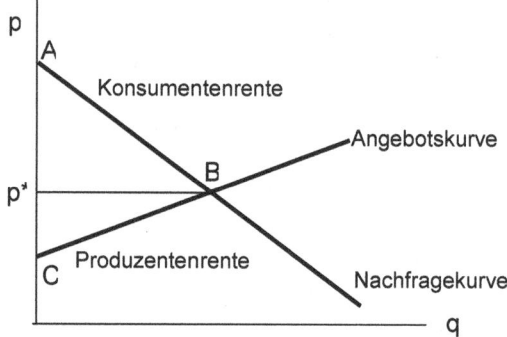

Jene Anbieter, die in der Lage wären, das Gut zu einem niedrigeren Preis als dem Gleichgewichtspreis anzubieten, kommen ebenfalls in den Genuss einer Rente. Man nennt sie Produzentenrente. Sie stellt die Fläche Cp*B dar.

Eine hohe Produzentenrente bedeutet, dass die Anbieter mit unterschiedlichem Kostenminimum produzieren und die minimalen Durchschnittskosten der einzelnen Anbieter verschieden hoch sind. Eine hohe Konsumentenrente kann bedeuten, dass es sich um ein Gut handelt, welches für die Konsumenten lebensnotwendig ist.

6.2.6 Die Preisbildung auf den Faktormärkten

6.2.6.1 Allgemeines

Güter, die nicht unmittelbar der Bedürfnisbefriedigung dienen, werden Produktionsgüter genannt und in den Kategorien der Produktionsfaktoren zusammengefasst. Allgemein werden die Produktionsfaktoren Arbeit, Boden und Kapital unterschieden.

Sie werden von den Unternehmen nachgefragt, die sie zur Produktion benötigen. Ihre Nachfrage wird von der Nachfrage nach jenen Gütern abgeleitet, zu deren Produktion sie eingesetzt werden.

Das Angebot von Produktionsfaktoren hängt von der Faktorausstattung einer Volkswirtschaft ab und kann nur eingeschränkt beeinflusst werden. Eigenheiten sollen kurz aufgezeigt werden.

Auch die Preise der Produktionsfaktoren werden durch das Zusammenwirken von Angebot und Nachfrage gebildet. Der Preis für Arbeit wird Lohn, der Preis für Boden Grundrente und der Preis für Kapital Zins genannt.

6.2.6.2 Die Ableitung der Faktornachfrage: Die Grenzproduktivitätstheorie

Die Faktornachfrage der Unternehmungen wird aus dem Angebot der Güter abgeleitet, für deren Produktion die nachgefragten Produktionsfaktoren benötigt werden. Der Zusammenhang wird durch die Grenzproduktivitätstheorie erklärt.

Dabei geht man von folgenden Annahmen aus:

Vollständige Konkurrenz auf den Absatz- und Beschaffungsmärkten, womit die Preise für Produktionsfaktoren und Produkte, durch das Angebot an Produkten und die Nachfrage nach Faktoren der Unternehmung nicht beeinflusst werden können;

Die Unternehmung versucht, den Gewinn zu maximieren.

Den maximalen Gewinn erzielt eine Unternehmung, wenn sie eine Produktmenge am Gütermarkt anbietet, bei welcher die Grenzkosten und der Grenzerlös gleich hoch sind. Der Grenzerlös ist nach der getroffenen Annahme gleich dem am Markt für die Produkte der Unternehmung erzielten Preis. Die Grenzkosten stellen jenen Geldbetrag dar, der für die Erzeugung einer zusätzlichen Einheit des Produktes notwendig ist.

Wenn die Unternehmung bei partieller Faktorvariation den Ausstoß um eine Einheit erhöhen will, muss sie den Einsatz (damit die Nachfrage) des variablen Faktors der Produktionsfunktion entsprechend erhöhen.

Die Ausgaben pro zusätzlich einzusetzender Faktoreinheit werden Grenzausgaben für den bestimmten Faktor genannt und stellen den Preis dieses Faktors dar.

Diesen Grenzausgaben oder Grenzfaktorkosten stehen Grenzeinnahmen oder ein Grenzertragswert gegenüber, die durch den Einsatz einer zusätzlichen Faktoreinheit erzielt werden können. Grenzeinnahmen sind das Produkt aus Grenzertrag und Produktpreis.

Sind die Grenzeinnahmen größer als die Grenzausgaben, realisiert das Unternehmen einen Gewinn.

Der Gewinn kann maximiert werden, wenn die Unternehmung den Einsatz eines Produktionsfaktors so lange ausdehnt, bis Grenzeinnahmen und Grenzausgaben gleich sind.

Die Faktornachfrage steigt bei steigendem Grenzertrag, steigendem Produktpreis und sinkendem Faktorpreis.

Die individuelle Faktornachfrage einzelner Unternehmungen kann durch horizontale Addition zur Marktnachfrage aggregiert werden.

6.2.6.3 Das Arbeitsangebot und der Zusammenhang zwischen Arbeitszeit und Freizeit

Der Faktor Arbeit wird von der elementaren Wirtschaftseinheit angeboten. Die elementare Wirtschaftseinheit kann ihre verfügbare Zeit zum Erwerb von Gütern nützen oder sie als Freizeit verbringen. Die verfügbare Zeit wird somit auf Arbeitszeit und Freizeit aufgeteilt. Für Arbeitszeit erwirbt die elementare Wirtschaftseinheit einen Anspruch auf Güter, ein (Real-)Einkommen. In der Geldwirtschaft wird auch das Realeinkommen in Geld ausgezahlt und erst dann zum Kauf von Konsumgütern ausgegeben oder für einen späteren Konsum gespart.

Dieses Einkommen wird *Arbeitseinkommen* genannt. Die Höhe des Einkommens in der Zeiteinheit hängt von den Fähigkeiten der elementaren Wirtschaftseinheit, dem Angebot und der Nachfrage damit verbundener Arbeit ab und wird Stundenlohn, Lohnsatz oder einfach Lohn genannt.

Durch Erwerbstätigkeit (Arbeit) wird verfügbare Zeit in (Erwerbs-)Einkommen umgewandelt. Die Arbeitszeit kann aber nur erhöht werden, wenn die Freizeit im gleichen Maße verringert wird und umgekehrt. Dieser Zusammenhang zwischen Freizeit und Arbeitszeit wird im Schaubild 35 veranschaulicht.

Auf der Abszisse wird die verfügbare Zeit Z aufgetragen und in Freizeit F und Arbeitszeit A unterteilt. F wird vom Ursprung nach rechts, A vom Punkt Z nach links gemessen. Es gilt: Z=A+F.

Auf der Ordinate wird das Arbeitseinkommen E aufgetragen. Der Abtausch (trade-off) von Freizeit gegen Einkommen erfolgt entlang einer Zeit – Einkommens – Transformationskurve. Diese kann verschieden verlaufen. Ein linearer Verlauf kommt zustande, wenn jede Zeiteinheit mit dem gleichen Lohnsatz entgolten wird. Die Neigung der Geraden wird durch den Lohnsatz bestimmt.

Danach steigt das Einkommen mit der Arbeitszeit. Gleichzeitig sinkt die Freizeit. Das Einkommen kann aber auch erhöht werden, wenn die Transformationskurve um den Punkt Z im Uhrzeigersinn aufgrund einer Steigerung der Fähigkeiten der Arbeitskraft, Steigerung der Nachfrage und Verminderung des Angebotes von Arbeit gedreht wird.

Die Entscheidung darüber, wie die verfügbare Zeit auf Arbeitszeit und Freizeit aufgeteilt wird, stellt ein Optimierungsproblem dar.

Es wird angenommen, dass eine elementare Wirtschaftseinheit ihre verfügbare Zeit nur nützlich verwenden kann. Die Verwendungsmöglichkeiten sind

154

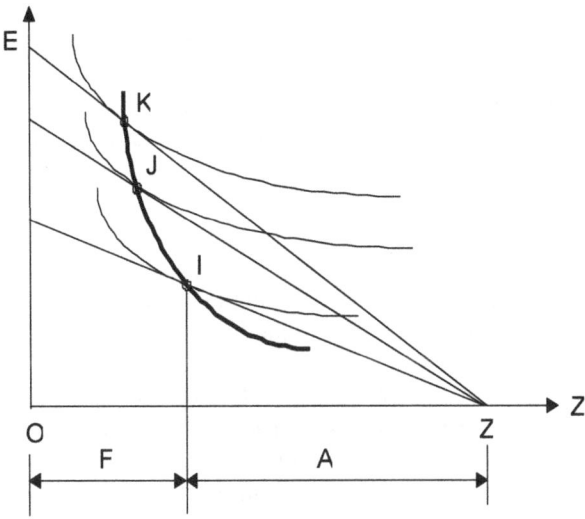

Freizeit oder Arbeitzeit. Durch die Freizeit wird das Bedürfnis Muße (innere Ruhe) befriedigt und es wird angenommen, dass mehr Muße weniger Muße vorgezogen wird, so dass der Grenznutzen der Freizeit positiv ist. Die Arbeitszeit bestimmt das Einkommen und dieses begrenzt die Realisierung sonstiger Ziele (eines möglichst hohen Bedürfnisbefriedigungsniveaus). Je höher das Einkommen, umso mehr Güter können gekauft werden. Es wird ferner angenommen, dass der Grenznutzen des Einkommens im relevanten Bereich ebenfalls positiv sei. Damit lässt sich eine Nutzenfunktion folgender Art formulieren:

$$U = f(E,F)$$

In dieser Gleichung steht U für Gesamtnutzen, E für Arbeitseinkommen und F für Freizeit. Die Nutzenfunktion erlaubt die Bildung von Indifferenzkurven, die in das Schaubild 35 eingetragen werden können. Eine Indifferenzkurve stellt in diesem Falle den Ort aller Kombinationen von Freizeit und Einkommen dar, die den gleichen Nutzen stiften.

Die elementare Wirtschaftseinheit erreicht bei jener Kombination von Freizeit und Arbeitszeit die maximale Bedürfnisbefriedigung, bei welcher die Zeit – Einkommens – Transformationskurve, die am weitesten vom Ursprung entfernte Indifferenzkurve tangiert.

Aus Schaubild 35 geht hervor, dass bei steigendem Lohn Freizeit durch mehr Einkommen substituiert und mehr Arbeit angeboten wird, da dadurch ein höheres Bedürfnisbefriedigungsniveau erreicht werden kann.

Es ist aber auch denkbar, dass bei steigendem Lohn und langer Arbeitszeit die Freizeit höher geschätzt wird als zusätzliches Einkommen durch mehr Arbeit. In diesem Falle könnte das Arbeitsangebot unelastisch oder sogar verringert werden.

6.2.6.4 Die Bildung des Lohnes

Bei freier Preisbildung bestimmen Angebot und Nachfrage auch den Lohn als Gleichgewichtspreis. An der Lohnbildung beteiligen sich jedoch auch Gewerkschaften, Arbeitgeberverbände und der Staat. So wird durch Verhandlungen ein Mindestlohn oder Tariflohn festgelegt. Liegt der Mindestlohn über dem Gleichgewichtslohn, dann kommt es zu Arbeitslosigkeit (Überangebot an Arbeit). Grundsätzlich sind Löhne nach unten unflexibel. Steigt die Nachfrage nach Arbeit, dann kommt es zur Lohndrift und die Effektivlöhne steigen über die Tariflöhne.

6.2.6.5 Die Bildung der Grundrente

Der Bodenpreis wird für den Erwerb, die Grundrente r für die zeitweilige Überlassung des Faktors Boden gezahlt.

Auch die Nachfrage nach Boden wird so lange ausgedehnt, bis die Grenzeinnahmen den Grenzausgaben gleich sind.

Das Angebot an Boden kann als starr angenommen werden, da Boden nicht vermehrbar ist. Steigt die Nachfrage nach Boden, steigt die Grundrente und umgekehrt. Diese Preisbildung wird im Schaubild 36 gezeigt.

Die Grundrente stellt ein leistungsloses Einkommen dar.

6.2.6.6 Die Bildung des Zinses

Der Preis für die zeitweilige Überlassung von Kapital ist der Zins. Die Nachfrage nach Kapital wird so lange erhöht, bis die Grenzeinnahmen den Grenzausgaben gleich sind. Die Grenzeinnahmen können durch die Grenzleistungsfähigkeit des Kapitals, den internen Zinsfuß ersetzt werden, da die Nachfrage nach Kapital nicht stetig, sondern in Projekteinheiten verändert wird. Sie sinken mit steigender Nachfrage nach Kapital, da die Ausdehnung der Investitionen nur möglich ist, wenn nach und nach Investitionsprojekte mit kleiner werdendem internem Zinsfuß herangezogen werden. Die Grenzausgaben stellen den Marktzins dar. Das ist

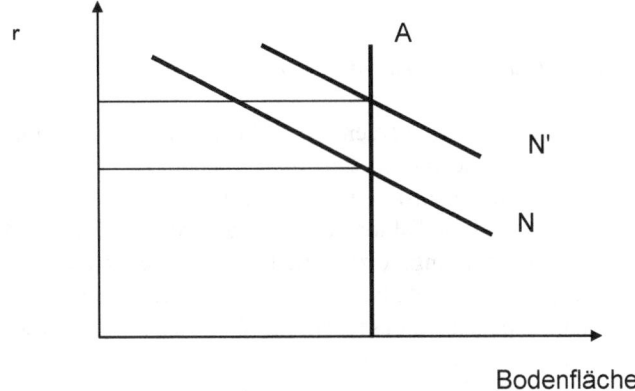

der Zins, der bei vollständiger Konkurrenz von allen Nachfragern gezahlt werden muss, die den Zinssatz nicht beeinflussen können.

6.2.6.7 Unternehmereinkommen und Unternehmergewinn

Das *Unternehmereinkommen* kann in folgende Komponenten zerlegt werden:

- Unternehmerlohn,
- Unternehmerzins,
- Unternehmergrundrente und
- Unternehmergewinn.

Der *Unternehmerlohn* wird für die vom Unternehmer geleistete selbständige Arbeitsleistung berechnet und entspricht dem Gehalt leitender Angestellter bei Verrichtung vergleichbarer Tätigkeiten.

Der *Unternehmerzins* entspricht dem Betrag, der bei einer alternativen Veranlagung erzielt werden könnte.

Wenn ein Unternehmer eigenen Boden in das Unternehmen einbringt, wird er als *Unternehmergrundrente* jenen Betrag ansetzen, den er bei einer alternativen Verwendung des Bodens erzielen würde.

Der *Unternehmergewinn* stellt die Differenz zwischen Gesamterlös und Gesamtkosten dar. Dabei werden zu den Gesamtkosten auch ein entsprechender Unternehmerlohn, der Unternehmerzins und die Unternehmergrundrente gerechnet. Der Unternehmergewinn ist eine Restgröße, ein *Residualeinkommen*. Diesen *Differentialgewinn* erzielen nur Unternehmer, die billiger produzieren als Konkurrenzunternehmer oder eine Monopolstellung haben. Der Unternehmergewinn stellt eine Entschädigung für das Risiko dar, das ein Unternehmer auf sich nehmen muss.

6.2.6.8 Faktorpreis und Einkommensverteilung

Über die Faktorpreisbildung werden die Höhe der Faktoreinkommen und die Einkommensverteilung bestimmt. Die Interdependenz der Märkte führt zur Herausbildung von Knappheitsrelationen zwischen den Faktoren und der Faktorallokation. Durch die freie Faktorpreisbildung wird erreicht, dass die knappen Produktionsfaktoren dort eingesetzt werden, wo sie den größten Beitrag zum Nationalprodukt leisten können. Fehlallokationen aufgrund schlecht funktionierender Faktormärkte bedeuten, dass nicht der Wohlstand realisiert wird, der aufgrund der Faktorausstattung eigentlich möglich wäre.

Die Verteilung des Volkseinkommens auf die Produktionsfaktoren nennt man funktionelle Einkommensverteilung. Die Verteilung des Einkommens auf natürliche Personen wird personelle Einkommensverteilung genannt. Die personelle Einkommensverteilung hängt vom Vermögen der elementaren Wirtschaftseinheiten, der Verfügung über Produktionsfaktoren bestimmter Qualitäten und der Einkommensumverteilung durch den Staat, den so genannten Transferzahlungen ab.

6.2.7 Schlüsselbegriffe

- Aggregation individueller Angebotskurven
- Aggregation individueller Nachfragekurven
- Agonistische Marktbeziehung
- Aktionsparameter
- Allokationsfunktion
- Angebotskurve
- Antagonistische Marktbeziehung
- Arbeitsangebot
- Arbeitseinkommen
- Atomistische Konkurrenz
- Bilaterales Monopol
- Bilaterales Polypol
- Effektivlohn
- Einkommensverteilung

- Elementarmarkt
- Erwartungsparameter
- Faktorallokation
- Faktorausstattung
- Faktormärkte
- Faktornachfrage
- Fixierungsparameter
- Freizeit
- Fungibilität
- Einkommensverteilung, funktionelle
- Funktionen des Preises
- Gleichgewichtspreis
- Grenzanbieter
- Grenzausgaben
- Grenzeinnahmen

- Grenzertragswert
- Grenzfaktorkosten
- Grenzleistungsfähigkeit des Kapitals
- Grenzproduktivitätstheorie
- Grenzproduzent
- Grundrente
- Handlungsparameter
- Homogenität
- interner Zinsfuß
- Kampfstrategie
- Kollektivmonopol
- Konkurrenz
- Kooperation
- Koordinierung
- Lohndrift
- Markt
- Marktangebot
- Marktkonstellation
- Marktnachfrage
- Markttransparenz
- Marktverhalten
- Marktzins
- Marktzugang
- Mengenanpassung
- Mindestlohn
- Monopol
- Monopson
- Nachfragekurve
- nicht organisierte Märkte
- Oligopol
- Oligopson
- Optimierungsproblem
- Optionsempfang
- Optionsfixierung
- organisierte Märkte
- Organisierungsgrad des Marktes
- personelle Einkommensverteilung
- persönliche Präferenzen
- Preisbildung
- Preismechanismus
- Produktionsfaktoren
- Produzentenrente
- Punktmarkt
- räumliche Präferenzen
- Reallokation von Produktionsfaktoren
- Residualeinkommen
- Signalfunktion
- Tariflohn
- Theorie der Marktbeziehungen
- Theorie der Substitutionslücke
- Überangebot
- Übernachfrage
- Unternehmergrundrente
- Unternehmereinkommen
- Unternehmergewinn
- Unternehmerlohn,
- Unternehmerzins
- unvollkommener Markt
- Verhandlungsstrategien
- Verteilungsfunktion
- Vertretbarkeit der Güter
- vollkommener Markt
- vollständiger Wettbewerb
- Zeit-Einkommens-Transformationskurve
- zeitliche Präferenzen
- Zerlegung der Märkte
- Zins

7 Die gesamtwirtschaftliche Betrachtung

7.1 Allgemeines

7.1.1 Die Stellung der Volkswirtschaftslehre in den Wirtschaftswissenschaften

In der Lehre werden die Wirtschaftswissenschaften in Betriebswirtschaftslehre und Volkswirtschaftslehre unterteilt. Aus den Lehrinhalten geht hervor, dass sich die Betriebswirtschaftslehre eigentlich nur mit der Wirtschaftseinheit Unternehmen befasst. Der Volkswirtschaftslehre bleiben alle anderen Bereiche und Erscheinungsformen des Wirtschaftens als Untersuchungsgegenstände. Diese Abgrenzung soll klar zeigen, dass die Betriebswirtschaftslehre nur die unternehmerische Sicht der Wirtschaft und des Wirtschaftens behandelt und für die Erklärung anderer Wirtschaftsfragen nicht zuständig ist. Die Betriebswirtschaftslehre ist auf mögliche Ziele des Unternehmers, der Gesellschafter oder Shareholder ausgerichtet und keinesfalls geeignet oder gerüstet, Fragestellungen anderer Wirtschaftseinheiten und der Gesamtwirtschaft zu beantworten. Die Betriebswirtschaftslehre hat die Aufgabe, Wissen zur erfolgreichen Führung einzelner Unternehmen bereitzustellen. Dabei spielt das Wohlergehen der elementaren Wirtschaftseinheiten und der Gesamtwirtschaft höchstens eine indirekte und nachrangige Rolle.

Die Volkswirtschaftslehre oder Nationalökonomie wird traditionell in die drei Bereiche

1) Wirtschaftstheorie,
2) Wirtschaftspolitik und
3) Finanzwissenschaft

unterteilt.

Diese Trennung ist problematisch. Sie findet sich aber immer noch an Universitäten bei der Aufteilung der Lehrinhalte auf Institute, Lehrstühle.

Die Wirtschaftstheorie hat die Aufgabe, Ursache-Wirkungs-Zusammenhänge zu klären, die für Wirtschaftspolitiker die Grundlage jeder rationalen Entscheidung bilden und somit unabdingbar sind. Diese Ursache-Wirkungs-Zusammenhänge beziehen sich aber nicht nur auf die elementaren Wirtschaftseinheiten und

Unternehmen, sondern auch auf die Aktivitäten des Staates und des Auslandes als Wirtschaftseinheiten so wie die Gesamtwirtschaft.

Damit ergibt sich die Notwendigkeit, auch die Finanzwissenschaft einzubeziehen. Sicherlich erlauben die drei Teilbereiche der Volkswirtschaftslehre eine eigenständige Behandlung. Die Finanzwissenschaft kann isoliert wie die Betriebswirtschaftslehre behandelt werden. Es ist aber notwendig, zu einer Gesamtbetrachtung zu kommen, bei welcher besonders das Zusammenwirken und die gegenseitige Beeinflussung aller Wirtschaftseinheiten berücksichtigt werden. Das erfolgt unter der Bezeichnung gesamtwirtschaftliche Theorie.

Der Gesamtwirtschaft oder Makroökonomie wird die Einzelwirtschaft oder Mikroökonomie gegenübergestellt. Auch diese Teilbereiche können getrennt untersucht werden. Sie gehören aber wieder zusammen, wenn Ursache-Wirkungs-Zusammenhänge erklärt und begründet werden sollen. Die Wissenschaftsbereiche, die sich mit diesen Untersuchungsgegenständen befassen, werden Gesamtwirtschaftslehre oder Makroökonomik und auch gesamtwirtschaftliche oder makroökonomische Theorie beziehungsweise Einzelwirtschaftslehre oder Mikroökonomik und auch einzelwirtschaftliche oder mikroökonomische Theorie genannt.

Während sich die Mikroökonomik mit dem Wirtschaften der Einzelwirtschaften und ihrem Verhalten beschäftigt, wird in der Makroökonomik das Durchschnittsverhalten der Wirtschaftssubjekte, statt der individuellen Nachfrage einer elementaren Wirtschaftseinheit die Gesamtnachfrage, statt dem individuellen Angebot eines Unternehmens das Gesamtangebot, statt der individuellen Produktion einer Unternehmung die Gesamtproduktion aller Unternehmen und statt einzelner Güterpreise das Preisniveau einer Volkswirtschaft untersucht.

Die gesamtwirtschaftliche Theorie verwendet in der Analyse Aggregate von gleichartigen Größen und gleichartigen Gruppen von Wirtschaftseinheiten. So werden Investitionen der einzelnen Wirtschaftseinheiten zur Größe Investitionen einer Branche, eines Sektors oder der gesamten Volkswirtschaft zusammengefasst oder aggregiert. Es gibt eine große Zahl solcher Aggregate: Sparvolumen, Konsum, Investitionen, Einkommen, Nachfrage usw.

Für eine Volkswirtschaft ergeben sich aber auch Fragen, die im Mikrobereich nicht gestellt werden: Beschäftigung, Arbeitslosigkeit, wirtschaftliche Entwicklung, konjunkturelle Entwicklung, Einkommensverteilung, Transaktionen über die Staatsgrenzen, Geldwesen.

Die „Gesamtwirtschaftliche Theorie" beschäftigt sich mit der Aufdeckung und Erklärung von Erscheinungen und Zusammenhängen, die für das Gemeinwesen, die gesamte Volkswirtschaft, das Staatsvolk von Wichtigkeit sind.

7.1.2 Aufgaben und Ziele

Grundsätzlich kann eine Aufgabe der Nationalökonomik darin gesehen werden, die Entstehung, Erhaltung und Mehrung von Wohlstand zu erklären. Adam Smith hat sein Hauptwerk „An Inquiry into the Nature and Causes of the Wealth of Nations" genannt und damit schon 1776 Aufgaben und Ziele der Nationalökonomie klar formuliert.

Schwierigkeiten ergeben sich bei der Definition und Bestimmung des Reichtums oder Wohlstandes. Es ist nicht einfach, Wohlstand zu messen. Zusätzliche Schwierigkeiten und unterschiedliche Auffassungen können sich ergeben, wenn danach gefragt wird, um wessen Wohlstand es sich handelt oder handeln soll.

Der Begriff Wohlstand kann durch Nationalprodukt, Zielmaximierung der Gesellschaft oder andere Indikatoren ersetzt werden. Wohlstand ist ein Indikator dafür, in welchem Ausmaß Ziele einer Gesellschaft, einer Gemeinschaft, eines Staatsvolkes erreicht wurden.

Die Aufgabenstellung der Nationalökonomie unterscheidet sich grundlegend von der der Betriebswirtschaftslehre, bei welcher die Gewinnmaximierung, der Shareholdervalue, der Aktienkurs oder ähnliche Ziele eines Unternehmens ohne Rücksicht auf andere Wirtschaftseinheiten entscheidend sind.

7.1.3 Beschreibung einer Volkswirtschaft

Aus volkswirtschaftlicher Sicht soll die Beschreibung einer Volkswirtschaft alle Informationen bereitstellen, die notwendig sind, um den Wirtschaftsprozess einer Volkswirtschaft und sein Ergebnis erklären zu können.

Im Schaubild 36 wird ein sehr einfaches Modell gezeigt. Darin werden die wichtigsten Grundlagen und Ursachen des Reichtums, Erfolges oder Misserfolges einer Volkswirtschaft einerseits und das Ergebnis, seine Verteilung und Verwendung andererseits berücksichtigt.

7.2 Die Grundlagen des Reichtums einer Volkswirtschaft – Überblick

Die Grundlagen einer Volkswirtschaft sind:
Größe und Struktur der Bevölkerung, ihre gesellschaftliche Ordnung, Wissen und Fähigkeiten der Bevölkerung und Beziehungen zum Ausland, Boden und Natur und Kapitalausstattung (Kapitalstock).

Diese Grundlagen oder Rahmenbedingungen einer Volkswirtschaft stellen kurzfristig Restriktionen für die wirtschaftlichen Handlungen dar. Langfristig ist aber – wenn man davon ausgeht, dass es keine Eroberungskriege mehr gibt – nur die Bodenfläche unveränderlich, während alle anderen Faktoren durch entsprechende wirtschafts- und gesellschaftspolitische Maßnahmen beeinflussbar sind.

Die Wechselwirkungen zwischen Rahmenbedingungen und Wirtschaftsprozess sind Gegenstand der wirtschaftlichen Analyse. Die Gestaltung der Rahmenbedingungen zum Wohle der Bevölkerung ist Aufgabe der Wirtschaftspolitik.

7.2.1 Die Bevölkerung

7.2.1.1 Größe und Entwicklung der Bevölkerung

Im Schaubild 38 wird die Entwicklung der Weltbevölkerung in den letzten 5000 Jahren gezeigt.

Es gibt Überlegungen, wonach es vor 100.000 Jahren etwa 100 Menschen gegeben haben soll, die anatomisch dem modernen Menschentyp zuzurechnen sind. Bis 8000 vor unserer Zeitrechnung dürfte ihre Zahl auf 7 Millionen angewachsen sein. Am Beginn unserer Zeitrechnung soll es schon 215 Millionen Menschen gegeben haben. Aber erst seit etwa 1500 lässt sich eine geradezu explosionsartige

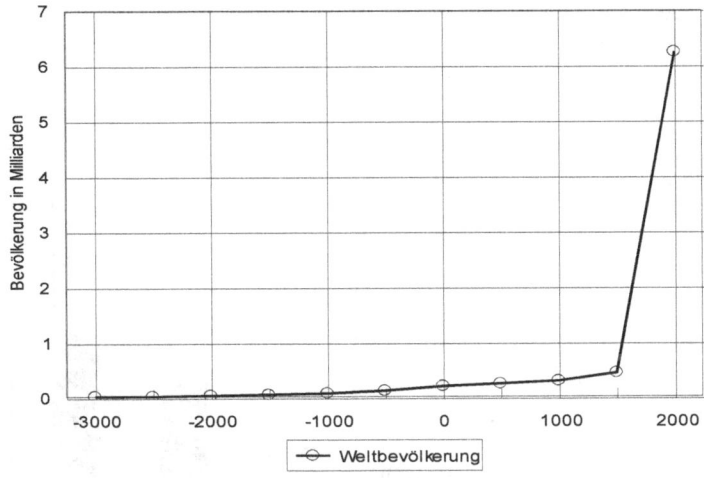

Entwicklung feststellen. Wobei sich in unserem Jahrhundert die Bevölkerung mehr als verdreifacht hat, obwohl die großen Kriege viele Menschenleben stark verkürzt haben.

In Österreich wohnen derzeit etwas über 8,3 Millionen Menschen. Davon sind 737.277 Ausländer. Um 1500 betrug die Bevölkerung unseres Landes etwa 1,5 Millionen. Bis 1800 (innerhalb von 300 Jahren) verdoppelte sich die Einwohnerzahl. In den folgenden 100 Jahren kam es zu einer weiteren Verdoppelung. In diesem Jahrhundert ist mit einer Steigerung um 31 % zu rechnen. Die Bevölkerung Österreichs ist somit in den letzten 500 Jahren um 440 % gewachsen, wobei der Zuwachs im 20. Jahrhundert sehr stark gesunken und während der letzten 20 Jahre ausschließlich auf die Zuwanderung zurückzuführen ist.

Vergleichsweise hat sich die Weltbevölkerung in dieser Zeit um 1.289 % vermehrt. Sie ist bis 1900 sogar noch etwas langsamer gestiegen als die österreichische Bevölkerung. In diesem Jahrhundert allein hat sie sich aber mehr als vervierfacht.

Ein Vergleich der Entwicklung der Weltbevölkerung mit der Entwicklung der Bevölkerung von Österreich seit 1500 wird im Schaubild 39 dargestellt.

Die österreichische Bevölkerung ist von 1500 bis 1900 etwas schneller gewachsen als die Weltbevölkerung. In diesem Jahrhundert ist das Wachstum der österreichischen Stammbevölkerung praktisch zum Stillstand gekommen. Die Wohnbevölkerung steigt jedoch aufgrund massiver Zuwanderung noch weiter.

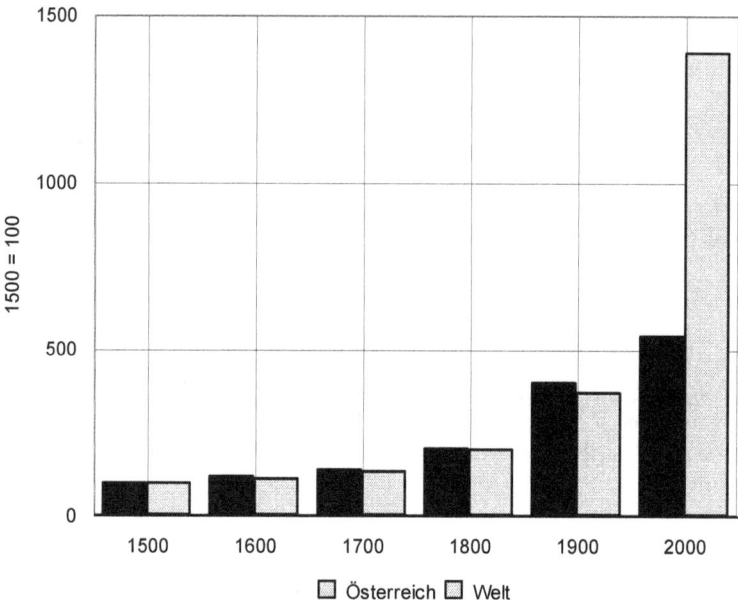

Die Weltbevölkerung hat sich in diesem Jahrhundert allein fast vervierfacht und ist seit 1500 um 1289 % gestiegen, was einer Vervierzehnfachung entspricht.

7.2.1.1.1 Die Wohnbevölkerung nach Altersgruppen

Die Alterspyramide zeigt, wie sich die Bevölkerung nach Alter und Geschlecht zusammensetzt. Aus dem Altersaufbau lässt sich auf den Anteil der arbeitsfähigen Personen, die Bedürfnisstruktur und andere Merkmale schließen.

Die Zusammensetzung der österreichischen Bevölkerung wurde durch verschiedene Faktoren geprägt: Weltkriege, Wirtschaftskrisen und besonders den Rückgang der Geburtenrate in den letzten Jahren.

7.2.1.1.2 Arbeit, Arbeitslosigkeit und Erwerbsquote

Unter der menschlichen Arbeit versteht man jede körperliche und geistige Betätigung, die auf die Erstellung eines für die Gemeinschaft nützlichen Werkes gerichtet ist. Durch den Einsatz der persönlichen Arbeitskraft versucht der Arbeitende, die Existenz für sich und seine Angehörigen zu sichern. Mit Arbeit werden menschliche Fähigkeiten entfaltet und der Sinn des Lebens verdeutlicht. Arbeit hat einen sittlichen Wert.

Mit der Landnahme (Grundeigentum) entsteht das Recht auf menschenwürdige Erwerbstätigkeit. Es gibt aber kein Recht auf Müßiggang.

Als Arbeitslose bezeichnet man Menschen, die arbeitsfähig und arbeitswillig sind, aber keine Arbeit finden.

Es gibt auch Menschen, die keine Arbeit suchen und keinen Beruf ausüben, obwohl sie arbeitsfähig wären. Sie werden als Müßiggänger oder auch Gammler bezeichnet.

Menschen, die aufgrund ihres Alters, Krankheit oder aus anderen Gründen arbeitsunfähig sind, bilden eine eigene Gruppe von Erwerbslosen.

Von besonderer Bedeutung ist die Arbeit im Haushalt, die Erziehung der Kinder und Betreuung der Kranken, auch wenn sie formal nicht als Erwerbstätigkeit gilt.

Der Anteil der Erwerbstätigen an der Gesamtbevölkerung wird Erwerbsquote genannt. Sie betrug im Jahr 1998 48,1 % für die Gesamtbevölkerung, 56,9 % für die männliche und 40,1 % für die weibliche Bevölkerung. Sie hat somit wieder das Niveau von 1951 erreicht, obwohl sie 1971 nur 42,4 % betrug. Bei der Erklärung dieser Entwicklung ist zu berücksichtigen:

1) Die Zahl der Scheinbeschäftigten, die sich nur einen Pensionsanspruch sichern wollen, ist gestiegen;
2) eine steigende Zahl von Erwerbstätigen ist nur teilbeschäftigt und arbeitet nur wenige Stunden in der Woche;
3) die Erwerbsquote der Männer ist von 63,7 % auf 56,9 % gesunken, die der Frauen von 35 % auf 40 % gestiegen;
4) die Schul- und Ausbildungszeit ist stark gestiegen;
5) das effektive Pensionsalter ist durch Frühpensionierung stark gesunken;
6) die effektive Lebenszeit konnte ständig erhöht werden.

Die Erwerbsquote dürfte mit früheren Jahren nicht vergleichbar sein, da durch 1) und 2) Personen als Erwerbstätige gezählt werden, die nur einen geringen Beitrag zum BIP leisten. Somit muss eine vergleichbare Erwerbsquote (Teilzeitbeschäftigung umgerechnet auf Ganztagsbeschäftigung) wesentlich niedriger sein als die statistisch ausgewiesene.

7.2.1.1.3 Bevölkerung und Volkseinkommen

Zwischen der Bevölkerung B und dem Volkseinkommen Y können verschiedene Zusammenhänge aufgezeigt werden:

7.2.1.1.3.1 Das Durchschnitts- oder Prokopfeinkommen .

Das Prokopfeinkommen ändert sich mit der Bevölkerung und dem Volkseinkommen (Einkommen p. c. = Y/B). Steigt die Bevölkerung bei gleichbleibendem Volkseinkommen, so sinkt das Durchschnittseinkommen. Steigt das Volkseinkommen schneller als die Bevölkerung, dann steigt auch das Durchschnittseinkommen. Jedes Glied der Bevölkerung ist Verbraucher, aber nur ein Teil der Bevölkerung ist erwerbstätig und leistet einen Beitrag zur Entstehung des Nationalproduktes. Die Nicht-Erwerbstätigen verbrauchen somit einen Teil des Volkseinkommens, obwohl sie formell nicht zu seiner Entstehung beitragen. Dabei wird die so genannte informelle Tätigkeit nicht berücksichtigt: Tätigkeit im Haushalt, Kindererziehung, Schattenwirtschaft etc.

7.2.1.1.3.2 Bestimmungsfaktoren des Durchschnittseinkommens

Die Höhe des Durchschnittseinkommens hängt von einer Reihe von Faktoren ab:

1) der Arbeitsproduktivität: Y/H, (H steht dabei für eine Arbeitsstunde);
2) der durchschnittlich von jedem Erwerbstätigen (A für Arbeiter) geleisteten Stundenzahl H/A,
3) dem Anteil der Aktiven oder Erwerbstätigen an der Gesamtbevölkerung A/B;

Somit ergibt sich: $Y/B = Y/H \times H/A \times A/B$
Die Verkürzung der Arbeitszeit stellt einen zentralistischen Eingriff dar. Anzustreben wäre eine optimale und nicht die kürzeste Arbeitszeit. Dabei ist der Zusammenhang zwischen Arbeitszeit und Arbeitsproduktivität sowie Freizeit und Einkommensverlust zu berücksichtigen.
Die Produktivität der Arbeit hängt vom Arbeitswillen, der Motivation, der Gesundheit und Arbeitskraft, den Fähigkeiten, dem angemessenen Ausbildungsgrad und schließlich von der Ausstattung der Arbeitskraft mit Produktionsmitteln ab.
Zwischen Produktivität und Kapital besteht ein eindeutiger Zusammenhang: Die Produktivität steigt mit dem Einsatz von Kapital je Arbeitskraft, der Kapitalintensität.

7.2.1.1.3.3 Wissen und Fähigkeiten der Bevölkerung

Wissen und Fähigkeiten können als Güter erster und höherer Ordnung angesehen werden. Sie bilden die Grundlage für die Entfaltung des Menschen, seine Entwicklung und seinen Lebensstandard. Sie befähigen den Menschen zur Bewältigung der verschiedensten Probleme in allen Lebensbereichen. Es kann zwischen Bildungswissen und Leistungswissen unterschieden werden. Bildungswissen stellt eine Bereicherung des Lebens an sich dar, da es neue Einsichten in Zusammen-hänge ermöglicht, neue Ideen, Geheimnisse und Unbekanntes erschließt. Leis-tungswissen dient der Lebensgestaltung und dem Fortschritt im weitesten Sinne.

7.2.1.1.3.4 Entstehung und Vermehrung von Wissen, Wissensvermehrung als Produktionsumweg, Humankapital

Neues Wissen entsteht täglich in einem Lernprozess durch Erfahrung aufgrund von Versuch und Irrtum und systematisch durch Forschung. Damit Wissen zur Anwendung gelangen kann, müssen Wissensträger entsprechend ausgebildet werden. Die Vermehrung von Wissen und die Ausbildung sind mit Kosten ver-bunden. Wissen stellt einen Produktionsumweg dar. Das auf die Bevölkerung verteilte Wissen und die verfügbaren Fähigkeiten werden Humankapital genannt.

7.2.1.1.3.5 Bereiche des Leistungswissen

– Wissen über die Grundformen wirtschaftlichen Handelns
– Wissen zur Anwendung des Wirtschaftlichkeitsprinzips,
– Wissen über Produktionstechniken zur Produktion der vielen begehrten Gü-ter,
– Wissen zur Realisierung technischen Fortschritts,
– Wissen zur Produktionsumstellung,
– Wissen zur Realisierung von mehrergiebigen Produktionsumwegen,
– Wissen über Tauschmöglichkeiten,
– Wissen über die Vorteilhaftigkeit von Arbeitsteilung verbunden mit Tausch,
– Wissen über die Vorteilhaftigkeit der Zusammenarbeit (Synergieeffekte),
– Wissen über den Risikotransfer.
– Wissen über das gesellschaftliche Zusammenleben

Mit der Bevölkerungsdichte steigt das Konfliktpotential ganz allgemein. Es ist notwendig, einen entsprechenden rechtlichen Rahmen für das Zusammenleben zu schaffen. Darüber hinaus hängt das soziale Klima von der sozialen Intelli-genz und den Fähigkeiten der Bevölkerung ab, Konflikte zu vermeiden und das Zusammenleben so zu gestalten, dass es das Wohl der Bevölkerung insgesamt steigert. Dazu ist Wissen über das gesellschaftliche Zusammenleben notwendig.

7.2.1.1.3.6 Wissensteilung

Das Wissen ist weder zentral speicherbar noch verfügbar, sondern auf alle Mit-glieder der Gesellschaft aufgeteilt. Es gibt keinen Alleswisser. Nur durch eine effiziente Gesellschaftsordnung kann das vorhandene Wissen der Gesellschaft für die Volkswirtschaft erschlossen werden.

7.2.2 Gesellschaftsordnung

In der Gesellschaftsordnung (Schaubild 40) werden alle Normen und Regeln, aber auch Sitten, Gewohnheiten und Institutionen zusammengefasst, die das Zusammenleben der Mitglieder einer Gesellschaft gestalten. Sie kann in mehrere Teilordnungen unterteilt werden: Wirtschaftsordnung, Rechtsordnung, politische Ordnung und kulturelle Ordnung. Zwischen den Teilordnungen besteht eine strenge Interdependenz.

40. Schaubild: Interdependenz zwischen den Teilordnungen und der Gesellschaftsordnung

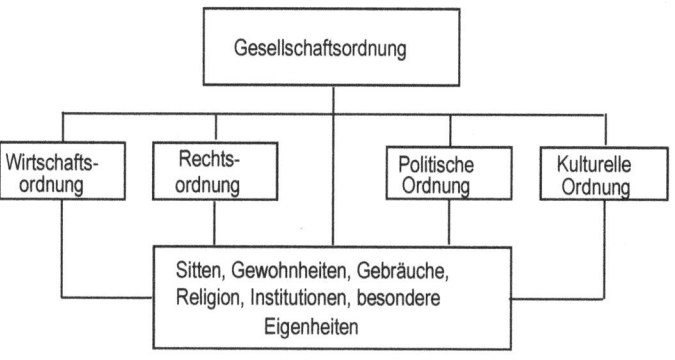

7.2.2.1 Wirtschaftsordnung und Verfassung

Die Verfassung bestimmt den Entscheidungsraum für eine Wirtschaftsordnung und welches Wirtschaftssystem eingeführt wird. Grundrechte sind einzuhalten und sollen nicht missachtet werden: Freiheit der Person, Versammlungs- und Vereinigungsfreiheit, Recht auf freie Berufswahl, Garantie für Privateigentum, Garantie des Erbrechtes u. s. w.

7.2.2.2 Grundkonsens

Eine demokratische Staatsverfassung ermöglicht einen Grundkonsens, der von der Mehrheit getragen wird und den Interessen der Mehrheit dient. Dazu gehört die Garantie von Grundrechten von Minderheiten insbesondere auch der ärmsten

Mitglieder der Gesellschaft. Es werden sozialstaatliche Postulate der sozialen Sicherheit und sozialen Gerechtigkeit festgeschrieben.

Die wirtschaftliche Freiheit kommt in folgenden Merkmalen zum Ausdruck:

– *Konsumfreiheit*: Der Konsument kann frei zwischen angebotenen Gütern wählen.
– *Freie Eigentumsnützung*: Darin kommt zum Ausdruck, dass der Eigentümer von Produktionsgütern den Einsatz von Kapital, Boden und Arbeitskraft nach eigener Wahl vornehmen kann.
– *Gewerbefreiheit*: Danach sind alle Wirtschaftssubjekte berechtigt ein Gewerbe auszuüben, wenn allgemein anzuwendende Bedingungen erfüllt werden.
– *Wettbewerbsfreiheit*: Jede Wirtschaftseinheit ist frei, mit anderen zur Realisierung eines gleichen Zieles in Wettbewerb zu treten.
– *Produktions- und Handelsfreiheit*: Wirtschaftseinheiten sind frei nach eigener Wahl Güter zu produzieren und zu handeln.
– *Freiheit der Berufs- und Arbeitsplatzwahl*: Danach soll jedes Wirtschaftssubjekt die Ausbildung, den Beruf und den Arbeitsplatz selbst wählen können.

Eine Wirtschaftsordnung erfüllt die Forderungen nach sozialer Sicherheit nur dann, wenn sie

– genügend leistungsfähig ist, um die Grundlagen für einen Wohlstand für alle zu schaffen und
– gleichzeitig sozial unerwünschte Folgen bei Umweltverschmutzung,
– wirtschaftliche Machtkonzentration und
– Bereicherung einzelner auf Kosten der Allgemeinheit verhindert.

Besondere Probleme und Gefahren sind:

1) Machtkonzentration,
2) Einschränkungen politschen und wirtschaftlichen Wettbewerbs,
3) zentralverwaltungswirtschaftliche Koordination (die EU hat beschlossen, daher können wir nicht anders),
4) Missbrauch wirtschaftlicher und politischer Macht und
5) die institutionelle Verantwortungslosigkeit, die darin besteht, dass der Entscheidungsträger nicht gleichzeitig Verantwortungsträger ist, aber die Möglichkeit hat, Entscheidungen zum eigenen Vorteil zu treffen, ohne das Risiko der Entscheidungen mitzutragen.
6) Eine weitere Gefahr liegt in der Einkommens- und Vermögenskonzentration.

7.2.3 Beziehungen zum Ausland

Eine Volkswirtschaft kann mit dem Ausland viele Beziehungen haben. Die wirtschaftlichen Beziehungen können in fünf Kategorien von Transaktionen unterteilt werden:

1) Ein- und Ausfuhr von Gütern,
2) Kapitalbewegungen,
3) Geldbewegungen,
4) Migration und
5) Grenzüberschreitender Schadstoffverkehr.

Der grenzüberschreitende Schadstoffverkehr führt zu einer Beeinträchtigung der Umwelt und damit zu externen Effekten (Volkswirtschaftlichen Kosten). Alle anderen Beziehungen können so gestaltet werden, dass sie einen Vorteil für beide beteiligten Volkswirtschaften bringen.

Besonders wichtig sind die Vorteile echter internationaler Arbeitsteilung und Zusammenarbeit. Die einseitige Ausnutzung einer Situation wird langfristig nicht haltbar sein.

Außenwirtschaftliche Beziehungen haben oft zu kriegerischen Auseinandersetzungen geführt. Eine sorgfältige Pflege dieser Beziehungen und die Beachtung gegenseitiger Interessen sind zur Sicherung des Weltfriedens notwendig.

7.2.4 Boden und Natur

Österreichs Ausstattung mit Boden und seine Nutzung:

Gesamtfläche	83.858 qkm
Landwirtschaftlich genutzte Fläche	35.110 qkm
Forstwirtschaftlich genutzte Fläche	32.270 qkm
Dauersiedlungsraum	32.447 qkm

7.2.4.1 Boden als Produktionsfaktor

Der Boden dient als Standort für den Wohnungsbau, Betriebsniederlassungen und den Fremdenverkehr, als elementarer Produktionsfaktor für die Landwirtschaft und als Träger von Rohstoffen. Der Faktor Boden stellt den Inbegriff für die Gaben der Natur dar und ist somit der originäre Produktionsfaktor. Er umfasst also neben der Fläche auch alle naturgegebenen Kräfte und Bodenschätze, die der Mensch durch Produktion in Güter umwandelt, die zur Befriedigung seiner Bedürfnisse geeignete sind.

Boden ist nicht vermehrbar. Die Unvermehrbarkeit des Bodens versetzt die Eigentümer in eine Art Monopolstellung, die immer wieder Gegenstand von Kritik ist.

7.2.4.2 Das Ertragsgesetz

Den Zusammenhang zwischen Boden und Bevölkerung versucht das Ertragsgesetz zu erklären. Es wird unterschiedlich verwendet.

Für die landwirtschaftliche Nutzung des Bodens wurde das Gesetz vom abnehmenden Bodenertrag (Ertragsgesetz von Turgot) aufgestellt. Es besagt: Wird eine gegebene Bodenfläche durch eine wachsende Bevölkerung genutzt, dann steigt der Ertrag in einer ersten Phase der Besiedelung überproportional (steigender Grenzertrag), in einer zweiten Phase abnehmend (sinkender Grenzertrag) bis zum Maximalertrag. Nimmt die Bevölkerung dann noch zu, sinkt der Ertrag insgesamt.

Dieses Gesetz kann unterschiedlich interpretiert werden: So kann der Bodenertrag durch technischen Fortschritt erhöht werden: Düngemittel, Gentechnik etc. Damit können aber zunehmende Nachteile verbunden sein: tierische Futtermittel für Rinder, Geschmacksveränderungen, Gesundheitsschädigungen etc.

Das Ertragsgesetz kann auch zur Beurteilung anderer Phänomene der Besiedlungsdichte sinnvoll verwendet werden. So kann der Ertrag durch einen Wohlfahrtsmaßstab und andere Kriterien ersetzt werden.

7.2.4.3 Die Natur pro Einwohner

Bevölkerungsdichte:

Die Wohnbevölkerung pro qkm Dauersiedlungsraum ist in Österreich von 184 um 1900 auf 246 im Jahr 1994 und auf 256 im Jahr 2007 gestiegen. Weltweit betrug die Bevölkerungsdichte 1994 etwa 60 Personen je qkm.

Dauersiedelungsraum je Einwohner:

Einem Weltbewohner standen im Jahr 1994 durchschnittlich ca. 16.700 qm bewohnbarer Fläche zur Verfügung. In Österreich betrug der Dauersiedlungsraum je Einwohner nur noch 4.055 qm und im Jahr 2007 3.900 qm.

7.2.5 Kapital oder Kapitalstock

7.2.5.1 Definition

Die Summe der Güter, die der Produktion und dem Erwerb dienen, nennt man Kapital oder Kapitalstock. Fälschlich wird oft auch ein Geldbetrag als Kapital bezeichnet. Das entspricht aber nicht dem Inhalt von Kapital. Kapital verkörpert Produktionsumwege. Damit umfasst Kapital alle produzierten Güter, die in den Produktionsprozess eingesetzt werden.

7.2.5.2 Kapitalarten

Der Kapitalbegriff wird gelegentlich zur Bezeichnung recht unterschiedlicher Inhalte verwendet. Kapitalarten sind:

7.2.5.2.1 Kapital, Kapitalstock oder Produktivkapital:

Dieser Begriff umfasst: Rohstoffe, Anlagen, Gebäude, Maschinen, Werkzeuge, Zwischenprodukte (Vorleistungen), in Arbeit befindliche Produkte, betriebsnotwendig gelagerte Fertig- und Halbfertigprodukte, durch Forderungen gedeckte Lieferungen und in der Produktion gebundene Löhne und Gehälter.

7.2.5.2.2 Humankapital:

Das Humankapital ist getrennt zu sehen, obwohl eine große Ähnlichkeit mit dem Kapital besteht. Es enthält: Ausgaben für Bildung, Schulung, Ausbildung, Erziehung, aber auch für das Gesundheitswesen.

7.2.5.2.3 Das soziale Kapital:

Darunter werden Investitionen in die Infrastruktur (Straßen, Kanäle, Flugplätze, Kommunikationssysteme, Wohnungen etc.) und das Humankapital verstanden.

7.2.5.3 Kapitalbildung

Kapital wird über Produktionsumwege gebildet. Dabei werden zuerst Güter höherer Ordnung produziert, die nicht direkt konsumiert werden können. Es ist somit Konsumverzicht (Sparen) notwendig. Mit diesen Gütern höherer Ordnung (Zwischenprodukten, Maschinen, Anlagen usw.) können dann Konsumgüter erzeugt werden, die anders überhaupt nicht erzeugt werden könnten oder die anders nicht so gut und günstig hergestellt werden könnten. Es kommt zur Mehrergiebigkeit der Produktionsumwege. Diese wäre ohne Kapitalbildung nicht möglich. Die Schaffung von Produktionsgütern nennt man auch Investition. Das Beschreiten eines Produktionsumweges stellt eine Investition dar, der Kauf von Wertpapieren nicht, kann aber zur Finanzierung von Investitionen beitragen, sie ermöglichen.

Die Summe der Investitionen I ergibt den Kapitalstock K:
Dieser kann durch den Gebrauch in jeder Zeiteinheit verringert (abgenutzt, abgeschrieben) werden. Um die Abnutzung auszugleichen, sind Re- oder Ersatzinvestitionen I_{re} notwendig. Werden neue Produktionsumwege eingerichtet, dann spricht man von Nettoinvestitionen I_{netto}.

Bruttoinvestitionen I_{brutto} stellen die Summe aus Netto- oder Neuinvestitionen und Ersatzinvestitionen dar:

$$I_{brutto} = I_{netto} + I_{re}$$

Der Kapitalstock als Bestandsgröße wird durch die verschiedenen Bestandsveränderungsgrößen verändert:

$$K_{t+1} = K_t - A_t + I_{re,t} + I_{netto}$$

Mit A_t werden Abschreibungen in der Zeit t bezeichnet. Decken Ersatzinvestitionen die Abschreibungen (I_{re} = A), dann wird der Kapitalstock durch die Neuinvestitionen der Zeiteinheit erhöht. Decken die Ersatzinvestitionen die Abnutzung des Kapitals nicht, dann spricht man von *Desinvestition* (Auch: Desinvestierung) oder *Kapitalauszehrung*.

7.2.5.4. Investitionsquote, Kapitalkoeffizient und Kapitalintensität

Das Verhältnis der Nettoinvestitionen zum Nationalprodukt einer Zeiteinheit (Periode) nennt man *Investitionsquote*.

Der *Kapitalkoeffizient* k gibt an, welche Menge Kapital K ausgedrückt in Geldeinheiten notwendig ist, um eine Einheit Produktionsergebnis ausgedrückt in Geldeinheiten erzeugen zu können.

Die Gleichung lautet: k = K/Y

Wobei Y für den gesamten Ausstoß steht, der durch einen Kapitalstock K in einer Zeiteinheit hervorgebracht werden kann. Alle Größen werden in Geldeinheiten angegeben. Davon zu unterscheiden ist der *marginale Kapitalkoeffizient* k' = dK/dY = I/dY. Dieser bezieht sich auf den Kapitalbedarf einer zusätzlichen Ausstoßmenge.

Die *Kapitalintensität* gibt das Verhältnis zwischen Kapitaleinsatz und Arbeitseinsatz oder dem Einsatz eines anderen Produktionsfaktors an: K/A.

7.2.6 Schlüsselbegriffe

- Alterspyramide
- Arbeit
- Arbeitslose
- Arbeitsproduktivität
- Arbeitsvermögen
- Aufrechnung
- Bereiche des Leistungswissens
- Bevölkerungsdichte
- Bevölkerungsentwicklung
- Bevölkerungsexplosion
- Bruttoinvestition
- Dauersiedelungsraum
- Dauersiedelungsraum p. c.
- Desinvestition
- Durchschnittseinkommen
- Ersatzinvestition
- Ertragsgesetz
- Ertragsgestz von Turgot
- Erwerbslose
- Erwerbsquote
- Erwerbstätige
- Erwerbsvermögen
- Gebrauchsvermögen
- Gesellschaftsordnung
- Gesetz vom abnehmenden Boden-
  ertrag
- Gläubigerland
- Humankapital
- Infrastruktur
- Investitionen, Ersatz-, Re-, Netto-
  Brutto-,
- Investitionsquote
- Kapital

- Kapitalarten
- Kapitalbildung
- Kapitalintensität
- Kapitalkoeffizient
- Kapitalstock
- Konsumverzicht
- Konzernbilanz
- Mehrergiebigkeit der Produktions-
  umwege
- Müßiggänger
- Nuttoauslandsposition
- Originärer Produktionsfaktor
- Pro-Kopf Einkommen
- Produktionsfaktoren
- Produktionsumwege
- Produktivität
- Rahmenbedingungen einer Volks-
  wirtschaft
- Realvermögen
- Reinvermögen
- Sachvermögen
- Schuldnerland
- Soziales Kapital
- Staatsvolk
- Standort
- Stromgrößen
- Teilordnungen der Gesellschaft
- Unvermehrbarkeit des Bodens
- Vermögen, immaterielles
- Volksvermögen
- Weltbevölkerung
- Wirtschaften, gesellschaftliches
- Wissensteilung

7.3 Der Wirtschaftsprozess als Wirtschaftskreislauf

7.3.1 Problemstellung

Das wirtschaftliche Leben in einer Volkswirtschaft äußert sich in einer zunächst unübersichtlichen und verwirrenden Vielfalt von Vorgängen, die darauf gerichtet zu sein scheinen, den Bedürfnissen und Interessen der Bevölkerung zu dienen. Die elementaren Wirtschaftseinheiten streben danach, eigene Ziele zu realisieren und mehr und mehr Bedürfnisse möglichst weitgehend zu befriedigen. Sie bedienen sich dazu

1) ihres Vermögens (ihrer Grundausstattung an Produktionsgütern im weitesten Sinne);
2) der Grundformen wirtschaftlichen Handelns und
3) anderer Mittel.

Es ist eine Aufgabe der Wirtschaftswissenschaft, Instrumente zu entwickeln und bereitzustellen, um messen zu können,

1) in welchem Ausmaß die gesteckten Ziele erreicht werden (Lebensstandard),
2) welches Ergebnis eine Volkswirtschaft in einer Periode erzielt,
3) wie sich das Niveau der Bedürfnisbefriedigung verändert,
4) wie das Ergebnis der wirtschaftlichen Aktivitäten auf die Bevölkerung verteilt wird,
5) wofür es verwendet wird

und Indikatoren und Instrumente einzuführen, die es erlauben, ein möglichst exaktes Bild von einer Volkswirtschaft zu zeichnen, Vergleiche mit anderen Volkswirtschaften und zwischen Gruppen von Wirtschaftseinheiten herzustellen. Grundsätzlich geht es darum, eine Volkswirtschaft beschreibbar, erklärbar und steuerbar zu machen.

Die theoretische Grundlage bildet die Kreislauftheorie. Sie hat zu neuen Konzepten, Begriffen und zur systematischen Darstellung der unzähligen Einzeltransaktionen einer arbeitsteiligen Volkswirtschaft geführt.

7.3.2 Zweck der Kreislaufanalyse

In einer Volkswirtschaft können Einkommen realisiert werden, wenn Produktionsfaktoren produktiv beschäftigt werden und das Produktionsergebnis nachgefragt wird (verkauft werden kann). Viele Unternehmer produzieren und bieten ihre Erzeugnisse auf dem Markt für unbekannte Nachfrager an. Man spricht dabei von *anonymer Produktion.*

Die Produktion ist aber nur sinnvoll, wenn die Güter nachgefragt werden und auch verkauft werden können. Es zeigt sich ein Kreislauf ohne Beginn und Ende. In diesem Kreis folgen aufeinander Einkommen, Nachfrage, Beschäftigung, Produktion, Angebot und wieder Einkommen, Nachfrage, Beschäftigung, Produktion und Angebot.

Wirtschaftseinheiten, die über ein Einkommen verfügen, werden auf dem Markt Güter nachfragen. Wenn Güter nachgefragt werden, werden sie auch produziert und angeboten. In der Produktion werden die Produktionsfaktoren Natur, Arbeit und Kapital beschäftigt. Durch die Beschäftigung der Produktionsfaktoren werden Einkommen erzielt und auf die Produktionsfaktoren aufgeteilt.

Durch die Analyse des Wirtschaftskreislaufes soll der Wirtschaftsprozess überschaubar gemacht werden. Durch die Zusammenfassung unzähliger Transaktionen und Wirtschaftseinheiten zu Kategorien und Gruppen wird der Wirtschaftsprozess auf wenige Vorgänge und Aggregate reduziert.

7.3.3 Der Einkommenskreislauf in einer geschlossenen stationären Wirtschaft ohne staatliche Aktivität: Der 2-polige Kreislauf

In einer geschlossenen Volkswirtschaft ohne staatliche Aktivität können die Wirtschaftseinheiten in zwei Gruppen eingeteilt werden: EWEs und Unternehmen. Da es in einer stationären Wirtschaft keine Nettoinvestitionen gibt, dient das Sozialprodukt einer Periode ausschließlich dem Konsum. In einer stationären Wirtschaft wird auch nicht gespart, so dass das gesamte Einkommen für den Konsum aufgewendet wird. Es ergibt sich die Gleichung

$$Y = C.$$

Schaubild 41: Der 2-polige Kreislauf

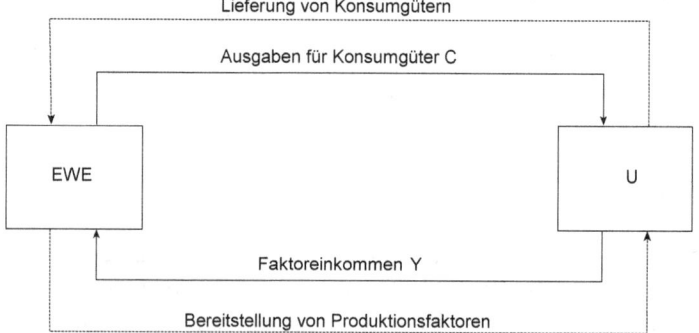

In diesem Modell stellen die EWEs (elementare Wirtschaftseinheiten) den Unternehmern Produktionsfaktoren zur Verfügung und erhalten als Gegenleistung dafür ein Einkommen (Faktoreinkommen). Die Unternehmen erzeugen Konsumgüter und soviel Investitionsgüter wie zur Aufrechterhaltung der Produktion notwendig ist. Die Unternehmen verkaufen an die EWEs Konsumgüter, erzielen dafür Erlöse, die sie wiederum zur Bezahlung der Faktoreinkommen benötigen. Der Kreislauf ist somit geschlossen. Das Modell wird im Schaubild 41 dargestellt.

7.3.4 Der Wirtschaftskreislauf in einer fortschreitenden geschlossenen Volkswirtschaft

In einer fortschreitenden Volkswirtschaft muss gespart werden, um Nettoinvestitionen und damit neue Produktionsumwege finanzieren zu können. Das von Unternehmungen und EWEs geschaffene Geldeinkommen (Summe aller kontrakt- und residualbestimmten Leistungseinkommen) ist gleich dem Wert aller Verkäufe an EWEs und dem Wert der Nettorealinvestitionen. Das kann in folgender Gleichung dargestellt werden:

$$Y = C + I$$

Es handelt sich bei dieser Gleichung um eine reine Ex-post-Beziehung. Betrachtet man die Entscheidungen der EWEs, dann wird ihr Einkommen (das Volkseinkommen) auf Konsum und Ersparnis aufgeteilt. Daraus ergibt sich die Gleichung:

$$Y = C + S$$

S stellt die Nettoersparnis der Gesamtheit aller EWEs und der unverteilten Gewinne der Unternehmungen in einer Periode dar.

Das in einer Periode geschaffene Geldeinkommen ist auf Verkäufe von Konsumgütern an EWEs und von Investitionsgütern an Unternehmen zurückzuführen. Der nicht zum Kauf von Konsumgütern verwendete Teil des Gesamteinkommens wird von den EWEs gespart und muss von den Unternehmen investiert werden, da sonst dieses Einkommen nicht entstehen könnte. Es gilt die Gleichung

$$S = I.$$

Der Zusammenhang wird im Schaubild 42 dargestellt.

Das den EWEs zufließende Geldeinkommen kann also bei der Herstellung von Konsumgütern oder Investitionsgütern verdient werden.

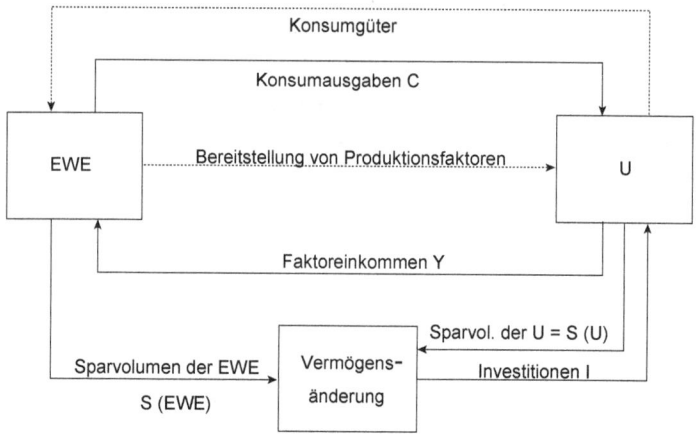

7.3.5 Der Wirtschaftskreislauf einer fortschreitenden offenen Volkswirtschaft ohne staatliche Aktivität

In einer offenen Volkswirtschaft kommen zu den Transaktionen einer geschlossenen Volkswirtschaft Transaktionen mit ausländischen Wirtschaftseinheiten hinzu. Bei Importen fließt Einkommen ins Ausland ab, bei Exporten fließt Einkommen aus dem Ausland zu. Das Einkommen wird somit um die Exporte erhöht und um die Importe verringert. Das kann in der folgenden Gleichung ausgedrückt werden:

$$Y = C + I + X - M$$

X stellt den Exportwert, M den Importwert dar. Sind Exporte und Importe gleich hoch, dann ändert sich nichts gegenüber einer geschlossenen Volkswirtschaft. Damit wird aber nichts über die Vorteile des Außenhandels ausgesagt. Es muss vorteilhaft sein, Güter zu exportieren und andere Güter zu importieren, da sonst diese Transaktionen nicht vorgenommen würden. Sie tragen zur Wohlfahrtssteigerung bei, was später noch gezeigt werden soll.

Da die Nettoersparnis einer Periode sich immer als Differenz zwischen Gesamteinkommen und Konsum ergibt, kann folgende Gleichung aufgestellt werden:

$$Y - C = S = I + X - M \text{ und}$$
$$I = S + M - X \text{ oder:}$$
$$S - I = X - M$$

Diese Gleichung zeigt, dass bei Außenhandel die Nettoersparnis von den Nettoinvestitionen abweichen kann. Wird in einer Volkswirtschaft mehr gespart als investiert, so bedeutet das, dass mehr exportiert als importiert werden muss und dadurch Forderungen an das Ausland entstehen oder Vermögen im Ausland erworben wird. Umgekehrt verhält es sich, wenn mehr importiert als exportiert wird. Ein Importüberschuss kann nur durch Verschuldung oder den Verkauf von Vermögenswerten an das Ausland finanziert werden.

7.3.6 Der Wirtschaftskreislauf in einer offenen Volkswirtschaft mit staatlicher Aktivität

Nun soll gezeigt werden, wie sich die wirtschaftlichen Aktivitäten des Staates (St) auf die Höhe des Volkseinkommens auswirken. Die Aufgabe des Staates besteht in erster Linie darin, kollektive und individuelle Bedürfnisse durch die Bereitstellung öffentlicher Güter zu befriedigen. Bei der Erfüllung dieser Aufgabe entstehen dem Staat Kosten, die auch als Staatsverbrauch (G für Gouvernment) bezeichnet werden können. Der Staat tritt mit diesem Betrag als Nachfrager nach Gütern und Leistungen auf. Die Nachfrage (bisher: Summe von Konsum, Investitionen und Exporten) wird dadurch um G erhöht. Es ergibt sich die neue Gleichung für die Nettoendnachfrage der Volkswirtschaft:

$$Y = C + G + I + X - M$$

Soweit der Staat seine Leistungen nicht durch Gegenleistungen decken kann, hebt er Steuern in der Form von indirekten und direkten Steuern ein. Außerdem führt der Staat eine Einkommensumverteilung durch, die er ebenfalls über die direkten Steuern finanziert. Die Eingriffe des Staates führen dazu, dass den EWEs nicht das Nettonationalprodukt zu Marktpreisen zur Verfügung steht, sondern nur der um indirekte und direkte Steuern verringerte Betrag. Es ergibt sich folgende Berechnung:

Nettonationalprodukt zu Marktpreisen (NNP)
minus indirekte Steuern
plus Subventionen
= Nettonationalprodukt zu Faktorkosten oder Volkseinkommen

Dieses Volkseinkommen kann in einer Primärverteilung auf das Einkommen aus unselbständiger Tätigkeit und Unternehmertätigkeit bzw. Einkommen aus Vermögen aufgeteilt werden. Diese Einkommen werden nun einer direkten Besteuerung unterzogen, wodurch es zu Abzügen kommt. Gleichzeitig werden aus diesem Betrag wieder an andere Wirtschaftseinheiten Transferzahlungen geleistet, wodurch es zur Einkommensumverteilung (die Sekundärverteilung) kommt.

Zieht man also vom Nettonationalprodukt zu Faktorkosten (dem Volkseinkommen) den Saldo der direkten Steuern und Transferzahlungen ab, so erhält man das insgesamt verfügbare Volkseinkommen.

Dieses kann nun zum Sparen und den privaten Verbrauch (Konsum) verwendet werden. Zieht man die direkten und indirekten Steuern in T zusammen, so ergeben sich folgende Komponenten für das Volkseinkommen:

$$NNP = C + S + T + M - X$$

Diese Komponenten müssen gleich sein der Nettoendnachfrage:

$$C + S + T + M = C + G + I + X$$

Da C auf beiden Seiten enthalten ist, bleibt folgende Gleichung übrig:

$$S + T + M = G + I + X$$

7.4 Die Erfassung der volkswirtschaftlichen Leistungen in der volkswirtschaftlichen Gesamtrechnung (VGR)

7.4.1 Allgemeines

Bedürfnisse können nur befriedigt werden, wenn geeignete Güter in entsprechenden Mengen verfügbar sind. Da die Natur ihre Gaben nicht unmittelbar konsumierbar bereitstellt, setzt jeder Konsum Produktion voraus. Die Produktion oder Leistungserstellung erfolgt durch Wirtschaftseinheiten. Elementare Wirtschaftseinheiten produzieren für den eigenen Bedarf im eigenen Haushalt. Sie verrichten Hausarbeiten, betreuen Kinder und Kranke, halten Haustiere, reparieren das Haus und erledigen, was erledigt werden kann. Es ist von den Fähigkeiten, der Erstausstattung mit Gütern (dem Vermögen) und dem Fleiß der einzelnen elementaren Wirtschaftseinheit abhängig, ob auf diese Art mehr oder weniger Bedürfnisse befriedigt werden können. Auf alle diese Leistungen kann kaum verzichtet werden. Sie tragen wesentlich zur Befriedigung von Bedürfnissen bei, werden aber nicht gemessen. Es handelt sich um Eigenleistungen im Bereich der Subsistenzwirtschaft.

Viele Freiwillige leisten in den verschiedensten Vereinen und Organisationen ohne Erwerbscharakter oder allein unentgeltlich wertvolle Dienste an der Gesellschaft. Auch diese Leistungen werden nicht gemessen.

Elementare Wirtschaftseinheiten können aber auch Leistungen für andere Wirtschaftseinheiten erbringen und daraus ein formelles Einkommen erzielen. Beispiele sind: Leistungen einer Bedienerin, eines Hilfsarbeiters usw..

Die meisten Güter und Leistungen werden in einer modernen, arbeitsteiligen Geldwirtschaft von den Unternehmungen bereitgestellt. Unternehmungen bieten ihre Güter auf dem Markt an und erzielen dort einen Preis, den die Käufer bereit sind zu zahlen. Die Leistungen der Unternehmungen können somit verhältnismäßig leicht gemessen werden. Sie leisten den wichtigsten Beitrag in der formellen Wirtschaft.

Auch der Staat bietet Güter an und erbringt Leistungen, die zur Befriedigung von Bedürfnissen dienen. Die Bewertung der Leistungen öffentlicher Körperschaften kann aber nicht durch Marktpreise erfolgen. Man verwendet vielmehr die anfallenden Kosten zur Bewertung erbrachter Leistungen.

Das Ausmaß der Bedürfnisbefriedigung in einer Volkswirtschaft kann somit nicht eindeutig und vollkommen bestimmt werden. Es kann eigentlich nur die Leistung des formellen Sektors berechnet werden. Der informelle Bereich kann nur geschätzt werden und entzieht sich außerdem weitgehend der Kontrolle durch den Staat.

Die wirtschaftliche Entwicklung hat im Laufe der Zeit dazu geführt, dass mehr und mehr Güter arbeitsteilig produziert werden. Die meisten elementaren Wirtschaftseinheiten leben in einer Familie, einem Haushalt, in dem aber immer weniger produziert wird. Die Hausarbeit wird auf ein Minimum reduziert, wobei außerdem immer mehr Geräte und Maschinen eingesetzt werden. Die Erziehung der Kinder wird vielfach Erziehungseinrichtungen (Dienstleistungsunternehmen) im weiteren Sinne (Krabbelstuben, Kindergärten, Schulen) übertragen. Kranke und alte Menschen werden in Krankenhäusern und Altersheimen betreut. Die Produktion von Gütern und Dienstleistungen wird mehr und mehr an Unternehmen delegiert. Die Arbeitsteilung erfasst mehr und mehr Bereiche.

Die zunehmende Delegation von Aufgaben an Unternehmen und damit die stärkere Arbeitsteilung sind aber nur dann sinnvoll, wenn dadurch ein besseres Ergebnis erzielt werden kann und alle Beteiligten Vorteile haben.

Eine gewisse Rückentwicklung der Arbeitsteilung kommt durch die Verkürzung der Arbeitszeit und Verteuerung der Produktion im formellen Sektor zustande. Es kommt gleichzeitig zur Entwicklung der Schattenwirtschaft, die eine Verlagerung der Arbeitsteilung in den informellen Sektor bedeutet.

Der Beitrag der formellen Wirtschaft zur Befriedigung von Bedürfnissen der Gesellschaft kann nach unterschiedlichen Konzepten gemessen werden. Die wichtigsten sind:

1) das Bruttoinlandsprodukt zu Marktpreisen,
2) das Bruttonationalprodukt,
3) das Nettoinlandsprodukt zu Marktpreisen,
4) das Nettoinlandsprodukt zu Faktorkosten oder die Wertschöpfung und
5) das Volkseinkommen.

Grundlegend ist dabei das Konzept der Wertschöpfung, welches uns hilft, Doppelzählungen zu vermeiden.

Die Wertschöpfung kann bei der Produktion, bei der Entlohnung der Produktionsfaktoren und beim Verbrauch der hervorgebrachten Güter erfasst werden. Demnach wird zwischen

1) Entstehungs-,
2) Verteilungs- und
3) Verwendungsrechnung

unterschieden.

Ein wichtiges Merkmal der Kreislaufgrößen besteht darin, dass sie sich auf eine bestimmte Zeitperiode – meist ein Jahr – beziehen.

7.4.1.1 Aufgaben der volkswirtschaftlichen Gesamtrechnung

Unter volkswirtschaftlicher Gesamtrechnung versteht man ein System von Definitionen gesamtwirtschaftlicher Größen und deren empirische Darstellung. Sie ist die Grundlage der makroökonomischen Analyse.

Der volkswirtschaftlichen Gesamtrechnung (VGR) können drei Aufgaben zugewiesen werden:

1) *Informationsaufgabe*: Als zentrales Informationssystem dient sie jeder Art von gesamtwirtschaftlichen Untersuchungen und zur Beschreibung der Wirtschaft.
2) *Erklärungsaufgabe*: Sie liefert die Basis für die Untersuchung von Ursache – Wirkungs – Zusammenhängen, für die Gewinnung neuer Kenntnisse, zur Aufstellung von Hypothesen und deren empirische Überprüfung. Die VGR dient dazu, das Verständnis für gesamtwirtschaftliche Zusammenhänge zu fördern und zu wissenschaftlichen Aussagen über die Gesamtwirtschaft zu kommen.

3) *Wirtschaftspolitische Aufgabe*: Sie erlaubt es überhaupt erst eine rationale Wirtschaftspolitik zu betreiben, indem sie die Grundlagen zur Quantifizierung von Zielen, zur Erstellung von Wirtschaftsprognosen und zur Untersuchung von Wirkungen wirtschaftspolitischer Maßnahmen liefert.

Die wichtigsten Bereiche der VGR sind:

1) die Nationalproduktberechnung,
2) die Vermögensrechnung,
3) die Außenwirtschaftsrechnung,
4) die Input – Output – Rechnung,
5) die Finanzierungsrechnung.
6) die Arbeitsvolumenrechnung und
7) die Einkommensrechnung für private Haushalte nach sozioökonomischen Gesichtspunkten.

Die Bereiche 2) bis 7) werden als Nebenrechnungen der VGR bezeichnet.

7.4.1.2 Elemente des Rechnungswesens

Folgende Elemente des Rechnungswesens sind grundlegend für das Verständnis:

– Bestandsgrößen und Stromgrößen

In der VGR werden *Bestandsgrößen* (Vermögen, Kapitalstock) und Stromgrößen (Volkseinkommen, Abschreibungen) verwendet.

Bestandsgrößen geben eine Größe oder Menge zu einem bestimmten Stichtag an. *Stromgrößen* geben eine Menge je Zeiteinheit an: Investitionen, Volkseinkommen usw. eines bestimmten Jahres.

Bestandsänderungen

Es besteht ein Zusammenhang zwischen Bestands- und Stromgrößen:

$$\text{Anfangsbestand} + \text{Zugänge} - \text{Abgänge} = \text{Endbestand}.$$

Bewertung

Ein besonderes Problem der Berechnung von Aggregaten (Globalgrößen) liegt in der Bewertung der vielen Einzelbeiträge. Man unterscheidet:

1) Bewertung zum Nennwert oder Nominalwert,
2) Bewertung zum Marktwert,
3) Bewertung zum Anschaffungswert, ohne oder mit Berücksichtigung der Abschreibung,
4) Bewertung zum Wiederbeschaffungswert,
5) Bewertung zum Ertragswert,

6) Bewertung zum Gebrauchswert,
7) Bewertung zu konstanten Preisen etc.

7.4.2   Die Entstehung des Nationalproduktes

Wenn man den Marktwert aller zur Bedürfnisbefriedigung der Bewohner eines Staates in einem Jahr hergestellten Güter zusammenzählt, erhält man eine Größe, die Nationalprodukt genannt wird. Das Konzept und die Berechnung dieser Größe sollen nun näher betrachtet werden.

7.4.2.1 Produktionsprozess und Produktionsstufen

Der arbeitsteilige Produktionsprozess einer modernen Volkswirtschaft ist sehr komplex. Wenn wir die Produktion einer Wirtschaftseinheit (eines Unternehmens) betrachten, dann sehen wir nur einen kleinen Ausschnitt aus dem Gesamtproduktionsprozess. Nur wenige Unternehmen stellen die eigentlichen Konsumgüter her, aber viele arbeiten daran mit.

Brot kaufen wir in einem Kaufhaus, welches die verschiedensten Brotsorten zur Auswahl bereitstellt. Der eigentliche Erzeuger ist ein Bäcker oder eine Brotfabrik. Der Bäcker kann Brot jedoch nur backen, wenn ihm die notwendigen Produktionsgüter von anderen Unternehmen geliefert werden. Vom Müller erhält er das Mehl, von der Salzmine das Salz, vom Wasserwerk Wasser usw. Alle Produktionsbetriebe arbeiten mit, um dafür zu sorgen, dass dem Konsumenten zur richtigen Zeit die richtigen (gewünschten) Konsumgüter zur Verfügung gestellt werden.

Das Schaubild 43 zeigt, wie verschiedene Produktionsstufen zusammenarbeiten müssen, damit rechtzeitig am richtigen Ort das gewünschte Fertigprodukt verfügbar gemacht werden kann. Wenn jede Produktionsstufe für ihren Beitrag die Zeit t benötigt und der Produktionsprozess in vier Stufen unterteilt wird, dann ist es notwendig, dass die erste Stufe im ersten Zeitabschnitt das produziert, was im zweiten Zeitabschnitt in der zweiten Stufe verarbeitet wird, um der dritten Stufe die Vorleistungen liefern zu können, die diese zur Erstellung ihres Produktes in der dritten Phase benötigt usw.. Damit der Produktionsprozess kontinuierlich verlaufen kann, ist es notwendig, dass die Teilprozesse koordiniert werden und auf allen Stufen gleichzeitig produziert wird oder entsprechende Zwischenlager eingerichtet werden.

Das Bruttoinlandsprodukt wird von einer Vielzahl von Wirtschaftseinheiten im formellen Sektor hervorgebracht. Wertschöpfung im informellen Sektor

(Hausarbeit, Kindererziehung, Schattenwirtschaft etc.) wird in dieser Berechnungsweise nicht berücksichtigt, obwohl sie mehr als 10 % vom BIP entspricht.

43. Schaubild: Der arbeitsteilige Produktionsprozess

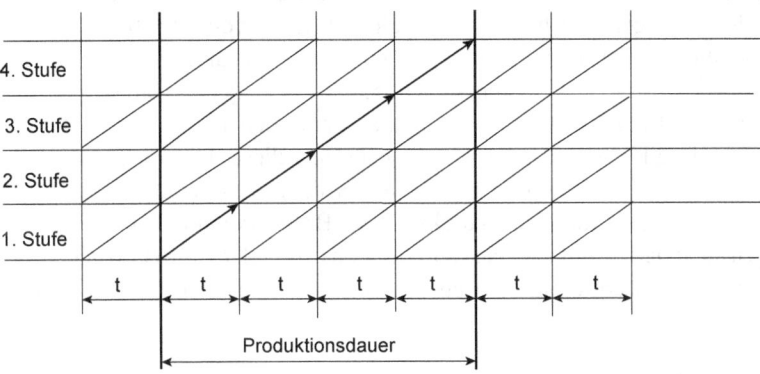

7.4.2.2 Die Wertschöpfung einer Produktionsstufe

Allgemein arbeiten auf jeder Produktionsstufe viele Unternehmen gleichzeitig.

Die Wirtschaftseinheiten – hauptsächlich sind es Unternehmungen – produzieren und verkaufen ihre Erzeugnisse und Leistungen auf dem Markt, wodurch sie einen Umsatz erzielen. Jene Güter, die produziert werden, aber in der gleichen Periode nicht verkauft werden können, werden auf Lager genommen und erhöhen somit den Lagerbestand. Ein geringer Teil der Produktion wird außerdem im Eigenverbrauch (selbst erstellte Anlagen) verwendet werden. Aus diesen Größen ergibt sich der Bruttoproduktionswert einer Periode. Der Bruttoproduktionswert enthält aber Mehrfachzählungen und ergibt somit ein falsches Bild von der tatsächlichen Leistung der Unternehmung und damit der ganzen Wirtschaft. Zieht man vom Bruttoproduktionswert die sog. Vorleistungen ab, dann erhält man den Nettoproduktionswert. Zur Ermittlung des Nettoproduktionswertes wird der Begriff der Wertschöpfung eingeführt. Unter Wertschöpfung versteht man die Wertsteigerung, die von einer Produktionsstufe realisiert wird.

Das soll an einem Beispiel erklärt werden: Ein Bäcker verkauft Brot an seine Kunden und erzielt dafür einen Erlös (Umsatz) von 100.000,–. Zur Herstellung von Brot muss der Bäcker Mehl und sonstige Zutaten von anderen Unternehmungen kaufen. Den Betrag, den der Bäcker für diese Zutaten, Rohstoffe usw. zahlen muss, nennt man Vorleistungen. Sie betragen in unserem Falle 50.000,–. Für die Benutzung der Anlagen, Maschinen und des Geschäftes muss der Bäcker 10.000,–

S an Abschreibung absetzen. Ferner muss er an den Staat Mehrwertsteuer in der Höhe von 10.000,– S zahlen. Es bleiben ihm noch 30.000,– S. Davon zahlt er Löhne in der Höhe von 20.000,– S, so dass ihm ein Gewinn von 10.000,– S übrig bleibt. Die Bruttowertschöpfung des Bäckers beträgt 50.000,– S, die Nettowertschöpfung 30.000,– S. Die Unternehmungen, die an den Bäcker Mehl und sonstige Vorleistungen geliefert haben, haben einen Umsatz von 50.000,– S erzielt. Von den 50.000,– S Umsatz müssen sie jedoch 25.000,– S für Vorleistungen an Landwirte und sonstige Lieferanten zahlen. 5.000,– S zahlen sie an Mehrwertsteuer, weitere 5.000,– S für Abschreibungen, so dass noch 15.000,– S für Löhne und Gewinn übrig bleiben. Die Bruttowertschöpfung dieser Unternehmungen beträgt also nicht 50.000,– S, sondern nur 25.000,– S, die Nettowertschöpfung 15.000,– S. Daraus ergibt sich die Notwendigkeit, vom Bruttoproduktionswert alle Vorleistungen abzuziehen, um zum Nettoproduktionswert oder zur Bruttowertschöpfung zu kommen. Es ergibt sich folgendes Kalkulationsschema für ein Produktionsunternehmen:

Bruttoproduktionswert =
    Verkäufe von Vorleistungen an Unternehmen und Staat
    + Verkäufe von Konsumgütern an Haushalte
    + Verkäufe von Investitionsgütern an Unternehmen und Staat
    + Verkäufe von Vorprodukten zur Lageraufstockung an Unternehmen
    + Bestandsänderungen an eigenen Erzeugnissen
    + Selbsterstellte Anlagen
    + Verkäufe an das Ausland.

Nettoproduktionswert = Bruttoproduktionswert – Käufe von Vorleistungen

Oder:

Nettoproduktionswert = Abschreibungen + Indirekte Steuern minus Subventionen + Wertschöpfung

Wertschöpfung = Löhne und Gehälter + Zinsen + verteilter Gewinn + unverteilter Gewinn

7.4.2.3 Die Wertschöpfung in einem mehrstufigen System

Wenn ein Konsumgut in einem Produktionsprozess hergestellt wird, der sich über mehrere Produktionsstufen erstreckt, dann leistet jede Produktionsstufe einen Beitrag zum Fertigprodukt, auch wenn die Produktion auf viele verschiedene Unternehmen aufgeteilt wird. Der Wert des Produktionsergebnisses aller zusammenhängenden und zusammenarbeitenden Stufen wird auf dem Markt durch An-

188

gebot und Nachfrage als Preis mal Menge bestimmt. Der Beitrag, den die einzelnen Stufen zur Wertschöpfung geleistet haben, kann einfach ermittelt werden. Es ist nach dem obigen Schema die Wertschöpfung auf allen Stufen zu berechnen, wobei die Wertschöpfung als Restgröße angesehen werden kann (Bruttoproduktionswert minus Vorleistungen minus Abschreibungen minus indirekte Steuern plus Subventionen) oder durch Addition der einzelnen Komponenten (Löhne + Gehälter + Zinsen + Gewinn) errechnet werden kann.

Das folgende Schaubild 44 zeigt schematisch die Wertschöpfung auf den einzelnen Stufen eines vierstufigen Systems, wobei angenommen wird, dass sich die Wertschöpfung auf jeder Stufe aus Gewinn und Löhnen zusammensetze. Zinsen werden nicht berücksichtigt.

44. Schaubild: Beiträge von vier Stufen zur gemeinsamen Wertschöpfung

Bauer		Müller		Bäcker		Kaufhaus	
S	H	S	H	S	H	S	H
Löhne	Erlös aus	Vorl.	Erlös aus	Vorl. in	Erlöse aus	Vorl. in	Erlöse aus
Gewinn	Getreide		Mehl-	Form von	Brot-	Form von	dem
		Löhne	verkäufen	Mehl etc.	lieferung	Brot	Verkauf von
		Gewinn		Löhne			Brot an Konsu-
				Gewinn		Löhne u. Gewinn	menten

7.4.2.4 *Die Berechnung des Bruttoinlandsproduktes (BIP)*

Im Bruttoinlandsprodukt werden die Wertschöpfungsbeiträge aller Wirtschaftseinheiten einer Volkswirtschaft zusammengefasst. Diese Zusammenfassung kann nach Wirtschaftssektoren erfolgen oder global für alle wirtschaftlichen Aktivitäten. Dabei wird folgendes Rechenschema angewendet:

Bruttoproduktionswert

– Vorleistungen

= Bruttoinlandsprodukt zu Marktpreisen (oder Bruttowertschöpfung)

– Abschreibungen

= Nettoinlandsprodukt zu Marktpreisen

– indirekte Steuern

+ Subventionen

= Nettoinlandsprodukt zu Faktorkosten oder Nettowertschöpfung.

Das Bruttoinlandsprodukt zu Marktpreisen kann als Bruttowertschöpfung angesehen werden, obwohl dieser Begriff kaum Verwendung findet. Er unterscheidet sich vom Nettoinlandsprodukt zu Faktorkosten oder der Nettowertschöpfung dadurch, dass er den Betrag der Abschreibungen und der indirekten Steuern noch enthält. Bedenkt man, dass einmal errichtete Produktionsanlagen amortisiert werden müssen und das keine Selbstverständlichkeit ist, dass indirekte Steuern vom Staat nur dann eingenommen werden können, wenn Unternehmer Güter schaffen und verkaufen, für die von den Käufern freiwillig ein Preis gezahlt wird, der auch die indirekten Steuern einschließt, dann dürfte die Einbeziehung auch dieser Größen in die Wertschöpfung als gerechtfertigt angesehen werden.

Die Nettowertschöpfung besteht aus Löhnen und Gehältern einschließlich aller sozialen Lasten, den Zinsen und Mieten sowie den Gewinnen (Verluste stellen einen negativen Gewinn dar und reduzieren somit die Wertschöpfung).

Die Abgrenzung des BIP vom BNP und anderen Aggregaten im Überblick.

Das Bruttoinlandsprodukt ist die Bruttowertschöpfung, die im Inland zustande gekommen ist. Es enthält somit auch jene Bruttowertschöpfung die von Ausländern im Inland hervorgebracht wurde. Es enthält aber nicht die Wertschöpfung von Inländern im Ausland. Das Bruttonationalprodukt umfasst den Teil des Bruttoinlandsproduktes, der von Inländern im Inland hervorgebracht wurde und die Bruttowertschöpfung von Inländern im Ausland. Ausgeschlossen wird hingegen der Beitrag, den Ausländer zum Bruttoinlandsprodukt geleistet haben.

Der Zusammenhang kann in einer Gleichung ausgedrückt werden:

Bruttonationalprodukt BNP = Bruttoinlandsprodukt zu Marktpreisen + Einkommen von Inländern im Ausland – Einkommen von Ausländern aus ihrer Tätigkeit im Inland.

Diese Unterscheidung ist wirtschaftspolitisch wichtig, da die Wirtschaftspolitik sich auf das Wohl des Staatsvolkes in erster Linie zu beziehen hat.

Das Nettonationalprodukt zu Faktorkosten wird Volkseinkommen genannt. Es unterscheidet sich vom Nettoinlandsprodukt zu Faktorkosten oder der Wertschöpfung durch den Saldo der Erwerbs- und Vermögenseinkommen aus dem Ausland minus Erwerbs- und Vermögenseinkommen an das Ausland. Das Volkseinkommen wird durch Abflüsse an das Ausland verringert und durch Zuflüsse aus dem Ausland vergrößert.

Verschiedene Indikatoren der Leistungen einer Volkswirtschaft werden im Schaubild 45 zusammengestellt.

45. Schaubild: Zusammenhänge zwischen verschiedenen Aggregaten zur Messung der Leistungen einer Volkswirtschaft.

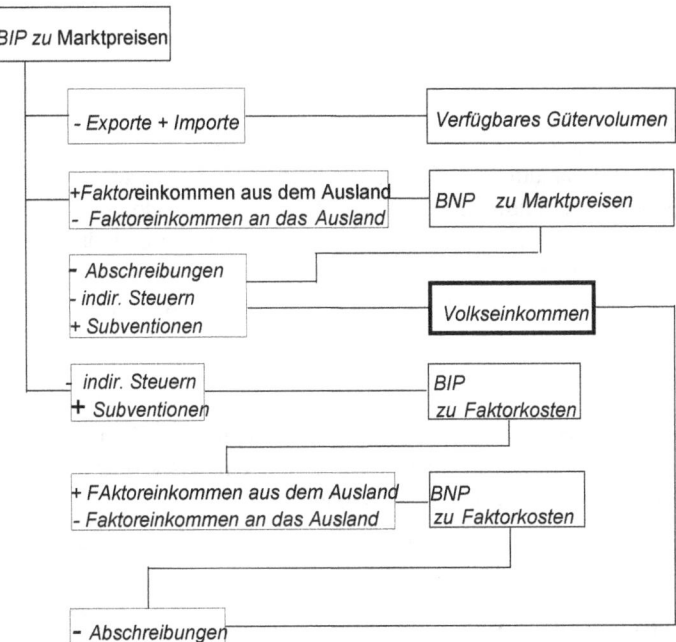

7.4.2.5 Sektorgliederung

Die Wertschöpfung kann nach verschiedensten Gesichtspunkten in Kategorien zusammengefasst werden. Man nennt diese Kategorien Sektoren. Nachstehend werden einige Sektorgliederungen zusammengestellt.

7.4.2.5.1 Zwei-Sektoren-Gliederung:

Karl Marx:
Karl Marx unterscheidet zwischen Konsumgüterindustrie und Kapitalgüter-industrie.

Hoffmann:
Hoffmann unterscheidet zwischen Landwirtschaft und Nichtlandwirtschaft.

7.4.2.5.2 Drei-Sektoren-Gliederung:

Colin Clark:
Besondere Bedeutung hat die Gliederung von Colin Clark erlangt. Er unterscheidet zwischen

1) primärem,
2) sekundärem und
3) tertiärem Sektor.

Der primäre Sektor umfasst die Landwirtschaft, Forstwirtschaft, Fischerei und den Bergbau. Im sekundären Sektor sind verarbeitende Industrie, Gewerbe, Elektrizitätswirtschaft, Wasserversorgung und Bauindustrie enthalten. Der tertiäre Sektor besteht aus den verschiedenen Dienstleistungen: Banken, Versicherungen, Fremdenverkehr, öffentliche Dienste, private Dienste, Realitätenwesen, Rechts- und Wirtschaftsberatung usw..

Jean Fourastié
Jean Fourastié verwendet eine sehr ähnliche Gliederung. Er versucht, die Wirkungen des technischen Fortschrittes in den einzelnen Sektoren darzustellen und als Unterscheidungsmerkmal zu verwenden.

7.4.2.5.3 Multi-Sektoren-Gliederungen:

In diese Gruppe fallen die Input – Output – Analyse nach Leontief und Sektorbildungen für statistische Zwecke. Dabei werden die Aktivitäten in 10 (ISIC = International Standard Industrial Classification) bis über 100 Sektoren unterteilt.

7.4.3 Die Verteilung des Nationalproduktes

Grundsätzlich wird zwischen funktioneller und personeller Einkommensverteilung unterschieden. Die personelle Einkommensverteilung kann durch Besteuerung durch den Staat verändert werden, was zur Unterscheidung in primäre und sekundäre Einkommensverteilung führt.

Das Nettonationalprodukt zu Faktorkosten wird in der funktionellen Einkommensverteilung den Produktionsfaktoren als deren Beitrag zur Wertschöpfung zugerechnet. Diese theoretische Zurechnung ist mit erheblichen Schwierigkeiten bei der statistischen Erfassung verbunden.

7.4.3.1 Die funktionelle Einkommensverteilung

Das Bruttoinlandsprodukt entsteht durch das Zusammenwirken der Produktionsfaktoren. Durch die funktionelle Einkommensverteilung wird der Anteil der Produktionsfaktoren am Entstehen des BIP ausgedrückt. Während die funktionelle Einkommensverteilung theoretisch nach dem realen Beitrag der einzelnen Produktionsfaktoren erfolgt, ist sie im realen Wirtschaftsleben das Ergebnis eines permanenten Verteilungskampfes. Dabei ist die Macht, die hinter den Produktionsfaktoren steht letztendlich entscheidend. Mögliche Folgen einer ungehemmten Machtausübung können sein:

wirtschaftlicher Misserfolg, wenn die Verteilung nicht mehr an der Leistung gemessen wird oder

soziale Unruhen, wenn Arbeitnehmer die Einkommensunterschiede ungerecht empfinden und nicht mehr ertragen.

Das Bruttoinlandsprodukt zu Marktpreisen wird in der österreichischen VGR auf folgende Einkommens- oder Einnahmenskategorien aufgeteilt:

1) Arbeitnehmerentgelte,
2) Bruttobetriebsüberschuss und Selbständigeneinkommen,
3) Produktionsabgaben minus Subventionen.

Arbeitnehmerentgelte enthalten alle Einkommen aus unselbständiger Tätigkeit. Dazu zählen auch die Einkommen von Generaldirektoren und allen Managern. Sie stellen somit eine sehr inhomogene Größe dar.

Der *Bruttobetriebsüberschuss* enthält so verschiedene Größen wie Abschreibungen, Gewinne, Selbständigeneinkommen, Einkommen aus Vermögen und Einkommen aus Grund und Boden. Es ist daher sinnvoll, wenigstens Abschreibungen getrennt auszuweisen und die Differenz als Nettobetriebsüberschuss zu zeigen. Einkommen aus unselbständiger und aus selbständiger Tätigkeit bilden zusammen das Volkseinkommen. Das Volkseinkommen ist die Summe der Wertschöpfungen aller Wirtschaftseinheiten.

Den Anteil der Einkommen aus unselbständiger Tätigkeit am BIP bezeichnet man als *Lohnquote*. Diese Größe wird im Verteilungskampf zwischen Arbeitnehmern und Arbeitgebern häufig eingesetzt. Die Zusammensetzung der Arbeitnehmerentgelte (Arbeiter, Angestellte einerseits und Direktoren, Generaldirektoren oder Geschäftsführer, die gleichzeitig Aktionäre und somit ihre eigenen Angestellten sein können andererseits) verringert jedoch die Aussagekraft des Indikators stark.

7.4.3.2 Personelle Einkommensverteilung nach der Höhe des Einkommens

Durch die Beschäftigung der Produktionsfaktoren fließt den Eigentümern oder Trägern der Produktionsfaktoren ein Einkommen zu. Je nach Qualität und Menge der verfügbaren Produktionsfaktoren und aufgrund anderer Gründe wird das Einkommen der Individuen (elementaren Wirtschaftseinheiten) unterschiedlich hoch sein. Es ergibt sich daraus die „primäre" Einkommensverteilung. Wenn diese durch den Staat korrigiert wird, ergibt sich die sekundäre Einkommensverteilung.

7.4.3.2.1 Primäreinkommen

Jenes Einkommen, welches den Eigentümern der Produktionsfaktoren aufgrund von Angebot und Nachfrage (durch Marktprozesse) zufließt, nennt man Primäreinkommen. Es wird in Einkommen aus selbständiger Tätigkeit und Einkommen aus unselbständiger Tätigkeit unterteilt. Der Anteil am Volkseinkommen, der den Arbeitnehmern für unselbständige Arbeit zufließt, nennt man gesamtwirtschaftliche Lohnquote. Der Rest entspricht der Profitquote.

7.4.3.2.2 Sekundäre Einkommensverteilung: Umverteilung

Primäreinkommen fließen den Wirtschaftssubjekten direkt zu. Von diesem Primäreinkommen müssen die Wirtschaftseinheiten direkte Steuern und Sozialabgaben an den Staat entrichten. Bei der Besteuerung werden verschiedene Faktoren, unter ihnen die Höhe des Einkommens, berücksichtigt. Der Staat zahlt schließlich an Empfänger von niedrigen Einkommen sog. Transferzahlungen, um dadurch eine gewisse Nivellierung der Einkommen zu erzielen. Diesen Vorgang nennt man Einkommensumverteilung. Das Ergebnis der Einkommensumverteilung ist die sekundäre Einkommensverteilung, die schließlich zum verfügbaren Einkommen der Wirtschaftseinheiten führt.

7.4.3.3 Maße der personellen Einkommensverteilung

Zur Beurteilung der Verteilung zu einem bestimmten Zeitpunkt und zum Vergleich verschiedener Gesamtheiten oder der Verteilung zu verschiedenen Zeitpunkten wurden verschiedene Maße entwickelt.

Der Statistiker Max Otto Lorenz (geb. 1876) hat zur Messung der personellen Verteilung von Einkommen und Vermögen ein Instrument eingeführt, welches für die Analyse und Argumentation besonders geeignet ist, die Lorenz-Kurve. In einem Schaubild werden auf der Abszisse die Einkommensbezieher in Prozenten einer Gesamtheit nach der Höhe ihres Einkommens gereiht. Begonnen wird mit dem niedrigsten Einkommen. Auf der Ordinate wird diesen Einommensempfängern der auf sie entfallende Anteil am Gesamteinkommen zugeordnet.

Im Schaubild 46 wird die Verteilung des Welteinkommens auf die Weltbevölkerung gezeigt. Nach Schätzungen der UNO entfallen auf die 20 % der Weltbevölkerung mit dem niedrigsten Einkommen 1,1 % des Welteinkommens, auf die ärmsten 60 % ca. 6,2 %, auf die ärmsten 80 % ca. 14,1 % und auf die reichsten 20 % fast 86 % des Welteinkommens.

46. Schaubild: Die Verteilung des Welteinkommens mittels Lorenz – Kurve

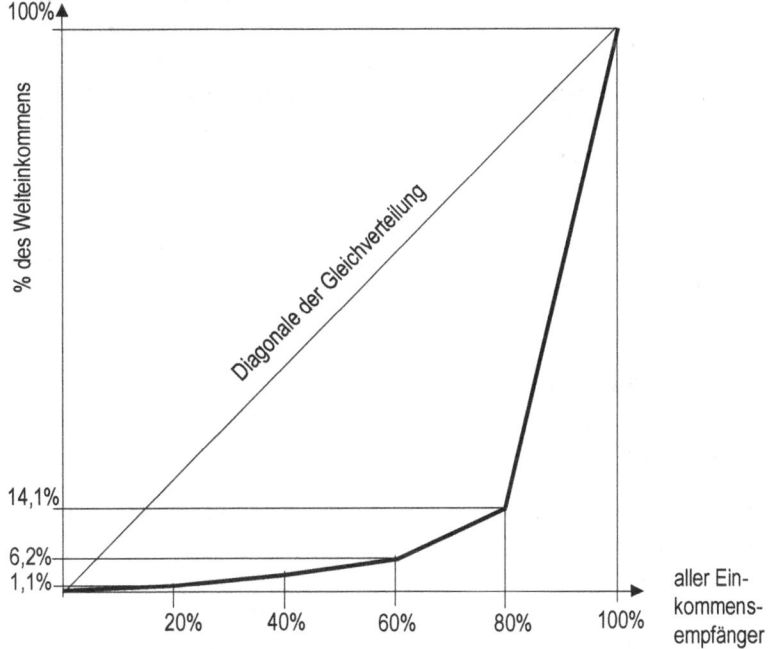

Die Diagonale zeigt eine völlige Gleichverteilung an. Je größer die Einkommensunterschiede sind, um so stärker weicht die Lorenzkurve von der Diagonale ab.

Der italienische Statistiker Corrado Gini (1884–1965) hat aus der Lorenzkurve ein Maß für die Einkommensverteilung und Konzentration abgeleitet: Der Gini-Koeffizient stellt das Verhältnis der Fläche zwischen Lorenz-Kurve und Diagonale zur Fläche des ganzen Dreiecks rechts der Diagonale dar. Der Ginikoeffizient beträgt bei völliger Gleichverteilung der Einkommen entlang der Diagonale

0 und steigt mit steigender Ungleichmäßigkeit der Einkommen bis 1 bei einer unvorstellbaren Konzentration des Einkommens auf 1 Person.

7.4.4 Die Verwendung des BIP

Das Bruttoinlandsprodukt wird in Konsumausgaben, Bruttoinvestitionen, Exporte und Importe unterteilt.

In einer weiteren Unterteilung werden Konsumausgaben in solche der privaten Haushalte, der privaten Organisationen ohne Erwerbscharakter, Konsumausgaben des Staates für den Individualverbrauch und den Kollektivverbrauch unterteilt.

Bei den Investitionen sind verschiedene Begriffe streng zu trennen. Die Bruttoinvestitionen bestehen aus Nettoinvestitionen und Reinvestitionen oder Ersatzinvestitionen. Der Unterschied zwischen Nettoinvestitionen und Ersatzinvestitionen besteht darin, dass Nettoinvestitionen den Kapitalstock vergrößern, während Ersatzinvestitionen vorgenommen werden müssen, um die Substanz zu erhalten.

Der Außenbeitrag kann positiv oder negativ sein und ergibt sich als Differenz aus Ausfuhren minus Einfuhren.

7.4.5 Schlüsselbegriffe

- Bestandsgrößen
- Bewertung
- BIP
- Bruttonationalprodukt
- Bruttoproduktionswert
- Delegation von Aufgaben
- Einkommensumverteilung
- Einkommensverteilung
- Endnachfragematrix
- Entstehungsrechnung
- Inputkoeffizient
- Input-Output-Tabelle
- In-Sich-Ströme
- Intermediäre Verwendung
- Konsolidierung von Konten
- Lorenzkurve
- Matrixdarstellung
- Nettoauslandsposition
- Nettoinlandsprodukt zu Faktorkosten
- Nettonationalprodukt
- Outputkoeffizient
- Primäraufwandsmatrix
- Primärverteilung
- Produktionsstufen
- Rückentwicklung der Arbeitsteilung
- Sektorgliederungen
- Sekundärverteilung
- Stromgrößen
- Vermögensrechnung
- Verteilungsrechnung

196

Stichwortverzeichnis

Weiterführende Literatur

Kyrer, Alfred: Neue Politische Ökonomie 2005. München 2001
Petersen, Hans-Georg: Sozialökonomik. Stuttgart Berlin Köln 1989
Streissler, Erich und Monika: Grundzüge der Volkswirtschaftslehre für Juristen.
  Wien 1994
Wagner, Adolf: Volkswirtschaft für jedermann. München 1994
Woll, Artur: Allgemeine Volkswirtschaftslehre. München 1996"

Christian Pätsch

Managementphilosophien und angewandte Betriebswirtschaftslehre

Eine vergleichende Betrachtung der wissenschaftlichen Gemeinschaften Strategische Führung, Marketing und Controlling

Frankfurt am Main, Berlin, Bern, Bruxelles, New York, Oxford, Wien, 2007.
300 S., zahlr. Abb.
Europäische Hochschulschriften: Reihe 5, Volks- und Betriebswirtschaft.
Bd. 3268
ISBN 978-3-631-56838-5 · br. € 56,80*

Die als besonders praxisorientiert geltenden wissenschaftlichen Gemeinschaften Strategische Führung, Marketing und Controlling werden im Kontext wissenschaftstheoretisch-methodologischer und organisationstheoretischer Kategorien diskutiert und miteinander verglichen. Die in diesem Zusammenhang angestellten Reflexionen knüpfen am Begriff der Managementphilosophien an. Hierunter werden umfassendere Konzepte oder Ideen verstanden, die auf die Professionalisierung der Unternehmenspraxis gerichtet sind. Einen Referenzpunkt der Argumentation bildet die „geplante Evolution" nach Kirsch. Die dort vorgeschlagene Vorgehensweise in kleinen, revidierbaren Schritten vor dem Hintergrund einer konzeptionellen Gesamtsicht der Unternehmenspolitik wird vorgestellt und kritisch diskutiert.

Aus dem Inhalt: Einführung in umfassendere Konzepte oder Ideen zur Professionalisierung der Unternehmenspraxis als Managementphilosophien · Funktionen von Managementphilosophien · Gesamtarchitektur von Managementsystemen · Die geplante Evolution von Unternehmen · Die Managementphilosophie Marketing · Koordinationsorientiertes Controlling · Begründung von Managementphilosophien / Die Sozialphilosophie Poppers · Möglichkeiten der Umsetzung von Managementphilosophien / Leitbilder · Grenzen von Managementphilosophien

Frankfurt am Main · Berlin · Bern · Bruxelles · New York · Oxford · Wien
Auslieferung: Verlag Peter Lang AG
Moosstr. 1, CH-2542 Pieterlen
Telefax 0041 (0)32/376 17 27

*inklusive der in Deutschland gültigen Mehrwertsteuer
Preisänderungen vorbehalten
Homepage http://www.peterlang.de

Peter Lang · Internationaler Verlag der Wissenschaften

Printed by
CPI books GmbH, Leck